The art
of broadcasting
and hosting
MAC methodology

播音主持艺术MAC方法论

张予梁　著

中国广播影视出版社

图书在版编目（CIP）数据

播音主持艺术MAC方法论 / 张予梁著. -- 北京 : 中国广播影视出版社, 2022.8（2025.5重印）
ISBN 978-7-5043-8884-1

Ⅰ. ①播… Ⅱ. ①张… Ⅲ. ①播音—语言艺术②主持人—语言艺术 Ⅳ. ①G222.2

中国版本图书馆CIP数据核字(2022)第125160号

播音主持艺术 MAC 方法论

张予梁　著

责任编辑	王　佳
装帧设计	元泰书装
责任校对	张　哲
出版发行	中国广播影视出版社
电　　话	010-86093580　010-86093583
社　　址	北京市西城区真武庙二条 9 号
邮　　编	100045
网　　址	www.crtp.com.cn
电子信箱	crtp8@sina.com
经　　销	全国各地新华书店
印　　刷	北京凯德印刷有限责任公司
开　　本	710 毫米 ×1000 毫米　1/16
字　　数	230（千）字
印　　张	20.25
版　　次	2022 年 8 月第 1 版　2025 年 5 月第 2 次印刷
书　　号	ISBN 978-7-5043-8884-1
定　　价	59.00 元

人类总是抱怨他成为现在的自己是因为所处的环境，但我不相信这是因为环境。改变世界的是这样一群人，他们寻找梦想中的乐园，当他们找不到时，他们就亲手创造。

——萧伯纳

目 录

Contents

前　记　001

引　言　005

第一篇　创作、教学和社会需求间的矛盾

001

第一章　矛盾的表现 / 002

第一节　学态总体表现：与业态耦合度变低 / 002

一、现状概说 / 003

二、学者和业者在教学上的比较 / 004

（一）学者教学 / 004

（二）业者教学 / 006

三、公共课与通识课 / 008

第二节　学态客体表现：多维多元 / 009

第三节　业态表现："优选者"占比小 / 010

一、"科班"业态 / 010

二、"非科班"业态 / 012

第四节　对"科班"体系的冲击 / 013

一、专业主义遭遇困境 / 013

二、"科班"市场占比变小 / 013

三、"科班"受市场青睐度变低 / 014

第二章 矛盾的缘由与研判 / 015

第一节 第四次工业革命浪潮的到来 / 015

一、移动互联技术 / 015

（一）眼前的“风景”变了 / 016

（二）审美观变了 / 016

二、媒介变迁 / 017

（一）文化结构改变 / 017

（二）人际关系改变 / 017

三、传媒技术升级 / 018

（一）录音技术 / 018

（二）录像技术 / 018

四、人工智能的影响 / 019

第二节 技术带来的传播格局改变 / 020

一、技术催生“自媒体”蓬勃发展 / 020

二、大数据、算法技术的精准推送 / 021

三、播音主持的职业界限“虚隐化” / 022

第三节 愈演愈烈不可逆 / 023

一、现代化生活方式的开启 / 023

二、技术迭代速率加快 / 024

三、媒介技术不会回降 / 024

第二篇 理论体系升级与主体素养转向

025

第一章 传播体系被迫升级 / 026

第二章 主体素养的转向 / 028

第三篇 MAC 方法论体系

031

第一章 MAC 印象 / 032

第一节 M 系统：时代先“声”与“临界点”之秘 / 033

一、临界点的奥秘 / 034

（一）“声音”临界点 / 037

（二）“吐字”临界点 / 039

（三）“发力”临界点 / 040

（四）“情感”临界点 / 042

（五）“无我”之境 / 045

（六）第五种语言样式：独白式 / 047

二、M 系统的创作源动力 / 048

（一）潜意识 / 048

（二）想象与联想 / 049

（三）领悟 / 050

（四）生命体验 / 052

三、M 系统合法性的技术赋权 / 053

（一）便捷的音视频内容创作 / 053

（二）易获得的高性价比设备 / 054

（三）高质量的数字技术产品 / 054

（四）大审美经济时代的深度扩维 / 054

四、M 系统本体的“可能性” / 056

（一）自媒体业态的倒逼 / 056

（二）媒介发展涵摄的文化结构形变 / 057

（三）受众的用户（Prouser）身份转化 / 059

五、M 系统的业界表现 / 060

（一）香港 TVB 影视剧配音 / 060

（二）大陆影视剧配音 / 060

（三）大陆广告配音 / 061

（四）“大流量”网络主播 / 063

（五）人气主持人 / **063**
（六）“学生”作品 / **065**

第二节 A 系统：主体的“底气”与灵韵 / 065

一、与“知识体系”的大关系 / **067**
（一）与语言学的关系 / **067**
（二）与传播学的关系 / **074**
（三）与社会学的关系 / **077**
（四）与心理学的关系 / **081**
（五）与政治学的关系 / **086**
（六）与美学的关系 / **091**
（七）与修辞学的关系 / **096**
（八）与哲学的关系 / **099**
（九）与社会心理学的关系 / **104**
（十）与历史的关系 / **109**
（十一）与逻辑学的关系 / **114**
（十二）与外语的关系 / **123**
二、与审美生活的大关系 / **127**

第三节 C 系统：宗法性承传与常新性观照 / 136

一、C 系统的时代感 / **136**
（一）与 M 系统“时代感”属性的区别 / **138**
（二）C 系统“时代感”的体现 / **140**
二、C 系统“时代感”的“问题”（Questions）/ **142**
（一）“提打挺松”的“因异”性 / **142**
（二）“声挂前颚”的优与拙 / **145**
（三）气息“三支点”理论 / **150**
（四）气息的沉与浮 / **153**
（五）“唇舌有力”的强弱场 / **155**
（六）“情感”的表与达 / **156**

第二章 MAC 的运行机制 / 159

第一节 各自为政 / 159

一、M 系统源于本心 / 159

二、A 系统提供依据和灵韵源泉 / 161

三、C 系统助力“信息性”工作 / 162

第二节 多维统一 / 162

一、统一于“技巧” / 162

二、统一于“美” / 163

三、统一于“主体” / 163

四、统一于“创作目的” / 164

五、统一于“弱化” / 164

六、统一于真、善、美 / 165

七、统一于“这一”艺术类型 / 166

第四篇 MAC 应用法

169

第一章 MAC 应用原则 / 170

第一节 “时代感”的含义 / 171

第二节 时代特征概说 / 172

第三节 为何紧跟“时代感”？ / 173

一、生存之必然 / 174

二、对“市场”的即时反应 / 176

三、记录“恰切”的播音历史 / 177

四、有利于主体关心世界事务 / 178

第四节 “时代感”精神的获得 / 178
一、业界、学界常互动 / 179
二、紧盯“市场”动态 / 180

第二章 MAC 应用方式 / 182

第一节 一而二，二而一 / 182

第二节 “三句义”属性 / 185

第三章 MAC 应用方法 / 187

第一节 “井字交叉法”：一般方法 / 187
一、“井字交叉法”的含义 / 189
二、“强调”各有侧重 / 191
三、A 系统支持的差异性 / 191
四、“线段”MC / 192
五、“井”字的实践追求：多专多能 / 193
六、为业者提供“可落实性”理论支持 / 193

第二节 十五条路径：具体方法 / 195
一、目的导向 / 195
二、多重方案 / 198
三、媒介属性 / 201
四、预期效果 / 203
五、潜在“受众”/ 206
六、画面节奏 / 207
七、音乐启迪 / 208
八、创作背景 / 209
九、教学方针 / 211
十、因材施教 / 212
十一、寓教于乐 / 213
十二、实践、理论“同一性”/ 214

十三、沟通之道 / 216
十四、心理建设 / 219
十五、注重反馈 / 223

第五篇 MAC如何可能、如何可行

227

第一章 在对“在……中”的追问中 / 228

一、在对科学主义的反思中 / 228
二、在对“问题”提问者的提问中 / 229
三、在对第四次技术浪潮的回应中 / 230
四、在对专业群体“能量”被稀释的应对中 / 231
五、在对“矛盾”的回应中 / 232

第二章 “十性”保障 / 233

一、方法属性 / 233
二、指导性 / 234
三、有机性 / 235
四、稳定性 / 236
五、总括性 / 237
六、简洁性 / 237
七、可操作性 / 238
八、模型性 / 239
九、全局性 / 239
十、思想工具性 / 240

第六篇　MAC 应用的延展性

241

第一章　以音乐为例 / 242

第二章　以表演作比 / 244

第七篇　MAC 模型化属性

247

第一章　古今对望 / 251

第二章　未来畅游 / 255

附录 / 261

后　记 / 297

致　谢 / 299

前 记

Foreword

1994年10月，张颂先生主编的《中国播音学》出版，标志着一个新学科的诞生。27年过去，风霜雨雪、柳绿桃红，她在时代的大潮中屡受洗礼，经受住了重重考验。但和任何从自然律而来的规范律，发展后又出现“流弊”的规律一样，在播音主持艺术实践场、教学场、学术场，都不可避免地出现形态各异的“弊端”。在学术场、教学场，表现为形式化、教条化；在实践场，表现为扁平化、庸俗化。

每一位得其恩惠的业者、教者、学者，都不该视而不见、闻而不听，都该竭力守护、用心呵护。此意欲出，诉诸文字是个好选择。

2018年6月18日，中国传媒大学播音主持艺术学院曾志华教授和她的几位博士研究生创建的学术沙龙“播博汇”，在其微信公众号上发布了名为“倾听·传‘颂’之道！”的内容。其中，首次公布了张颂先生在2010年4月12日接受采访的珍贵视频。张颂先生在视频中说：“……哲学怎么观照中国播音学？特别是方法论。世界观基本上还可以了，方法论的东西怎么观照？……”“…… 所以整个看起来，我们的学科还很稚嫩呢。我们播音学科就像一大块未被开垦的处女地一样，拿个镐，挖一坑儿，扔上个种子就能长苗儿。好多地方没有开垦呢……”

于是，诉诸文字的想法就更进一步地落在了“方法论”上，也正是从那时起，我萌生了撰写一本中国播音学方法论的念头。

播音方法论，是播音主持艺术领域的开创之举，难度可想而知。为此，我梳理了希腊文明的哲学思想脉络，从巴库斯、奥尔弗斯，到泰勒斯、毕达哥拉斯、普罗泰格拉、得莫克里特、赫拉克利特，到苏格拉底、柏拉图、亚里士多德，到希腊化时期的伊壁鸠鲁、斯多葛、狄奥根尼，到经院哲学时期的唯名论与实在论，再到认识论转向洛克、柏克莱、休谟、笛卡尔、斯宾诺莎、莱布尼茨，又到康德、费希特、谢琳、黑格尔，现代哲学家叔本华、尼采、迪尔泰、克尔凯郭尔、伯格森、马克思、胡塞尔、海德格尔、萨特、加缪，最后来到后现代性的索绪尔、德里达、拉康、福柯、本雅明，等等。同时，我国传统文化中，儒释道三家都给我不同的启发。季羡林先生在他的著作《季羡林谈国学》中，提到中国文化传统属于“人学”；希腊一支属于“天学”；中东一支属于“鬼学”。孔夫子创立儒家学说后，有两支思想脉络承传。一支重考据，在汉代发扬光大；另一支重义理，在宋明达到高峰。释家，拨开纷繁复杂的众生“相”，直指集所有美好品质于一身的“自本性”。道家思想中的“真实、自由”的至高境界，亦让我感触颇深，极具当代现实观照性。与此同时，我还接触了播音学、语言学、社会学、艺术学、修辞学、历史学、文学、逻辑学、传播学、媒介学、心理学、新闻学等现代学科。

我用“梳理”和“接触”两词，是想表达我内心的谨慎和对先人、知识、智慧的敬畏。如此浩瀚的学术知识海洋、智慧灵明的光照，我无论如何也不能完全触及其深刻含义，谨惭愧地对其做导论、概论性质的掌握。并且，在此过程中，由于我的才疏学浅定难免出现理解偏差、明觉有误等问题。考虑到张颂先生的“遗愿”，又考虑到播音主持艺术所面临的社会现实，时不我待！我还是鼓起勇气，尝试着提出我的中国播音学方法论。根据所涉内容，取名为《播音主持艺术MAC方法论》。它一定有遗憾、缺失和不足，但好在它诞生了，诚望得到社会各界的爱护。正如张颂先生所言“拿个镐，挖一坑儿，扔上个种子就能长苗儿”，它确实还是幼苗，需要我们共同呵护，使其茁壮成长。

本书写作源起，发乎其心、诚意满满。撰写目的简单、赤诚，就是为了播音主持艺术健康永续发展。具体而言：

1. 疏解当下困局；

2. 助力学科建设；

3. 承传和发展中国播音学传统理论；

4. 在方法论层面，观照“大业态”发展；

5. 提供“一般性”的方法论理论。

张予梁　中传明德湖畔

2021年8月16日

引 言

Introduction

在播音主持艺术领域，提及“方法论”，会让我们感到既熟悉，又陌生。熟悉，源于我们的哲学素养；陌生，是因为该领域至今没有一部方法论著作。在进入一块我们打算抛洒青春与热血的土地之前，或置身于这片土地之后，静下心来思考一下方法的问题，即对“如何做”等一系列问题讨论一番，很有必要，也很现实。本书命名为《播音主持艺术MAC方法论》，是以学科创始人张颂先生“我们的学科还很稚嫩”“学科理论大厦还没建立起来”的殷殷期待为出发点和落脚点的。出于“开创性”和播音主持艺术学科自身特点的考虑，本书定位既非严格意义上的哲学著作，也非专门且十分严谨的科学著作。经验结合思辨，思辨统合经验，这其中融入了我近二十年的实践“经验”和对十多门专业学科非广博但较为深刻的理解，以及基于现实的人文想象力的综合创造。在引言部分，我想开宗明义地说：在学术基本框架内，本书秉持“弱学理性，强易读性”的原则，旨在为播音主持艺术创作和教学提供一整套切实可行的、应对当下局面和适应未来发展的操作方法和一个可知的理论模型。

结合第四次工业革命浪潮滚滚向前的时代背景，探索播音主持艺术行业更美好的未来。我将居于时代前沿的、具有当下社会“现代性”的播音主持艺术创作与接受样态，提炼、升华为一套理论，称其为“M”（以新媒体有声语言业态为研究对象），它是英文字母Modern的首写字母。同时，基于中国播音学传统理论，并在此范式、框架内，融合社会“现代性”要求，提出数个具有代表性的“问题”，并加以讨论。本着弘扬“继承是创新的前提，创新是继承的目的”的精神，尊重和进一步发展张颂先生在《播音创作基础》中提到的语言“时代感”特点，对传统播音学理论进行“现代性”意义上的补充和探讨。为表示对先辈们劳动和智慧创造的崇敬，我将其命名为“C”，它是英文Classic的首字母，是中国播音学传统理论体系的“现代性”表达，约等于中国播音学传统理论体系（“约”字所腾挪出的空间，正是“时代感”所观照的对象）。此外，2019年年底开始的世界范围的流行性疾病COVID-19（新型冠状病毒肺炎）带来的影响，导致世界格局、秩序发生巨大变革。通过对国际关系和未来人类社会的总体分析和判断，我得出这样的结论：世界正在对居于其中的“人”提出更严苛的要求。过去推崇的“一专多能”型人才，已不能满足社会发展需要，未来社会更青睐“多专多能”型人才。过去，我们讲学习何种专业，专攻哪个方向。现在和将来较长一个时期，“专业”仍旧是人的属性之一，但“专业”背后隐藏的真正实力，会得到史无前例的强调和表达。比如，对生活的“用心”观察和体悟，对科学“一而多，多而一”的随脚出入能力的培养，对蔡元培先生当年提出“以美育代宗教”教育主张的理解和实践。所谓文科和理科界限渐趋模糊，建立在“样样精通”基础上的综合素质，将受到追捧和青睐。播音主持艺术领域，无论是创作者、教师，还是学生，都应该朝着“多专多能”、铺展生命情态的方向发展。比如，在掌握播音学本专业知识基础上，还要对语言学、传播学、艺术学、历史、文学、艺术、政治学、心理学、修辞学、哲学等学科，有较为通透的理解。“较为”意思是不必精通，但要基本掌握，至少应该是“概论”“导论”层面的宏观性理解。我将个体的这种素养表达为“A”，它是文章输出能力 Article 和审美生活能力 Aesthetic 的首写字母。我也会对这十几门学科作概括性阐释，论述它们对播音主持艺术创作与教学的帮助。

纵观整个中国大陆学术界，无论是自然科学学科、人文学科、社会科学学科，还是实用科学学科、形式科学学科，关于理论、模型、范式、学科史等的研究与探讨居多，而针对性的方法论研究较少。本书是播音主持艺术领域首部方法论著作，主谈创作，兼谈教学，不关学术科研，这也是本书书名的含义。

万事开头难，难在从零到一。王国维先生说“立”“守”“得”，“独上高楼望尽天涯路”“衣带渐宽终不悔”，是我的心怀与心志。由衷祈愿，这一流源头活水能在某个曼妙的“灯火阑珊”处，寂静地流淌进人们的心田，那将是我莫大的荣幸。

全书以播音主持艺术产业链条中由于媒介技术改变引起的供需关系、审美观念以及社会文化结构改变，继而由这种改变导致的内容提供方与内容需求方之间的“矛盾”这一事实为逻辑起点，层层递进。全书共分为大小七篇，其中第三篇和第四篇为主要和重点篇，占有较大篇幅。第一篇，阐述播音主持艺术领域社会需求和内容生产二者的矛盾，谈了表现、原因和未来趋势；第二篇，是逻辑过渡，阐明面对矛盾，供给侧播音主持艺术主体素养升级的必然性和必要性；第三篇，提出解决之道——MAC 方法论。详细阐述其含义、MAC 所含三个系统（M、A、C）的关系、释义和运行机制等，是本书的核心篇章；第四篇，在第三篇建立 MAC 方法论基础上，进一步阐释 MAC 在播音主持艺术创作和教学活动中的应用原则、应用方式和应用方法，以此丰富和实践 MAC 方法论体系；第五篇，论述 MAC 方法论（Itself）作为一个整体考虑的可能性和可行性；第六篇，以音乐和表演为例，阐明 MAC 方法论的应用延展性；第七篇，作为全书的结尾，阐述 MAC 方法论的穿越古今、形制不变的“模型”属性。对播音主持艺术以及未来的畅想，是主观的、人文的、文学化的。从篇幅比重角度看，第二、六、七篇相比于第一、三、四、五篇篇幅较小，之所以仍旧以“篇”的形式出现，是因为其主题意义鲜明，并且作为全书逻辑链条中的环节不可或缺，为扼要显明，未并入其他篇章。另外，关于技术更迭对播音主持艺术行业的影响，学界和业界已讨论较多，成果斐然。因此，“引言”部分和第一篇内容未做过多铺陈。

本书写作宗旨，一是解决当前播音主持艺术领域的“供需”矛盾问题。这种矛盾，一方面体现在“市场”对内容生产方不能较好地回应与当下人们对更具现代性的文化产品要求的“呼声”；另一方面体现在播音主持艺术专业教师和学生群体所构成的“科班”体系，在社会所有以播音主持艺术为代表的有声语言从业者中的比例问题上。这两条思想脉络贯穿全书上下，大部分章节的设置和阐述都是围绕这两条主线和试图解决这两个问题展开的。二是希冀 MAC 方法论成为播音主持艺术主体创作、教学的原则性方法遵循和课程体系设置框架，推动和助力创作、教学活动更好的发展。

张颂先生在他的著作《播音创作基础》中谈及播音语言特点时，

提出“时代感”的要求。我认为，它针对的不仅是播音语言特点，还是整个播音主持艺术这个社会子系统。这套理论系统本身，也应视“时代感”为保证其健康永续发展的动力和原则，毕竟任何脱离时代感的存在，都不能称其为鲜活地存在于当下的“存在”了。

当下和今后一个时期，如果在传媒和社会层面探问“时代感”，它至少应具有如下特征：

1. 短、频、快：生活所需方便快捷，咫尺天涯若比邻；

2. 虚拟性：传统人际关系变成基于互联网为代表的隔屏交互；

3. 空虚化：个人心理与社会心理出现逆传统性的空虚感；

4. 主体性：互联网等技术赋权，带来用户更具象的“主体性”体验；

5. 数据化：基于大数据、算法等技术，人们的言行轨迹逐渐数据化；

6. 后现代性：技术传导出的用户选择权，使得整个世界呈现去多元化特征；

7. 弱阶层化：互联网的强大信息对称功能，使得社会阶层属性逐渐弱化；

8. 一体化：建立在数据化基础上，人们的实际生活逐渐被聚合为一体。

放眼播音主持艺术领域，现状中的主要矛盾，如上所言，是由于媒介技术升级传导出的社会文化结构改变，并由此对播音主持艺术“作品”需求产生的变化，与专业院校和内容生产方的现实境况的匹配不平衡问题。纵观抖音、快手、B 站、西瓜视频、喜马拉雅 FM、蜻蜓 FM 等互联网音视频平台，播音主持艺术作品在整个“市场内容”

中所占比例较小，且在较小比例的内容中，更多的是“非专业”人士生产的（“专业”指的是学科性的专业，“非专业”指职业水平的专业）。由是观之，广播电视时代传导出的播音员、主持人高光时刻的“表现形态”，似乎渐趋暗淡。那么，这种渐趋暗淡，表达的是播音主持艺术本身吗？显然不是！绝非如此！然而，这两个感叹句是有条件的——主体群体要有克服故步自封、抱残守缺的勇气和胸襟，保持态度开放、作风务实的态度和胆略。我们要考虑的是，现状何故如此？未来将会怎样？如何才能摆脱这种困境，重塑播音主持艺术往日辉煌？或言，在新媒体传播时代，播音员、主持人要以何种方式再现它的“高光时刻”？纵然千头万绪，终有可先言者。我们先梳理一下上文提到的“矛盾”问题，梳理一下它的表现，分析一下它的原因，预判一下它的未来。

第一篇

创作、教学和社会需求间的矛盾

第一章　矛盾的表现

10000 年的农业文明，500 年的科技文明（按新科学诞生开始算），200 年的工业文明（从第一次工业革命结束算），70 年的信息文明（20 世纪 50 年代开始的第三次浪潮开始算）。解释和超越每个文明阶段的理论体系，都是建立在现有形形色色社会现实基础上的，包括“农业社会”“工业社会”“信息社会”这样的概念，都是基于广博又微渺的社会存在所指下的能指系统。

我们把处于社会大系统中教育、学术位置的系统样态叫作“学态”，把处于大系统中播音主持艺术作品创作位置的系统样态叫作“业态”。首先，我们来看“学态”的当下总体表现。

第一节　学态总体表现：与业态耦合度变低

从宏观到中观，我们把目光聚焦到信息社会背景下，作为第一媒介的具有典范意义的有声语言艺术领域。它内涵丰富、外延广博，播音主持、评书、相声、小品、话剧、朗诵、演讲等，都可以全部或部分地划归此类。播音主持艺术，以其圆润动听的吐字归音、张弛有度的用气发声、合规律性的创作表达、大方得体的形象气质等特征，成为有声语言艺术领域的独特存在。

一、现状概说

任何存在于一定社会现实中的学科或专业的发展都必须遵循客观规律，顺应社会发展需要。播音主持艺术及其理论的发生和发展也是这样，它在不同的时代氛围中，都有其“特有的词语特征，惯常的表达形态”①。唯物论以及历史唯物论都告诉我们，存在决定意识，社会存在决定社会意识。科学是对研究对象一般性、共同性、普遍性的真理性表达，其传导到传媒领域会产生“传媒教育很多时候滞后于传媒发展”②的现象。这里的传媒教育，自然是指对一套科学的、庞大的理论体系的传授，传媒发展是指传媒业态的物质实践活动。

由此，欲想对当下播音主持艺术理论体系和学科建设提出高瞻远瞩和具有实践指导双重价值和意义的理论，进而对其做全面、准确的把握，最好的方式就是对播音主持艺术各业态表现形式做本质上的探讨和研究。

播音主持艺术教学活动中，有专注于学术理论研究的，我们姑且称之为“学者型”教师；有专注于播音技巧传授的，我们姑且称之为“业者型”教师。二者在教学手段、传授方式等方面都有不同。

---

① 张颂：《播音创作基础》，中国传媒大学出版社，2011，第26页。

② 廖祥忠：《未来传媒：我们的思考与教育的责任》，《现代传播》2019年第3期。

二、学者和业者在教学上的比较

（一）学者教学

开始于 20 世纪 90 年代的学科竞赛，使得各大学不断提高教师学历背景考核。如今，拥有硕士、博士学位成了进入高校从教的基本要求。研究生毕业后，由于他们或者是还没有实践经验的应届毕业生，或者是非播音主持岗位上的非业界人士（不仅指传统媒体播音员主持人，也指新媒体中相关人士），从教后主要从事关涉学术性质的教学工作，教学活动有浓浓的学术色彩。他们对业务本身的实践性传授较少，更多地从理论体系出发进行思辨性的实践教学，经验性示范较少。

辩证地看，学者型专业教师，在教学活动中有何优、缺点呢？这里简单叙述一二。

1. 优点

（1）系统性

硕士、博士，乃硕学之士、博学之士也。在教学活动中，学位背后蕴藏的广博天地，可以转化为拓展学生知识面向的直接因素，激发学生学习动力。同时，它又是系统性的，至少涵盖播音学完整社会子系统的，这为学生掌握播音知识打开一道全局性视野。

（2）一致性

从理论出发的教学方式，是从一个“点”照耀一个“面”，能保证全国各院校在理论层面基本保持一致。有的播音主持艺术院校，就根据他们自身传统和优势，编著了自己的教材。

（3）深刻、全面

受理性思辨、批判思维、科学实证精神等影响的学者型专业教师，对社会热点话题以及国内外大趋势的分析与把握的“示范”行为，能直观地引导学生对周遭事物做更深刻、全面的理解与分析，继而养成同样的思维与感知习惯。这为播音主持艺术专业的学生毕业后应对就业竞争压力，提前做好了充足准备。

2. 缺点

（1）迟滞性

由于学者型教师把很大一部分精力用在科研和教学上，对业界动态的切身感知相对滞后，往往是用研究者的视角进行科学式的观察和认识。这种对事物思辨型的把握方式，由于缺少对实践感受的“第一人称”体会，虽有其本身的学术理论价值，但如果直接用来指导实践，可能会“心有余而力不足”。

（2）一般性

我们知道，所谓理论就是对事物一般性、普遍性或本质、规律的真理性提炼和升华，它趋近“无限”，一旦被发现且被证明，就会在它的范围内“屡试不爽”。换言之，理论本身不关心“个别性”，或者说不着眼于“个体性”的具体表现。因材施教，正是在教学活动中对理论本身缺陷的应对之法，然而它的前提还是“一般性”的，与个别性、特殊性虽有统一，也有更需注意的对立属性。

（3）不擅示范

播音主持艺术的强实践性特点，决定了教师在教学活动中最好能现场示范，以起到激发学生精神情趣的作用，使学生更直接地领会到不便或无法言传的“感觉”层面上的“意会”之妙，正所谓“口耳之学”①。然而，学者型教师往往不擅长此项。

① 张颂：《播音创作基础》，北京：中国传媒大学出版社，2011，第153—154页。

（二）业者教学

1. 优点

（1）及时性

播音主持艺术创作者，能第一时间反应业界变迁，审美更易、潮流趋势、创作走向、业内见闻等。这种及时性，有利于帮助学生建立职业身份认同感，站在时代前沿，践行播音语言“时代感”的使命。勇立时代潮头，把握行业最新动态，正是合格的传媒人的职业属性和必然要求。

（2）个别性

每一名出色的业者，都有他（她）对创作对象和整个世界的独特理解和感受，这种“个别性”会灵动地显现在艺术作品中，进而引得他人模仿（西方艺术之“模仿说”，正是此意），形成“风格”及“流派”。对有与教师相似殊相（相对于“共相”而言）和嗓音条件等的年轻人来说，耳濡目染、身临其境，是“近水楼台先得月”的好机会。这种学习，开始于“模仿”，之后就可能是伟大的创新与创造。

（3）强示范

与学者教学相反，业者教学，可以直接在教学活动中身体力行地做示范性引导，直观地让学生感知播音主持艺术实践的魅力，激发学生实践兴趣，产生敬畏，主动学习，潜心钻研。正如练习书法一样，描红、临摹，学习笔墨纸砚知识和理论技巧，就我个人经验而言，都不及站在书法家身旁看他的运笔过程，内模仿他的筋肉力道。一桌美食摆在眼前，营养学家、美学家说得天花乱坠，都不及“尝一口”来得直截了当。印象派画家也一样，任凭如何想象，不及我亲自投入大自然的怀抱，感受它的春风化雨、夏日暖阳、秋高气爽、寒风冽凛，然后来一次精神畅游。也正如美学大师朱光潜所言："读一千部茶经和茶史，也抵不上啜一口真正的好茶。"创造性示范，恰恰能最直观地触动学生实践的热望。

（4）不拘一格

先秦时代百家争鸣的恢宏气象，在播音主持艺术业者教学中，也有体现。比如，不同创作主体对同一主题或创作对象的不同把握和处理，有利于学生养成创作中对比、鉴别、判断的习惯，"不拘一格'降'人才"。

2. 缺点

（1）"盲目"性

业者对"个别性"有意或无意的强调，可能会造成教学缺乏统一性和学理上的高瞻性，各说各话。这种现象，使得创作主体容易沉浸于所在的"系统"中，而对其他系统"视而不见、视若无睹"（非积极性的）。

（2）"排他"性

1921年，沙大风在天津《大风报》创刊号上首次提出"四大名旦"的说法，梅兰芳、尚小云、荀慧生、程砚秋所创立的四大艺术流派，在各抒千秋的同时，也注定了各自的排他性。尽管这种排他性不一定是斗争的，有时也是合作的，但在艺术主张、创作方法等方面一定是有"对立"性的，否则就没有所谓"四大"之说，而成为一体了。

播音主持艺术业者教学也同样面临这样的问题，甚至更复杂。如果"四大"是在某一范式下的四种表象和表达，那么是否可以联想另一范式下的"四大"或"若干大"呢？从上述四大名旦的例子，我们应该已经有了如何在播音主持艺术领域应对"排他性"的智慧之想。

（3）不易替代性

不易替代，在业界创作活动中可能是优点，但在教学活动中有不同甚至相反的表现。比如，一位“业者型”教师，只能是“这一位”的亲力亲为，别人较难代替，即便替代，也不会像学术理论教学那样顺利完成，而需要较长一段时间的过渡。这样，教学一旦出现中断，对学生来讲，也许就是重新再来。

综上，无论是“业者型”教师还是“学者型”教师，在教学活动中都各有优缺点，并且优点有时就是缺点，缺点也同时就是优点，不是绝对对立的。目前，有些高校采取校内教师和校外业界导师并行的“双轨制”教学，带来良好教学效果。

三、公共课与通识课

有人把公共课或者设置公共课的目的作“通识性”理解，实际上二者是有区别的。公共课，顾名思义，就是“非私有化”和排他性的公共课程，它不一定是成体系的“目的性”供给端设计，更多的是强调课程本身的属性。“通识课”的目的，不一定通过公共课来实现，对一门专业进行深度、广度、细度的把握，也可以达到触类旁通的“通识”目的与效果。

在某种程度上，播音主持艺术专业人才的“通识”素质养成，从专业本身的“工匠精神”出发的钻研与练习，可能比“大帮哄”式的公共课设置更有效。如若这样，就对播音主持艺术专业教师的综合素养提出了区别于“一专多能”的、转向“多专多能”的更高要求。而要解决当下这个新、旧交替的过渡期问题，其过程是漫长的、难度是巨大的，需要上下齐心、共同努力。

另一方面，从公共课如何转化成“通识课”达到“通识”目的的角度看，最关键的是如何将公共课内容与学生本专业内容做好衔接，二者互相交叉、融合、渗透，使“公共课”成为学生本专业发挥最大效能的强大背景支撑，成为学生从更广阔、更多元的视角理解自己本专业的依据和源泉。“问渠那得清如许，为有源头活水来。”形成关涉学生本专业的这一汪源头活水，公共课才是真正意义上的通识课，否则，也只是各个知识体系的孤立存在。

第二节　学态客体表现：多维多元

教育课程体系设置中的哪怕一点点“欠缺”，传导到就业环节，就会被放大数倍，清晰可见。早在 2014 年，新华社就援引《2013 艺术教育行业分析报告》的内容，报道了播音与主持艺术、音乐表演、广播电视编导，这些过去的“热门专业”成为如今就业率的“困难户”的事实。8 年过去了，这种态势非但没有得到改善，反而由于专业扩充和社会需要变迁等因素的影响，变得愈发困难。

作为教学活动中的客体群体，近几年（2021 年前），高校毕业生的就业难问题逐渐引起社会的广泛关注。究其原因，一方面，是由于扩招导致的在就业环节体现出的供需不平衡；另一方面，由于社会转型期对各领域人才需求与高校培养方案尚处于对接、调整的“交错期”，毕业生既要遵从学校教学体系设置又要关注社会业界市场动态，二者当前表现出的矛盾集中于学生群体。换言之，学生在此标准多维、多元的社会环境和自身属性特征的交互作用下，应接不暇、不知所措，一时混沌不堪。

在新媒体与广电媒体相遇、并行的大环境下，也相应地形成了两个播音主持艺术主体必须兼顾的专业学习维度，再加之一个文化知识维度，就构成了（教育客体）必须面对的三个学习维度。同时，每个维度又各自内含众多构成单元，指导和要求学生朝着各自方向深度挖潜。时代特性使然，多维多元，是学生不得不面对的现状。如何厘清这看似千头万绪的变局，考验着我们的智慧和胆略。

就专业教学而言，播音主持艺术作为有声语言艺术之典范，应该向社会源源不断地输送符合多行业属性的有声语言艺术的传媒人才，而不是主要以新闻主播为基础和模板的不同类型的“变体”表现。因时而变，因势而变；因时而动，因势利导。理应如此！

第三节 业态表现：“优选者”占比小

一、“科班”业态

1940 年新中国广播事业诞生以来，用声方式、创作理念、风格流派、意识形态，都随着时代的发展而进行相应的适当调整。陕北延安时期，为了对敌斗争需要，无论男声、女声，都表现出高亢、明亮的播音特点，用声音塑造英勇无畏的“战士”形象；“十年动乱”时期，“高调门”的用声方法普遍存在，没有最高只有更高，因此“‘高、平、空’的大喊大叫，充斥广播。”[①] 改革开放新时期，随着市场经济的发展，服务于这种社会现实的播音主持，也变得如沐春

① 张颂主编：《中国播音学》，中国传媒大学出版社，2003，第 24 页。

风、温暖动人、欣欣向荣，降调，成了这个时期的主题。时至今日，上述各方面的表现又有了新特点，“去专业化”[①]成为播音主持艺术领域的时代命题。

创作领域的“素人化”

公元纪年的第二个千禧年后，尤其是2008年北京奥运会后，改革开放的政策红利得到集中、广泛的体现。加之web2.0发展迭变后的移动互联网、5G技术、人工智能、大数据、云计算、AR、VR、新材料、3D打印技术、可穿戴设备等，继而在传媒领域体现出的分众化、信息碎片化、受众极化、分圈化、分层化传播现象，生活在这样一个过去几千年文明史上都未曾经历过的复杂多样而又色彩斑斓的“拟态环境”（李普曼语）中的人们，经过了好一阵子的适应，才进化出一种独属于这一时期的时代属性——“个体化”趋向。其原因，不可不谈，即互联网赋权；其表现，不可不说，即“主体化”表达。具体而言，人们可以通过移动互联网带来的新生活方式以及由其传导和反射出的社会结构，获得吃、喝、玩、乐等几乎一切生活所需。“两个月不出门依旧可以生活得很好”的日子，轻松实现。于是，独处时，人们便开始与“自己”对话，也第一次清晰地感知到“发自心底的声音”的美妙。同时，在参与信息传播，充当“用户”（prouser）的过程中，尤其是面对有声语言艺术作品时，这种审美预设和期待视野就会有意或无意地发挥作用，并作为其审美和评判标准。“作品”的音声，就顺理成章、自然而然又势必如此地呈现和模仿我们独处时的

① 作者注：是另一种有别于现有体系的专业化，也可称之为“素人化”“演员化”“平民化”，关键在对“化”字的理解，是绝对区别于“素人”“平民”的扁平化趋向的。这类似于现代与后现代，本质还是“人”的力量宣誓。

“发自心底的声音”，即“心声”。那么，何为“心声”？外化后，与传统的“声音”有何不同呢？

1. “轻轻的”用声；

2. “松松的”吐字；

3. “诚意的”表达。

这三个有关“心声”的特点，我会在 MAC 含义的章节中做详细阐述，这里暂且将其搁置，谈谈所谓的“非科班”表现。

二、“非科班”业态

随着互联网赋权、高校扩招以及有声语言艺术领域从业者数量井喷态势的愈演愈烈，“科班”从业者的市场占有率无论如何都呈下降趋势。那么，稀释“科班”群体市场占有率的“非科班”群体的从业状况又如何呢？

所谓“非科班”，是相对于播音主持艺术专业而言的，但这并不是说“非科班”群体等同于“非专业”。他们的表现是各具特色的，有的达到了现行播音专业理论系统的要求而成为实际上的“科班”；有的虽不符合“科班”系统要求，但独具匠心、自成一体，成为市场主体中的“科班”；有的是表演或其他艺术类型“科班”出身，具有明显的表演或音乐等艺术气质；有的，也是更多的，则处在似专业又非专业的动态表现中。

总之，无论是所谓“科班”还是“非科班”，一个明显的市场表现就是：“优选者”占比小。正如 2017 年 12 月 4 日首届全媒体有声读物互联网应用高峰论坛上，阅文集团—懒人听书 CEO 宋斌所言：“‘好内容’不缺，‘好声音’太少。”当然，这完全符合自然规律、进化逻辑和客观现实。

然而，无论如何，这确实对“科班”体系造成极大冲击和影响。

第四节　对“科班”体系的冲击

一、专业主义遭遇困境

清华大学尹鸿教授感慨道：“专业主义，早就是过街老鼠，里外不是人。”贴着专业标签的尹鸿教授，绝不是否定专业，这般说辞，当是无奈之下的反讽话语。设想我们的生活中没有“专业”会如何？扁平、慵懒、散漫、无趣、浅薄、寡淡，经过一段时间的肆意狂欢和自我消磨后，至少会是这样的。然而事实是“后现代”特征愈加明显的当下中国社会，“谈‘专’色变”无处不在。我在个人公共账号中，发布数期有关播音主持艺术理论的文章和相应音声作品，点击量也远低于预期。专业主义，确是遭遇了困境。我们该怎么办呢？

二、“科班”市场占比变小

包括央视在内的电视台的播音员、主持人队伍中，也有这样的趋势和事实表现，而在我熟悉的广告配音、专题片配音、纪录片配音为代表的配音领域的从业者中，专业背景更是丰富多样，有音乐、新闻、绘画、录音、制药、体育等，播音主持专业背景者却占少数。

那么，市场占比变大的从业群体有何制胜法宝吗？有人主张抛去中国播音学的诸如吐字、发声、用气规范，在“变”中求得真理。实际上，这是一种本末倒置、剑走偏锋，越是试图摆脱规律、规矩的束缚就越是陷入规律、规矩的漩涡不能自拔。求“变”本身不就是一种遵循，不就是一种规矩吗？

三、“科班”受市场青睐度变低

早年，电视荧屏上、广播电波里，到处都是“科班之声”。罗京、李修平、李瑞英、张宏民、杨柳，方明、亚坤、姚宏、苏扬等，呈现一派恢宏气象，“非科班”占比较少。如今，撒贝宁、何炅、汪涵、华少、李好、麦同学、麦弟等都不是“科班”出身，互联网媒体上的“非科班”主播、主持人就更多。

另外，教育部 2020 年 5 月 12 日上午 10 时召开的首场新闻发布会显示，2020 年全国“艺考”总人数 117 万。中国传媒大学播音与主持艺术本科年招生数量 100 名，但报名人数往往超过 1 万人。这浩浩荡荡的播音主持艺术“艺考”大军，与上文提到的“就业”状况形成鲜明对比。同时，让人心生疑问的却是：喜马拉雅 FM、蜻蜓 FM、懒人听书、西瓜视频、小红书等高人气互联网音视频节目平台上的“主播”，多数专业背景不是播音主持艺术。他们中的佼佼者，往往都不是科班出身，年轻一代人数就更多，只要查看各平台点击量和人气排行便会知晓。

那么，这块市场是否可以理解为：本属于播音主持艺术专业却丢失了的呢？如果是，原因又是什么？

第二章　矛盾的缘由与研判

名理、逻辑讲因果关系，释家讲因果循环，普罗大众相信因果互动。一样事物的诞生和存在，都有其或隐或明、可知或不可知的原因，没有一样事物是无缘无故出现的。自然地，播音主持艺术领域当下的“矛盾”也有导致它形成和发展的前因。

第一节　第四次工业革命浪潮的到来

以大数据、云计算、机器学习、传感器、3D 打印、新材料、核聚变、人工智能等为代表的新技术，拉开了人类历史上第四次工业革命的大幕。每一次科学革命，继而引发的技术革命都会对人类社会结构、文化形态产生重大的，甚至是决定性的影响。

一、移动互联技术

移动互联，是互联网技术和移动电信技术融合发展的结果。在互联网技术的基础上，突破用户空间位移的限制，可以随时、随地、随意介入互联网，进行按其心意的互动、交流和冲浪。这不同于上一代互联网表征，它使得每一位使用它的用户得到“技术赋权”，而这又带来艺术接受和审美观念的改变。我们不必拘泥于移动互联这样的名词，实际上它和互联网+、物联网、区块链以及“元宇宙”一样，本质上就是指代改变我们传统交通方式的一种技术。也因为这种“技术”，我们对信息和审美等的欣赏和创造方式不同以往，它变了。

（一）眼前的“风景”变了

基于移动互联技术，人们的艺术接受方式，与之前“亲自到访”式大不相同，加上全息投影、增强现实技术和可穿戴设备的配合，不必实地踏访，也如“身临其境”。同时，移动互联还为“现场直播”提供技术支持，这种“直播”还可以是国际性的和跨地区的。身处北京，烟花三月的扬州、西子湖畔的美景，可以通过身居彼地的朋友的“直播”感同身受、心生美意。艺术接受的方式变了，眼前的“苟且”变了，诗和远方慰藉心灵的光，是否也变了？至此，想必你会想到阿尔卑斯山路上的标语“慢慢走，欣赏啊”。技术碰到眼前和送到耳边的，也是欣赏。但此欣赏与彼欣赏，二者不互济，是否可互动、互利，另当别论。变了，就是变了。不仅如此，受其影响，我们对艺术的追求和对美的观念也变了。

（二）审美观变了

什么是美，科学界和哲学界各有说辞，尚无定论。在其之上谈审美观，也就更加众说纷纭。暂且如此吧！此处，我们只略谈“以何为美”，以窥见“美”的观念的变化。历史上，关于真、善、美的讨论从未有片刻停歇，即使你没有加入讨论，也都不免受其影响。以真为美，三者的顺序就是真、善、美，比如康德前后的时代；以善为美，三者的顺序就是善、美、真，比如柏拉图时代；为美而美，顺序就是美、真、善，或美、善、真，比如现代主义唯美主义。总之，三者的关系是动态的，辩证统一的。三者顺序的改变，体现了一定时期人们世界观以及审美观念的变化。移动互联时代，对“真”的追求和探索退居其次，居于首位的是“善”，这是一个“善，即美”的时代。

二、媒介变迁

法国学者雷吉斯·德布雷在《普通媒介学教程》中，提出三个媒介域概念：逻各斯域、书写域和图像域。[①] 它们分别在各自不同的历史时期，起到主导人际关系、文化社会变迁的作用。

（一）文化结构改变

移动互联时代，“快”字当先，音视频内容越来越短，人们浏览速度越来越快。即使是 15 秒短视频，人们也不一定耐着性子全部看完。由于追求“快”，或者说被“快”字驱动、驱赶、驱使，越来越多的人追求快成名、快成功、快成事。就连说话速度也变“快”了。快，策动了这个历史时期最典型的文化、社会结构形成。

（二）人际关系改变

小屏（手机）传播时代，人和人之间隔着一块忽冷忽热、忽明忽暗、忽隐忽现的屏幕，缺少面对面沟通的机会，没有肢体语言以及屏幕无法遮盖的“隐晦”性意义表达，人际关系变得缺乏信任、缺少温度。人与人，由于媒介的显性表达而融合、切近；也相反地由于这种属性，近在咫尺，却似海角天涯。

---

① ［法］雷吉斯·德布雷，陈卫星译：《普通媒介学教程》，清华大学出版社，2014，第 261—263 页。

三、传媒技术升级

（一）录音技术

技术决定播音主持艺术工作方式。过去录音带录音，要求播音员一遍成形，不然物质材料成本损耗过高，影响艺术创作。如今，录音技术不断升级，错录、失误、衔接等问题都不必担心，身处异地也不必困扰，录音技术都能轻松解决，并且还可以进行不同程度的声音“化妆”。

1. 发声方式

技术改变带来的影响，最直接地体现在发声方式上：轻轻一“说”，后期压缩、均衡等处理手法加持，就可以得到震撼、大气的效果，轻松、自然。

2. 情感外化方式

过去，由于录音技术限制（也有艺术所处时代的影响），情感表达用现在的眼光看，是“夸张”的。现在，情感外化到位即可，而且对口腔控制的要求更精细，对录音过程中嘴唇和牙龈摩擦等多余声响的技术容忍度很低。这也变相地要求创作主体，避免过于“夸张”的情感表达和抒发。

（二）录像技术

录像技术和录音技术一样，在技术升级推动的气象中，也有鲜明的新样态。比如，强大的滤镜、美颜、瘦脸功能，创造了一个史无前例的理想世界。人们在这样的世界里放飞自我，尽情享受技术带来的美感体验。录像技术，有如下两个新特点。

1. 像素越来越高

以OPPO和IPHONE等为代表的多款智能手机，支持4k或

1080P视频拍摄，可轻松实现水下拍摄等特殊环境或场景摄影，而且携带方便、操作简单。

2. 操作越来越便捷

素材采集后，可以利用剪映、小红书等剪辑软件进行轻松、专业的后期制作，且具有进一步优化功能，实现随时随地生产与发行。

3. 功能越来越强大

新的录像技术带给人们的生活震撼，除了上述之外，还有随时暂停，随时接续的功能。最新面世的一款手机，前置和后置摄像头可以同时拍摄手机前后的景象，360度的周遭同时尽在眼底。如果转动手机位置，使一个摄像头对准天空，就可实现天、地、人的三方同框。拍摄完成后，再通过便捷的剪辑功能，一个“完整的世界”便呼之欲出了。随着技术的发展，录像功能还在不断变强、变大。未来如何，可以尽情发挥想象，或许永远在我们的想象之外。

四、人工智能的影响

2016年3月，德国纽伦堡大学发布了一款名为“Face2Face”的应用。通过机器学习，将一个人的面部表情和说话时的面部肌肉变化，复制到一个毫不相关的人的脸上。

2017年8月，华盛顿大学的研究人员发表论文称，通过机器对美国前总统奥巴马的电视讲话进行分析后，他们成功地让美国前总统奥巴马讲出了一段他从未讲过的话。

2018年1月，纪录片《创新中国》以一种特殊的方式联结科技与人文，利用智能语音和人工智能技术，让已逝的著名配音艺术家李易先生的声音重现荧幕，完成了整部纪录片的配音。这也是全球第一部全片采用人工智能配音的纪录片。

2018 年 3 月，科大讯飞公司应用语音合成技术，让机器模仿美国前总统特朗普讲话。“讯飞智声”的 AI 语音合成技术平台，已与中央电视台、央视网、人民日报、金陵晚报、中国日报、腾讯、小米等建立 AI 虚拟主播合作。

百度大脑 AI 开放平台，提供集虚拟主播形象定制、人脸表情与肢体手指动作捕捉驱动技术、开播导演系统于一体的解决方案。

一个个具有划时代和历史意义的标志性事件，证明了人工智能时代的正式到来，并在我们的工作、生活中发挥越来越多的作用。关于人工智能的优势、劣势，以及我们应如何面对人工智能带来的挑战等问题，请参阅我 2019 年发表于《视听》杂志的论文《“智”媒时代下的播音主持艺术“新观”》。（人民网和中国社会科学网同年分别转载了该文章）

第二节　技术带来的传播格局改变

技术的迭代发展，传导到传媒领域，就会带来传播格局的改变。这种改变体现在新的传播主体群体——“自媒体”的蓬勃发展上，也体现在过程中单个技术的能量发挥上，还体现在传统职业间界限的渐趋模糊上。

一、技术催生“自媒体”蓬勃发展

流媒体，随时随地地制作、优化、发布的媒体形式，对传统长耗时、高耗材、高人力成本的生产模式造成巨大冲击，也是自媒体的主要生产方式。

根据调研数据不完全统计，截至 2021 年，我国全职从事自媒体的人数达到了 370 万以上，而兼职人群超过了 600 万，一共有 970 万人从事自媒体行业。由于音、视频技术门槛平民化以及播出的便捷性，使得各年龄段、各领域、各专业背景的人都可以加入自媒体“生产与接受”中，其中包括高中生、大学生、年轻“白领”、专家学者、医务工作者、文学爱好者、中学教师、大学教授、绝大多数自由职业者以及传统媒体的专业人士。

由智研咨询发布的《2020—2026 年中国自媒体行业发展现状调研及未来前景展望报告》，详细地介绍了自媒体行业市场发展环境、自媒体整体运行态势、自媒体行业市场运行现状、自媒体市场竞争格局等自媒体方方面面的问题，对自媒体重点做了企业经营状况分析，以及自媒体行业发展趋势与投资预测。

而这一切，都是缘于传媒技术和移动互联技术的发展与革新。

二、大数据、算法技术的精准推送

精准推送，多是指新媒体根据对大数据的信息化处理从而将人们想看的新闻、视频、段子、商品等置于优先位置。2021 年 5 月的一篇北京大学博士采用民族志研究方法而撰写的博士论文，在互联网上引起广泛关注和热议。他花费 5 个多月的时间体验外卖骑手的工作，揭露了外卖平台如何利用“算法”不断压缩骑手的送餐时间，“激发”骑手发挥最大个体体力潜能的事实。大数据和算法技术，为外卖平台公司提供了强有力的支持。

如今，在互联网平台购买某样商品，或者哪怕刚刚浏览过某一商品的网页，系统自动开启大数据、算法技术对“行为”进行跟踪与分析，直接推送相关商品，并且价格、款式、色调等具体事项也有不同程度的体现。

某种播音主持作品类型，一旦被某个或某些用户终端访问，算法系统会默认用户“钟情于此”，然后不断地推送同类或类似内容。除非用户主体重新更换接受内容样式，否则其他风格的“作品”，很难再被同时推送。如此这般的技术，有时比我们自己还了解“我们”。

三、播音主持的职业界限“虚隐化”

一部手机加之软件支持，即可完成全套采编播创作过程，而且自然、亲和、真实、生动，非程式化，内容专业化程度较高。比如，化妆师、模特、演员、歌手、厨师，只要具备功能性主持人的能力，就可以用本专业技能和专业知识瞬间弥补语音、样貌、表达方式等方面的“缺憾”，从而至少一次性地取代职业主持人。打开抖音、快手等全民信息平台，这样的例子不胜枚举。各行各业的行家里手，也有了展示自己才华的舞台，形成合力后，便成了一个“一”，大有取代职业主持人群体的那个“一”的气势。

这实实在在、真真切切地压缩了传统职业主持人的生存空间。换言之，播音主持艺术专业与其他“非科班”的界限变得越来越模糊，似乎可以任人“随脚出入”了。

总之，技术改变了播音主持艺术专业过去的格局与生态，而我们正处于由技术引发的从“过去”经由“现在”向“未来”过渡的深度调整期。这调整期，自然有矛盾，其表现和缘由如上文所述。那么，这种过渡期的“矛盾”，在未来，又会有怎样的表现呢？

关于“矛盾”的未来研判，本应大书特书，它是播音主持艺术领域的一个时代命题。但考虑到本书的主题，仅在此做个“留白”，搭建个“召唤结构”，将此章作为逻辑链条中的不可或缺的一环展示出来，安放于此，邀众人讨论。

总的来看，播音主持艺术的社会需求，与内容提供方的专业院校和业界生产者之间的矛盾，会在相当长的一段时间内持续存在，只不过随着时间的推移和解决方法的不断增多，剧烈程度会上下波动，随势情流转、更变。

第三节　愈演愈烈不可逆

矛盾之不可逆性，意味着一段时间内的“必然性”，不会回归到前一个“点位”，其表现也是“压倒性”的，不可逆的。缘何如此呢?

一、现代化生活方式的开启

现代性外化形态和该“过程”的现代化气息，对艺术形态、审美观念、风格类型提出全方位、立体化的要求，产生倒逼作用。具体体现在：

（1）经济发展方式；

（2）政治形态；

（3）文化结构；

（4）社会结构；

（5）社会心理；

（6）科技发展水平；

（7）生态文明观念；

（8）精神文明建设；

（9）社会意识的自我性程度；

（10）价值观位阶。

二、技术迭代速率加快

无人驾驶汽车，塑造未来生活方式，视听方式亦会随之改变。5G 技术的不断发展，Elon Musk 的“星链计划”不断成行，会改变人类互联网运用方式。与此同时，有关传媒各链条的音视频技术、数字技术、应用软件智能化程度等不断升级换代，也会对播音主持艺术领域产生直接影响，带来重大改变。

现代化程度和水平的不断加深以及与此相关的技术的不断精进，势必带来播音主持艺术传统教学体系和创作体系的革新与骤变。

三、媒介技术不会回降

纵观历史，经由信号、语言、文字、印刷、电子几个媒介发展阶段而进入崭新的数字化移动互联技术时代，并由其传导出了社会文化结构、审美观念、生活方式的变化。但不曾有根本改变，每样新媒介技术的出现，都有不同程度的“创新性跟随”的阶段性表现，而后逐渐成为社会生活本身。它就在当下，不会穿越回到过去，也不会经由当下跳跃到未知的“未来”。一项技术，尤其是被某一历史时期人们普遍接受的技术，不会被主动抛弃。正如爱因斯坦体系出现，并不影响牛顿体系发挥作用。这是常识，也是逻辑和历史。

第二篇

理论体系升级与主体素养转向

为解决上述“供需”矛盾，播音主持艺术主体需要在现有体系下进行扩维。从逻辑学上讲，相对于“社会需求”而言，这种“调整”是一个从“必要”向“充分”扩充的过程，最终达到“充分且必要”的目的。本书在讨论播音主持艺术如何更好地发展问题上，也始终遵守“同一律”原则，与现有理论体系在初心、宗旨、方法上保持高度一致，并未“另起炉灶”，只是加入了“时代性”观照，做了“时代性”讨论与建设。

第一章　传播体系被迫升级

现有传播体系的被迫升级改造，导致播音主持艺术“教学场”（学态）和“实践场”（业态）二者间的矛盾朝着某一方向行进，其可能性有如下几种：

（1）“教学场”与“实践场”，各自发展；

（2）二者相互借鉴；

（3）一方取代另一方；

（4）发展出新样态；

（5）同时走向没落。

这里不做展开论述，无论是哪一种，身为其中一分子，我们尤其不希望第五种情况发生。而从历史上看，新事物的产生，并不意味着旧事物的消亡，更多的是并列而行、迭代发展。

我们不必纠结于“二者”或“一方、另一方”等字眼，我们关注的始终都是同一件事，宗旨也都是使其健康发展。并且，这仅是从逻辑学的角度表述，若从中国传统文化角度讲，万物本为一体，不分你我。从科学的角度说，任何理论体系都不可避免地要面临升级，甚至被否定的命运。人类随着亚里士多德、托勒密、哥白尼、牛顿、爱因斯坦学说所进行的世界观的更易，正说明了这一点。

播音主持艺术学理论体系，是相对真理，尤其毋庸置疑的是，它的历史地位不会因其所涵盖和解释的范围和力度大小、强弱而改变，因为社会现实的变迁远比理论要快得多。况且，这套理论体系，现今仍然发挥着不可替代的作用。正如张颂先生所言："我们的学科还很稚嫩，是一片盐碱地，刨个坑儿，扔下种子，就能长苗儿。"先生质朴而真切的表达，"三性三感"之"时代感"的感召，都给我们以莫大的鼓励、支持和信心，共同优化和完善这一独具特色的学科。

在此基础上，并在这一新技术层出不穷的时代背景下，我们来观照播音主持艺术主体素养的更变。

第二章　主体素养的转向

总体来讲，新媒体环境下，播音主持艺术主体素养呈现“二元—三元——一元”的走势。

如果概述播音主持艺术主体之素养，可言有二：一为“文化素养”；二为“专业素养”。前者，依靠求学时的学校教育和求学后的阅读、思考以及生活实践的日积月累；后者，依靠主体的体悟与勤奋，求学前后皆如此。面对媒介技术升级传导出的产业升级之局面，倘若我们还停留在对读书、思考、实践和对专业技术的执着修炼上，已不能适应未来社会对专业人才的需要。我们要做的是：从二者各自为政，向融会贯通、合二为一转变。

播音主持艺术主体要把“公共课”或生活阅读当作“通识”理解和对待，在掌握“公共课”内容的基础上，更要重点思考如何将它与我们的播音主持艺术专业交叉、互渗、融合，使其摆脱孤立的存在，“为我们所用”。与此同时，我们在学习和体悟吐字、发声、创作表达等系统专业理论时，也要兼顾“通识”思维，加深理解，触碰“通识”的精髓和本质。如此，我们就走在文化素养和专业素养“二者”融合为一的康庄大道上了。为了表述需要，我将前者概括为 A，后者暂且一分为二，专业素养样态一，我用C来表示；专业素养样态二，我用M来表示（M、A、C三者的含义，见下文）。这样，似乎之前所讲文化素养和专业素养的“二元”，就变成了“三元”。为这三者，还分化出了三种职业群体：科班业者群体、非科班业者群体、教育与学者群体。而实际上，这几个“群体”，都该被统归于播音主持艺术主体这个“一”的“一元”存在者，也就是生命主体本初的“一”。对主体生命全体的感知、认识、存养、运行、体悟，才是更高层面的主体素养体现。

面对当前和今后一个时期不得不面对的“变局”，停留在传统理论和方法层面已不能切实有效，且快速地解决问题了。那么，该如何破局，促进播音主持艺术继续闪耀光辉，得以永续发展呢？我们必须站在方法论的高度去鸟瞰、俯视播音主持艺术领域的整体、全貌，才能从根本上，系统、多元地解决迫在眉睫的问题。由此，一种基于解决这一问题的播音主持艺术方法论以及日后可期的方法论体系，便获得了社会合法性与合理性，顺理成章地呼之欲出了。请允许我介绍，它是MAC方法论。

第三篇

MAC 方法论体系

MAC，本为一个解决当下播音主持艺术困境的探索性的具体方法体系，因其具有原则性和统领性的性质而成就了其跃升至方法论层面的理论。从这个意义上讲，又因其组成单元、运行机制、应用法和延展性等要素体系，本身就构成了一个狭义的方法论体系。因此，本章命名“方法论体系”。但同时要说明的是，它并非，也不能代表日后出现的其他方法论理论。相反，它极力地召唤它的同名者。

第一章 MAC 印象

本章，让我们了解 MAC 的含义，首先是基本含义，而后重点介绍 MAC 的当代含义。在对 MAC 有一个总体印象的基础上，形成精神心理上的观念，继而与其他相关印象、观念，例如创作、教学、学习、播音、主持等形成观念群，加之观念间的互动、运行、流动之后，形成千姿百态、惟妙惟肖、生动活泼的播音主持艺术气象。

MAC 作为一套具有方法论意味的方法，以及狭义的超越方法体系的方法论体系，是一种跨越时空，甚至跨越具体性的形而上意义的存在。它穿越历史时空，被赋予不同色彩、不同含义，但“本质”或“型制”永恒不变。我把 MAC 中的 M、A、C 三方都视作一个系统，且都有各自的内涵、外延、运行机制等具体构成。MAC 中的 M 系统，是具体的某个时代的自然界与社会界“祛魅”后互动的“现代性”体现，代表着跳脱与新生，与旧事物相比总有些越轨和叛逆。在播音主持艺术领域，新中国广播开始的 1940 年，播音事业的肇始代表着一种新生的“M”创作系统的问世，它来自对其他艺术类型的继承，如戏曲曲艺、声乐、表演等，是彼时彼刻的“现代性”体现。日积月累、经年累月后，它变成了播音支脉的开创性的、本体的 C 系统（经典性）。MAC 中的 C 系统，是一脉相承的文化艺术传统的一代代延续，它蕴含着 M 的要素，并时刻准备着目送新生的 M 远去，奔向属于 M 的未来，自己却仍然坚定前行，且信心满满；MAC 中的 A 系统，是支撑 M 和 C 独具魅力的情感、道德、知识体系，也是连通 M 和 C 的桥梁和纽带，它由知识、觉悟和审美生活组成，或者说是三者之融合统一体，也可理解为人文和科学的有机组合。

纵观历史长河，MAC，各具不同时期的“个别性”，也就升华出了它的“一般性”与形而上属性。然而，欲想解决现存于我们面前的播音主持艺术领域的实际矛盾和问题，非钻研它的“个别性”表现不可。于是，我们必须讨论 MAC 方法论的“当代”内涵。

第一节　M 系统：时代先“声”与“临界点”之秘

MAC 在不同时代、不同社会背景下，有其特有的表现形式和所指。在当前的播音主持艺术领域，具有在第四次工业革命带来的种种变迁影响下的生动表征。（见图 3–1）

首先来看具当代现代性的 M 系统。

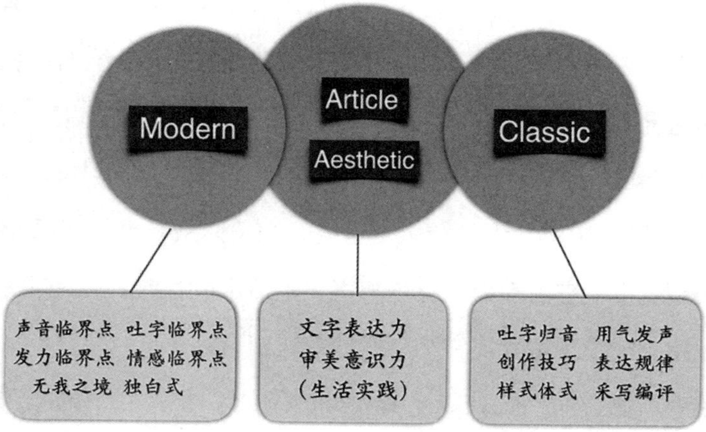

图 3–1 播音主持艺术 MAC 方法论

一、临界点的奥秘

请注意，这里所谓的“临界点”，指的是“恰到好处”的动态呈现，过分与不及之间有个“临界点”，不指固定不变的某个点。这就像张颂先生所说的“亲切感”当“适配性”，不当“亲昵感”解释一样，它始终以“合道的”“释道的”为原则和出发点，亦作为落脚点，继而形成“知行”闭环。它是相对于经典理论，用理性和意识建立的吐字、发声等技术规范并以此为准绳衡量播音主持艺术主体而言的，它是无意识的，自然而然发生的，勿忘勿助的（新儒学对“必有事焉”的功夫的评判，意在去除多余事项，使心纯粹）。以吐字为例作进一步说明，M 系统主张吐字的唇舌力度视稿件内容和话语属性而变，并不要求一直“唇舌有力”，有时可以弱化，甚至听不清语词；有时可以强化，甚至“咬牙切齿”，有时可以变形，甚至使用方言；有时可以夸大动程，等同戏剧腔调，等等。总之，它追求和有声语言表达的“合道性”外化相匹配，不多不少、不悲不喜、不过也不不及，恰到好处，“真实、自由”。“轻轻的”，是找到和认识它的精灵，因此下文所阐述之“轻轻的”，实则是帮助我们打开这扇新世界大门的钥匙。M 系统中的其他项，如发声、用气、情感等，都作如是观。以下凡涉及“临界点”，都以此处为统领性和最终性解释。

M 是英文单词 Modern 的首字母，意为“现代”。在播音主持艺术领域，它表现为时代的“先锋性声音”：主体此时或彼时“心境”的“音声化”；“寻思着”的过程的社会化；一种想象的现实呈现；主体被他（她）以外的人听到的“内心世界”。它的特性显明而具体：轻轻的、松松的、素人化的、平民性的、角色感的。它更强调主体情感、过程想象和意识显现、生命现身，更聚焦主体生存体验和对人、事、物的非一般解释。

美国斯坦福大学物理学教授 Leonard Susskind，谈及他的“弦”理论时提到的“边界”概念，也可以引用到播音主持艺术领域，在发声、吐字、气息、情感表达等方面都可以有所体现。他举了一个自认为不是最完美的例子阐述他的“边界”理论：假定一个装满水的泳池里有两条鱼在水面嬉戏，突然底部排水阀开始工作，整个水池状态发生改变，从刚才平静的水平面开始形成源于底部排水阀疏通引起的“漩涡”，其中一条鱼被这“漩涡”裹挟，进入不断向下旋转却又无法扭转和改变的水流趋势中，而另一条鱼尚且没有被这突如其来的“漩涡”影响。这时，分别处在漩涡中与漩涡外的两条鱼彼此不能在“同一频道”沟通，二者处于不同“环境”中，漩涡外的鱼也许会认为漩涡里的鱼“死”了（实际上它还没死）；漩涡里的鱼，无论采取何种方式呼救，都无济于事（因为漩涡连同它的身体和呼救声被一同带入排水通道)。这样，两条鱼虽同处一个泳池内，但就各自感受而言，恍如分别处于彼此隔绝的两个“世界”。这一现象说明：漩涡中与漩涡外“两个世界”的划分，是存在一个客观上的“边界”或“临界点”的。

俄罗斯作家依琳和谢加尔所著的《人怎样变成巨人》一书中，阐述了动物的世界和植物的世界存在着“看不见的墙”[①]。“你在森林里散步的时候，常常会穿过无形的墙壁。而你在爬树的时候，是在用头冲破无形的天花板。整个森林跟一幢大楼一样，分成许多层、许多间，虽然你肉眼看不见她们。”在我们看来是一个整体的森林，植物学家却发现它是分层、分片的，并且彼此互不干涉，包括生活在其中的动物、昆虫、鸟类，都天然地遵循某些秩序、规则，在我们看不见的“墙”的作用下有序地生活。

辩证法也告诉我们，在量和质的互相转化过程中，“度”是衡量标准，超过“度”的界限，事物就会发生质的变化而形成另一种事物，接着又开始新一轮量变的积累，突破临界点后又会有新的“质”，即新“事物”出现，如此生生不息，无限且永恒。

两条鱼无法进入彼此的“世界”，森林生态中的生物也无法越过无形的“边界”。同时，它们也不会、不能退出自己的尺度范围，压缩自己的存在时空。就这样，在一种天然的“平衡”中繁衍生息，它们对“度”的把握精妙绝伦，它们知道，如若不然，它们可能会失去自己生存的权力和资格。那么，我们不禁要问：播音主持艺术领域惯常讨论的发声、吐字、气息、创作表达等范畴，是否也存在这样的

① [俄]依琳、谢加尔，王汶译：《人怎样变成巨人》，北京联合出版公司，2020，第 5—11 页。

“墙”或称“边界”呢？万事万物相通相连，并且我们是幸运的，有强大的意识分层能力加持，可以帮助我们作为“第三方”或上帝视角来整体性、全局性地看待和把握某种“现象”。这样，我们便可以利用这现象背后的规律和逻辑，解决问题、引导创作。

基于此，我提出 M 创作系统的几个“临界点”理论。需要特殊说明的是，以下论述的都是“临界点”的本体含义，实际运用时，要在这本真自然的基础上做“适配性”调整，不多不少、恰到好处，达到自然而然地流露，做到恰到好处地直接反应，行至中国儒家传统文化“中庸和美”之境，动态地平衡，流动地匹配。而要避免出现提前有个发声状态、吐字方式、用气动程、情感尺度等的“标准”，在创作的前方“等候”“预备”。并且，无论文字内容、话语形态、语体类型做何种改变，这些“标准”都稳如泰山般地“指点江山”，这有违逻辑、自然法则。

关于几个“临界点”的详细内容，我会在本书外的文字中做详解。这里，我们主要谈方法。

（一）“声音”临界点

“声音”临界点，是 M 系统有关发声的理论和“感觉”描述，它是人的声带震动满足语言需要发挥其最佳效能的状态，一种介乎“无声”和“有声”间的，少一点则“无”、多一点则“过”的用声状态和发声方法。“声音”临界点，是对如何获得这样的声音的途径和手段的理论化表达。播音主持艺术主体，对“临界点”的感受是关键，它区别于“气声”，发“气声”时声带不振动，它追求声带振动刚刚发出声音的一瞬间，并把这种“一瞬间”状态保持在整个作品创作过程中。这样能最大限度地保证发声器官松弛、自然，共鸣充分、丰富。

这种发声方式的合法性，是传媒技术、录音技术日益精进的必然结果。此前，这样主张，可谓天方夜谭。

有声和无声是两个世界，正如泳池中的两条鱼、森林中的不同片区的生物、辩证法中的“质”的“前一个量变过程”和“后一个量变过程”。发声过程中的“临界点”或“边界”本身，我们是永远也无法感知到的，它是一种客观的和形而上的存在，只能通过知觉“临界点”的前后状态对比来把握。当我们感觉到声带振动发出声音时，已然处在“有声”的状态中了，对这有声状态的“状态”研究是核心，我们主张“刚刚”的一瞬间的永恒化和固定化，并在此基础上作适配性运用。

实际上，发声的“声音”临界点，是在倡导一种最放松、最自然、最神圣的用声方式，并基于此，把它恰到好处地运用和传导到不同情绪、情感的表达中。它能最大限度地解放喉咙、节省能量、保护声带，也能保证共鸣腔体的最大限度自然振动，这不仅是播音学理论者和实践者的主张以及经验总结，也是包括声乐在内的其他有声艺术主体所达成的共识性认知。

在我参加的世纪名座 2009 年第二期配音大师班的课堂上，配音演员孙悦斌先生提出：对常人和常态来讲，播音的发声声量和气力要普遍打掉三分之二。如果这种说法尚且还有些许抽象（当然人文性的艺术领域本身就无法科学地量化，对此暂且不谈），那么是否可以有一种方式让这“感受”更易“获取”，从而直达目的呢？对此，我提出先用“无声”感知，再向“有声”过渡，即对“声音临界点”的心领神会，是一个不错的选择和路径。就像巴门尼德通过思维对“虚无”的把握，从而认识了它的对立面思维的第一个范畴“存在”一样。

通过正确引导感知它的存在，再通过刻意练习使之日渐精进，我们便可以领会“声音”临界点带来的人声（人生）之妙！

（二）“吐字”临界点

“吐字”临界点，是 M 系统关于吐字的理论化表达，它是一种介乎“有字”和“无字”间的，少一点则听不清，多一点则冗余的吐字方式。其目的，是为了找到最轻松、自然、贴切的吐字原初状态。它是对传统吐字归音对唇舌力度要求的某种程度的反拨，和对日常生活的“适当”艺术化，自然而然、点到为止，能听清就好。它的好处，是有利于语流的顺滑、自由，有利于大众文化语境下的艺术接受。它的合法性，是基于互联网技术的真正“大众文化”的审美取向的体现。“大众性”并非“三俗”，但向来与“曲高和寡”不相熟。在高超的移动互联技术和音、视频技术出现之前，这般说法，可谓贻笑大方。

我们都有过和别人说悄悄话的经验，这个过程对吐字的要求比较高。太清楚，其他人都听到了，也就不能称之为“悄悄话”了；太含糊，悄悄话的对象也听不清，也不能叫“悄悄话”。结合“声音”临界点，两者恰到好处地有机配合，才能成就一次完美的“悄悄话”。具体到唇舌状态上，人们说悄悄话时，舌头和双唇是处在最本源、最自然运动的状态，它们配合着“悄悄话”的话语形式特征，达到了道家思想中的“真实、自由”，舌头和双唇的“真实”就是配合执行大脑“完成悄悄话”的指令，吐字力度不强不弱、不大不小，刚刚好。同时，播音主持艺术主体在创作时，吐字力度保持“悄悄话”的状态，不额外地增加力量，让话语“自然而然”地发生，是为“自由”。在此过程中，舌头和双唇完成了神圣的使命，让生命个体的“意”在最“合道”的情况下，得到了完美的诠释，是为儒家之“诚意”。

当我们面对需要比较大的力度才能完成的稿件或主持现场时，并不能从力度本身出发，在力度处找力度，也不要让我们的声带加力、唇舌紧绷，而是在上述吐字方式基础上，加入气息支持，让吐字力度自然而然地匹配话语样态。这样能保证吐字不干扰发声，发声不干扰气息畅通，情感在其中自由流动。

实际上，这种吐字方式，成就了一种贴近生活、易被接受的有声语言样态。它对生活是“贴近的”，有艺术成分的，却又不是“就是”性质的。正所谓，艺术源于生活，又高于生活。还要加一句，不能高太多，过高者，和者寡之。

（三）“发力”临界点

“发力”临界点，是 M 系统关于气息的理论化表达，在“有力”与“无力”之间。声音、吐字、气息，三者构成了发声的整体状态。所谓“无力”是相对而言的，真的无力，就没有声音可言了，就像所谓艺术“无用之用”一样。它的前提是，先将气息松弛、自然地吸入肺部，其方式有很多，借助和引导的方法有：惊讶法、闻花法、打哈欠法、狗喘气法等，这里不做深入讨论，在论述 C 系统时会有涉及。气息正确、有效地吸入，由于横膈膜下降，使肺部被动吸气，如果不再额外着力，此时的状态称为“无力”（实际是“有力”的）。而当我们在吸气后，刚刚感觉向下继续运动时的一瞬间，正好突破这种“无力”气息状态，使得气息与声音、吐字恰到好处地匹配到三者的“边界”线。将这样的用气方式，贯穿到播音主持艺术创作全过程，正是我们的主张。

斯诺克台球运动，讲究发力要通透。就我学习过程中的体会而言，所谓“通透”的力道，是指不要发蛮力，也不要不发力。运动员握杆的大臂（左手或右手）不动，小臂以肘关节为中心做前后运动。“运杆”时，全身放松，自然站位。在击打母球撞击目标球时，“发力”的过程是保持大臂基本不动，小臂随着“运杆”动作的物理惯性，让球杆“自己”击打母球，感觉球杆要“飞出去”一样，后手似乎只做仅仅是为了阻止球杆飞出而不得不抓住的动作。这样，才能打出所谓“通透”之力。如果用蛮力，甚至暴力击打，非但不通透，反而出现球与球“非正常”撞击而出现的“爆裂声”，不仅不雅观、绅士，还会出现出杆不直、自然加塞（即旋转球，side 的汉译）、呲枪、杆法（高、中、低位形成的 9 个点位）呈现困难等诸多问题。

上述例子说明，所谓“发力”并不是蛮力，而是“合道”之力、“合规律性”之力，类似于太极之力。播音主持艺术谈及“发力”时也是这样，不是用力，也不是不用力，而是要找到二者的临界点，就像“至善”非善、非恶一样，只是能指是“至善”二字而已。

那么，播音过程中力度要求特别大时该怎么办呢？力度要求大时，并不是通过外部肌肉群（腹部肌肉群和丹田部分肌肉群形成“拮抗”）[①] 加力完成的，而是想象着气息在做太极运动，“借力打力”的感觉，以柔带刚。这个气息“打太极”的感觉至关重要，它是气息刚刚突破“发力”临界点而发生“质”的改变，又处在第二阶段“量变”的开始向着下一个新事物，即新的“质”的开端的状态，它是最接近我们所要的用气的“这一个‘质’”的。第二阶段“新量变”积累越多，就离第一个“质”越远，离第二个“质”越近，也就越远离我们主张的气息运用方式了。

---

① 吴郁:《播音对声音弹性的要求》,《现代传播》(中国传媒大学校报),1985 年 04 期。

（四）“情感”临界点

“情感”临界点，是 M 系统创作表达中关于情感的理论化表达。它是一种抒发情感时，为了避免因吐字、发声、语势等导致的“腔调”之外，由于情感表达引起的所谓“播音腔”[①] 的情感表达观。情感，无须渲染，恰到好处。追求情感无痕迹，感人于“无形”，把握“度”，“到”即可，“过”犹不及。所谓“情感”临界点，就是找到有情与无情（这里的有与无，做“道”的层面理解，并非现象上的有和无）的“过渡”和界限划分，然后固定从无情到有情的一瞬间情思状态，并把它常态化、扩大化，运用到作品的创作中，是为“情感”临界点。互联网赋权以及媒介发展所推动的文化结构和社会结构变迁，促发了反“浓墨重彩、惊天动地”式的创作主张和审美观念，也成就了“情感”临界点式的情感表达方式。无此媒介技术支持，所谓“无情”必定与“无人理会”相继发生。

中国播音主持艺术的历史不算长，如果从 1940 年延安新华广播开始算起，不过 80 余年。即便从洋人在华创办电台开始算起，也最多不超过 120 年。在这之前，播音语言的“前身”，基本是穿插在相声、说书等曲艺类型中，或是昆曲、京剧、梆子等戏曲的念白中。为保证戏曲曲艺的整体艺术性，这些语言样式较之生活语言，情感浓烈、表达夸张。另外，西方话剧舞台艺术进入中国后所表现出的“话剧腔”，也对早期的播音语言艺术产生很大影响。加上不同历史时期，意识形态、艺术派别、创作主张的争鸣，播音主持艺术的整体面貌时而夸张、

① 这里非指张颂先生主张的播音腔，而是学生学艺不精导致的“半成品”式的播音腔。而事实上，基于创作实践，这两种“播音腔”在相当多的作品中都被不分青红皂白地“明令禁止”，这也是 M 系统的理论来源根据。

渲染，时而低沉、婉转，就当下的眼光看，一直处于“不放松”“不自然”的状态中。[①]改革开放后，随着社会市场大潮以及与国际社会连通，有声语言艺术也顺势，或者说不得不配合、服务、解释它赖以生存的“环境”。一种自然而然的情感表达类型逐渐成熟，随着改革开放向纵深发展以及科学技术的不断前行，播音主持艺术语言轻声细语、润物无声、潜移默化、丝丝入扣的表达样态渐成主流，心灵层面的默默沟通代替了声音层面的直抒胸臆。

由此，一种有关情感的“情感”临界点（或称情感“无痕”临界点）理论主张，对播音主持艺术创作和教学主体来说，至关重要。论述气息“发力”临界点时，我们谈到了，它的前提是要有技术性气息正确吸入。同理，情感无痕点的前提是，先要有情感。这源于外界感官刺激的千差万别的个体性情感，如何完美地外化出来呢？有情与无情（有与无做“道”的层面理解）中间，有个“临界点”，多了不行、少了也不可。

站在 21 世纪第三个 10 年的开端，随着科学技术、文化发展趋势、社会心理、个体心理、传播环境、媒介属性等日新月异，播音主持的情感表达向着“无情”（“道”的层面）的方向趋近。假设有一份“情感”在我们的心中呼之欲出，对方（个人或群体）感知到了，便可停止，不要再向前继续推进，大力渲染、雕琢（正如王阳明先生所说“知行合一”，渲染，便是人欲）。信息大爆炸的时代，没有信息孤岛，也基本不存在信息不对称的现象。我们只要把某种外界刺激引起的“情感”让别人“知晓”便可、“感到”就停，需要给对方“留白”，建立“结

① 张颂：《论播音语气》，《现代传播》（中国传媒大学校报），1985 年 01 期。

构”，让他们用知识、情感、道德伦理、态度、立场、观点等填补空白，完善和妆点“结构”。从接受美学和阐释学的角度看，这样才算是一次完美的，至少是完整的艺术作品，继而才是一次真正的艺术接受与鉴赏。毕竟播音主持艺术语言本身就是一门艺术，传播过程就是一种艺术接受、艺术鉴赏的过程，也必然要体现和遵循传播接受规律。

移动互联时代，人们常常使用地铁、公交、私家车等公共或私人交通工具。拥堵的路面、炙热的骄阳、未竟的工作，会生发异样的情绪与心流。此时，一种用来缓解焦虑和紧张的陪伴性的“情感”恰逢其时，被广泛需要。从接收终端看，我们已经跨过大屏、中屏，进入到小屏时代。而“小屏”所提供的空间和比例，从形式美学和接受心理上讲，不支持或不擅于支持承载浓烈情感的表达方式，若偏要为之，势必会引起“逆反心理”。快节奏的社会，人们渴望轻松、惬意的业余时间，一来可以缓解工作压力，二来可以梳理生活点滴、笃定对未来的信心和希望。然而，如果有一种浓烈的“情感”从小小的屏幕中扑面而来，便打破了这一美好“愿望”，我们或多或少会有一种被覆盖、被裹挟、被侵犯之感，继而默默地用手指轻轻一划，委婉地拒绝。是的，我们有这样的权力。

2021 年 4 月 27 日，我参加了在中国农业展览馆举行的世界茶艺博览会。在一个主题研讨会的现场，一位观众起身提问，且不说她吐字夸张，声音“满嗓子灌”，单就那浓烈、炽热的情感，就任性地“包裹”了会场的所有人。人们用诙谐的笑和异样的目光表明了态度。我知道：这“笑”，是对她夸张的表现较为礼貌的回应；这“笑”，是理解也是无奈，可能那一刻人们已经忘记了她所表达的内容，全部被她的情感形式所吸引。果然，她问的两个问题，一位嘉宾回答完第一个问题后，却忘了第二个问题是什么。我想，那位嘉宾无意中还沉浸在她炽烈的“情感”中，以致忘了“正事”。这样的情感，是我们要的吗？显然不是！这情感虽给人留下印象，有“余音绕梁”的效果，却也有“侵犯”“强迫”“捆绑”之感。仔细分析，这情感的最终呈现样态是被“画蛇添足”了的、是被扭曲了的、是被私欲化了的，其源头也是与现场气氛、主题无关的。

信息交流、话题探讨，不是阅读、朗诵，可以移置情感经验，借助想象和艺术手法进行创作，它的本质是含义（Meaning）沟通，非意义（Significance）生成。就现场而言，女士这种情感的源头，便是空的或是错位的，恐怕连“昙花一现”的短暂美好，也难以维系。

（五）“无我”之境

我，究竟指什么呢？这是一个深刻的哲学问题。可以是弗洛伊德的本我、自我、超我；可以是米德的主我、客我；可以是库利的“镜中我”；还可以是“道”之“真我”。这里所讲的“我”是包含上述各方的，只是为了强调“道”学层面的“有”与“无”而不得不用打引号的“我”字来表达。

所谓“无我”并非“虚无”。其义有二：一为“道”之无我；二为“有我”前提下，主体艺术创作进入如若无我之忘我境界。播音主持艺术主体，正是要体悟这两个“我”的临界点，以便游走于二者之间，更好地为创作服务。

道家讲“大道无形”“大音希声”“大象无形”，一个“无”字蕴藏无穷奥秘。佛家也说“无”，王阳明先生对此有他的理解，“佛氏说到无，圣人岂能无上加得一毫有？……佛氏说无从出离生死苦海上来，却于本体上加这些子意思在，便不是他虚无的本色了，便于本体有障碍。”[①] 看来，阳明先生是不赞成佛家“无”的用意的，他强调和追求的是纯粹的本体，与道家之“无”同一，只是儒家又多了“在亲民”之道的显现和衍生，是为“气”也。

如此，我们可以说儒释道三家就“道”的本体而言，并无本质上的争议，只是表述各有侧重、表达各有方法、表现各有形态。《传习录》中王嘉秀问：“仙、佛到极处，与儒者略同。……后世儒者，又只得圣人下一截，分裂失真……”先生曰：“所论大略亦是。但谓上一截、下一截，亦是人见偏了如此。……彻上彻下，只是一贯，更有甚上一截、下一截？”[②] 诚如是！

播音主持艺术创作主体之技术体系，是否可理解为王阳明先生所说的“无”上多加了的那一“毫”呢？在此，先且不论。从艺术创作角度，我倒反而倾向于从王嘉秀所言“上一截、下一截”的角度继续探索。所谓“上一截”即为“道”“理”，下一截即为“气”“物”。所谓“无我”，是主体停驻于“上一截”的道而“无我”，还是感念于“下一截”的“事”“物”“气”的“无我”创作状态呢？我想，二者兼而有之。这正是，“我”的临界点提出的根据和源流。往上一点，即如上一截的“无我”之境；向下一点，即到下一截的“无我”（“忘我”）之境。正如王国维所言，“有我之境，以我观物，故物我皆著我之颜色。无我之境，以物观物，故不知何者为我，何者为物。”播音主持艺术创作主体，正是要驻足于这“二者”的临界点上，在“二者”间随脚出入，根据创作详情，选择采用何者之“无我”[③]。就当前和今

① ［明］王阳明，鲍希福点校：《传习录》，文化发展出版社，2018，第 262—264 页。

② ［明］王阳明，鲍希福点校：《传习录》，文化发展出版社，2018，第 57—58 页。

③ 王国维：《人间词话》，彭玉平译注，中华书局，2016，第 9 页。

后漫长的人类发展时期而言，亦是为创作考虑，我的想法是：存“有我”，求“无我”。

（六）第五种语言样式：独白式

所谓第五种语言样式，是对于中国播音学中宣读式、讲解式、朗诵式、谈话式四种语言样式理论而言的。我将孕育并大行于新媒体时代的语言表达样式（独白式）称之为第五种语言样式。移动互联技术带来的便利，使得人们独处的时间多过以往，自我传播（传播学术语）成了一种“新常态”。自我传播在有声语言艺术层面的“外化”，便可称之为“内心体”，它是一种独特的语言样式，是对主体独处时语境、心境的“再现”或“模仿”。此处，可参考第三篇第一章第二节论述 M 系统时，有关时代先“声”与“临界点”之秘的阐述。在有声语言艺术领域，它兴起于商业广告配音（发端于电影、广播剧中的人物内心“独白”），后作为一种创作观和审美取向逐渐扩展到专题片、纪录片解说、主持和其他有声语言艺术类型中。它追求一种宁静的“陪伴性、勿打扰”的审美境界，是上述关于发声、吐字、情感、用气各项表征的集中体现、合归统一与凝练升华。

基于上述各项阐述得出的“独白式”语言样式，不能狭义地理解为“内心体”“小清新”，它是一种语言创作主张、表达方式、风格流派，彰显时代特征，争创时代经典。温和的、清新的、柔美的、阳光的、活力的、激情的、大气的、澎湃的、豪迈的等各种情感类型，都可以在“独白式”的创作框架、创作形制中得到体现和表达。和宣读式、讲解式、朗诵式、谈话式一样，不受题材、体裁的限制和束缚。

二、M 系统的创作源动力

关于 M 系统，通过上文对“吐字”“声音”“情感”“发力”临界点的阐述，相信我们已经对它有了初步认识。但与此同时，又似乎让人产生一种荒诞感，不知如何是好，不知从何把握，不知方向在哪。这恰恰是上述“临界”“边界”“度”的意义所在，当我们身处“第三方”把握事物时，会得出第一、第二方都无法感知，甚至无法想象的结论（还记得“漩涡”实验中的那两条鱼吗？）。值得欣慰的是，我们正沿着“第三方”的视角与路径探索、前行。下面，有必要谈谈 M 系统下的创作能量来源，即“吐字”“声音”“情感”“发力”临界点在实际应用中是如何体现的。以下重点阐释有代表性的四项。

（一）潜意识

当我们面对创作对象——一篇稿子、一场主持、一众学生、一个课业练习时，通常情况下，我们会认为首先发挥作用的是感知觉，然后是概念、判断、推理，或者直觉、灵感、想象、理解、领悟等。事实上，在感知觉的前端有一样东西更早存在，那就是潜意识。关于潜意识，我们常常和奥地利心理医生弗洛伊德联系在一起，他在《精神分析引论》和《梦的解析》一书中重点阐释和分析了潜意识的独特甚至决定性作用和在精神世界中与意识相比占更大比例的问题。后来，美国人 Leonard Mlodinow 在他的著作《潜意识》中谈道：感觉是潜意识替我们做出的选择，它是来源于一个全人类共享的，且存储着社会、感情、文化信息的庞大数据库[①]。看来，Leonard Mlodinow 是想把潜意识做科学化的研究和证明，是否可行，我们暂不讨论。就潜

① ［美］列纳德·蒙洛迪诺，赵崧惠译：《潜意识》，中国青年出版社，2013，第 206 页。

意识本身来讲，在播音主持艺术创作中发挥着不可替代的作用，是不言自明的。比如，当一名主持人做现场即兴表达时，语言的“无意识投射”[①]就在默默地发挥作用，并且是在意识范围之外运行的。

我们说：潜意识，是 M 系统创作的重要来源和依赖性存在。

（二）想象与联想

想象，无边无界，常常带着美丽的翅膀自由翱翔于人类的精神宇宙，也在人们的日常生活中扮演着神圣的角色。想象，分为再现性想象和创造性想象。创造性想象，又有分想和联想两个用途。分想，是把记忆或印象中全部画面、景象中的某一个单独摘出来的心理能力。联想，是两个事物间的联系之想，有接近联想和类似联想。接近联想，如进入西安就会想到汉武大帝、昭宣中兴、文景之治、大唐盛世、《长恨歌》、“云想衣裳花想容”等。类似联想，如看到钻石就想到纯美无瑕、坚贞不渝、长远恒久的爱情等。可以说，联想是想象的基础，对比时，二者也可在同一层面比较。联想，是事物与事物间的某些源于主体的“关系”网，是关于过去的；想象，是想出一个像来，它的结果永远是出现在未来的。二者在播音主持艺术创作中，经常一起出现，彼此互动，共同发挥作用。本为一体，分作两用，互不分离。

“想象力比知识更重要，因为知识是有限的，而想象力则可以囊括整个世界。”[②]这句话，尽管没有人能明确指出爱因斯坦何时何地说的，但大多数人依然很赞同这个观点。毋庸置疑，任何艺术类型都强调想象力的重要甚至决定性作用，没有想象就没有艺术。哪怕在非艺

① 无意识投射，语言学中谈及语言被误用时的四个理论之一，另外三个分别是：固定层次抽象、认同不当和二元价值评判。这里的引用，是取其积极意义。

② ［德］恩斯特·彼得·费舍尔，陈韵雅译：《比知识更重要的是想象力》，海南出版社，2018，引言。

术领域，比如自然科学的发现与创造中，也都有想象力的先期性与创造性参与。

M 系统的创作来源，自然要将“想象与联想”纳入麾下，且强调其无穷无尽的能量挥洒。

（三）领悟

“领悟”一词，对中国人来讲是外来语，起源于佛教对“万古长空，一朝风月”“自本心”的把握，靠的正是与头脑“算力”无关的，与“领悟”有关的“心力”。因此，头脑发达的西方人大概很难理解“天人合一”式的美学境界和世界观，他们的美学是建立在范畴基础上的理性之美。在播音主持艺术教学活动中，教师本身要有领悟力，并启发学生获得这种心力，学生也要注意这方面能力的培养。播音主持艺术创作活动中，主体也要通过“领悟力”心领神会稿件或主持节目的精神内涵，避免仅仅停留在结构、形式等表层创作境界。我们可以参见“表层感受的物理场”“中层感入的心理场”“深层感悟的审美场”① 的提法。

禅宗五祖弘忍法师在传承衣钵时，对神秀和慧能进行领悟力的考验，以决定传承人。他让弟子们写偈语，以此检验其参禅境界。神秀在墙上写道：“身为菩提树，心如明镜台。时时常拂拭，勿使惹尘埃。”弘忍法师认为尚未得“本心”，让其继续写。慧能因不识字，请人代写道：“菩提本无树，明镜亦非台。本来无一物，何处惹尘埃。”弘忍法师认为他的境界比神秀高明，但“尚未见本心”，于是用一只拖鞋把慧能请人代写在墙上的偈语擦掉。晚上，在禅房见慧能时说，慧能

① 张颂主编：《中国播音学》，中国传媒大学出版社，2003，第 220—229 页。

离“本心”只差一步，于是开始点化慧能。

我们来对比分析神秀与慧能的偈语。神秀的境界是有分别心的，他认为“心”本是干净的，只是在这尘埃的世界沾染了污垢，要常常擦拭方可保持纯净。而慧能化解掉了这种“分别心”，达到了“缘起性空”世界本“无”的境界，但心中仍旧存有“空”“无”的意念，本质上还是“有”。弘忍法师用一只拖鞋擦掉他的偈语，充满了禅意，是为“空空”。第一个“空”是动词，第二个是名词，意思是把这“空”的念想也空掉，就进一步发现了“自本心”“自本性”，也即“佛性”。有、无，皆发于“本心”，并非“有”“无”在起作用。于是，慧能开悟了，他非凡的领悟力，让他赢得了弘忍禅师的青睐，成为禅宗第六祖——慧能禅师。

在播音主持艺术领域，很需要类似慧能参禅的非凡领悟力。对播音主持艺术的技巧、本质、属性、功能、定位等的把握，对教学对象的个体差异、人格特征、情感表现的捕捉，都需要主体领悟力。如此，才能掌握播音主持艺术的精髓，不断地创作出优秀的“作品”（内容信息或“人”）。

作为主持人，弄清与搭档、嘉宾、现场观众的关系问题，至关重要。对此，有人主张“主持人就是一家之主，嘉宾、观众就是来家里做客的贵宾”。既要让客人感觉自在、不拘束，又不能太过随意，使宾客反客为主，同时还要避免主人“不好客”，确有精妙可言。把主持人和嘉宾或观众的关系，拿主人与客人作比，语言的场域就发生了变化，各方就能迅速找准定位。来家里做客就要拉家常，既然是拉家常，语言就要自然、生活化，不能雕琢、造作。

M 系统的创作来源，天然地与这“领悟力”无限亲和。

（四）生命体验

十九世纪以意志论、直觉主义和存在主义为代表的西方哲学非理性转向，主张抛却感性的压迫和理性的冷峻，转而标榜一种关注生命体验或“操心”[①]（海德格尔语）的世界观和方法论，它区别于十七世纪开始的认识论转向。播音主持艺术主体，如果用这种源初的生命本体去聆听自我、感念外物、融通世界，捕捉花鸟鱼虫、人情世故、四季更迭、日落月升之真谛，然后将这股灵韵传导到文字稿件或即兴表达中，便可雕镂人“心”、惊“心”动魄，使作品回味无穷、余味绵绵。

复旦大学哲学教授王德峰，在他的“中西方文化差异”的讲座中举过一个例子：他与美国来复旦访问的哲学教授共进午餐，席间这位美国教授拿起筷子试图夹起面前的“鹌鹑蛋”（一道菜），经历 4 次失败后，第 5 次终于成功了，但快到嘴边时，还是弹落掉地。于是，这位美国教授感叹中国人聪明，能学会这么难的“技术”。王德峰说，这不是中国人聪明的问题，而是中西方文化差异的哲学问题。西方人用餐时，是把食物当作“客体”用刀叉进行“分析”（分解），是用餐者主体消灭食物客体的过程。而中国人用餐，工具是筷子，不破坏食物，用餐过程是完美地实现了一次人和食物的“天人合一”。

中国的文化传统，使得生活在这片土地上的人们更注重“心灵”“体验”“情感”。电视剧《觉醒年代》中有场戏，国学大师辜鸿铭在北京大学礼堂的一次公开演讲中，指出中国人生活在“心灵”世界的事实。生命体验，是中国人的文化传统，善于与心灵对话，长于

---

① 海德格尔哲学术语，指生命最源初的纯粹状态，它“向外伸张”的趋向，称之为“操心”。

构建公共情感世界；西方的道统则是“主客二分”，善于构建公共规则，有利于科学的发展。

播音主持艺术，作为一种特殊的艺术类型，其属性天然地就与“科学”区分，强调主体生命体验能力，主体带着对生命本体体验的种种“所得”进行播音主持艺术创作，必然在源于现实的基础上又超越现实，引人深思、意味深长。这也是发展播音主持艺术事业的题中应有之义，是创作活动中的内在依据和教学活动中的灵魂线条。

以上四点是 M 系统创作来源中代表性的一般性表述，具体而言，包括善良、诚实、友好、自信、勇敢、好奇、热情、坚持、阳光、节制、慈悲、怜惜、宽容、坚韧、责任、智慧、勤劳，等等。对此，我在“方法论”里不做论述。

一言以蔽之，对生命体验的种种“所获”，是 M 系统源源不断的创作来源。

三、M 系统合法性的技术赋权

以大数据、新材料、机器学习、云计算、传感器、3D 打印、虚拟现实、全息技术、人工智能、移动互联等技术为先导的第四次技术革命的到来，使录音、录像技术得到了空前的发展与提升，音视频“大排筵宴”，用户体验超越以往任何一个历史时期。这些都源于技术对艺术创作的赋权。具体而言，技术给有声语言艺术创作带来了什么呢？

（一）便捷的音视频内容创作

喜马拉雅 FM，在手机终端提供了一款操作极其方便的录音软件，界面简洁、易懂，还有清晰、柔和、磁性、明亮、沉稳、低音六种声音美化效果。同时，后期剪辑和配乐也极易操作，并且还提供多人同时录音模式，满足影视剧配音群体需要。

“抖音”官方推出的一款名为“剪映”的手机视频编辑工具，其强大功能可以满足专业级的视频剪辑需要，带有全面的剪辑功能，支持变速，有多样滤镜和美颜的效果，还有丰富的曲库资源，方便快捷。

总之，无论是音频还是视频内容生产，都无须前期大量的人力、物力、财力投入，简单、方便、高效。

（二）易获得的高性价比设备

访问各大互联网购物平台，价格低廉的音视频录制硬件设备随处可见，能保证日常音视频内容生产对技术的需求。所谓高性价比，是相对于传统专业设备而言的。产品价格虽然低廉，但制作效果可与价格不菲的设备媲美。比如，在一个简易搭建的空间里，两台手机，一个效果灯，再配以话筒和耳机，就可以进行直播了。在过去，这非要几百万不可。

（三）高质量的数字技术产品

拾声技术以及 1080P 和 4K 技术的运用，让人们获取更高声画质量，声音更饱满、质感，画面更清晰、逼真。

OPPO Find X3 系列宇宙摩卡，带有双 5000 万旗舰主摄、10 亿色臻彩屏、60 倍显微镜。能满足专业级摄影需要。《风味人间》团队制作的纪录短片《人间烟火色》，全程采用 OPPO Find X3 Pro 拍摄，画面清晰、质感，已经能够达到一般的非手机专业拍摄设备无法达到的效果。

（四）大审美经济时代的深度扩维

大审美经济时代，处处展现“美”的影子。大型 MALL、餐厅、超市、健身房、美发沙龙，甚至卫生间都极尽“美”之能事。人们在这样“美”的环境中生活、工作，自然就被“涵化”（传播学语）出了对“美”趋之若鹜的偏向和追求，体现在声画作品的制作和艺术接受环节，就会有鲜活、生动、明确的诉求与判断，甚至会提出要求。各大应用软件开发商，正是基于这样的时代特征和市场需求考虑，开发出了拥有强大的美颜、美声功能的软件应用，能让样貌平平、皮肤粗糙甚至褶皱的人，通过 filters（滤镜）的神奇功能，瞬间变“美”。此外，录音软件的升级，大大提高拾声率，均衡、BASS、母带技术、混响等技术手段的加持，能让普通声线变得专业、质感，魅力十足。这样，对专业技术的要求就发生了变化，这种变化并不是取消技术，恰恰相反，要求出现区别于以往的技术，并且应该是“隐匿”的、不易察觉的。比如，声音音量要缩小一大半，以配合录音软件的技术属性，免得“炸音”，而用户（Prouser）在收听时是毫不知情的，只沉浸在声音带来的美感中。

如此这般的强大技术体系，让人们已经很难愉快地接受在镜头或话筒前，有各种“技巧预设”的播音主持样态了。人们希望：播音员、主持人能在小屏幕的手机终端中“正常”说话，就像同学、朋友、家人，艺术化一点点即可，毕竟音视频技术已经在声画到达屏幕前，将其“艺术化”过了。

M 系统的提出，正是基于这样的现实以及对这种现实的考虑而形成的。技术是关键，离开强大的技术支持，不会成就今天广受青睐的 M 创作系统下的播音主持艺术作品（本书提出 MAC 方法论之前，还不存在这里指称的理论上的“M”创作系统，还只是纷繁复杂、五光十色的众生相）。

用今天的眼光回看过去，从艺术的角度讲，那种“夸张”的、规范性的、机械感的镜头和话筒前表现，部分是为了弥补技术落后带来的缺憾与不足。或者更理性和客观地说，是理论系统规制下“半成品”或“半吊子”的社会业态表现，他们并未体现，也就不能代表理论体系的合法性与科学性。对此，或可长篇大论。我们应该用历史和现实的眼光看待和评价，那是我们的过去，我们的来处，也是我们的财富。辩证地说，它就是现在，它就是未来，也就是我们本身。

需要特别说明的是，我们讨论M系统中各项时所使用的话语，均是在M系统的语境和范围内。涉及C系统，会是另外一番景象。

四、M系统本体的“可能性”

M系统，是在市场需求的呼声和对艺术的审美观念中孕育和产生的，也就是在“系统外”业界中，并不是在广播电视时代由其媒介属性规制出的播音主持艺术传统框架下的继承与创新的产物，而是移动互联等技术下新媒介传导出的社会文化结构规制的，当然二者绝非毫不相干，实则关系还十分密切。这里我们先谈M系统本身的可能性，第五篇我们会谈MAC（Itself）作为一个整体考虑之可能性问题。二者有此区别，需要说明一下。

M系统的产生，或言其之所以成其为自身，主要有三个原因：一是自媒体业态蓬勃发展的倒逼效应；二是媒介发展涵摄的文化结构形变；三是“受众”身份转化。

（一）自媒体业态的倒逼

近年来，互联网媒体的变化集中体现在更多的传播平台、更多的连接可能、更多的内容选择和用户生产内容的崛起上，这些变化共同推动着媒体消费“碎片化”的进程，以及随之产生的用户注意力分散现象。[①] 在人人都可以当主播，人人都是内容生产者的自媒体时代，观众已不再是单纯的接受方，同样也是生产方，这就形成一种对专业的、专门的内容生产者的观念、方式、方法等的“倒逼”，从而改变了过去“播什么就看什么”的传播局面。换言之，内容生产者的整个创作状态被改变，M 系统就是在这样的背景下“被迫”产生出来的。之所以说“被迫”，是因为过去的传播模式，赋予媒体人巨大的权力，可以决定生产内容、生产方式、媒体态度、媒体立场，进而完成监督环境、传播文化、教育大众、提供娱乐等大众传媒的基本职能和传播任务。然而，社会舆论监督的权力还比较弱小，媒体被监督和约束的机制并没有真正建立。自媒体出现之后，情况就大为不同了，它迫使传统媒体不得不“被迫”地主动监督自己的行为，保守道德底线、执行专业主义。在传播形式和节目形式上，也以一种平等、商议，甚至迎合的姿态和观众、听众对话，一改过去，至少是很大程度上一改过去强力传播意识形态和规定内容的格局。这是时代进步的体现，是技术发展带来的自媒体时代的倒逼效应，也为播音主持艺术 M 创作系统提供了互联网平台和传统广播电视台等更广阔的生存空间。

（二）媒介发展涵摄的文化结构形变

在语言没有产生之前，人类用符号、信号沟通，人和人的关系更接近于动物间的关系；语言产生后，人们用言语沟通，人和人的关系更亲近，精神世界可以互联互通；文字产生后，人们使用语言的载体“文字”进行沟通，人和人之间的关系，在心理上有所疏远，但同

① ［英］吉莉安·道尔：《理解传媒经济学》，清华大学出版社，2018，第 63—64 页。

时获得的是精神上的满足，文字的媒介特点，提供给人们情感寄托、放任想象、婉转含蓄的精神驰骋场。千里之外，一封书信，拉近“身已远”的距离，人们处在一种“想象”“期盼”“渴求”“遥思”的精神世界中，时间久了，即使不在远方的身边人，也习惯了这种“诗意”的沟通方式。而随着印刷术的发明，以及与邮政业的合流发展，书写的“书信”失去了“独一无二”的珍贵性，被大量的“复制性”产品代替，带来信息传播便捷化的同时（如西方《圣经》通过印刷广泛传播等），也使人际关系变得淡薄、浅显、不珍。下一个阶段是建立在电子技术之上的，首先是广播，后来是电视，声画代替了“文字”。虽然声音和画面媒介最大限度地模仿现实生活，而且是二维模仿三维的，但人们在目不暇接地享用视听珍馐的同时，愿意相信广播、电视里的内容就是“真”的，它和邻里、同事间的日常沟通方式简直一模一样，能看见，也能听见，什么都“一样”。那时的人们就生活在这样一种“拟态环境”（李普曼语）中，每天被“信息茧房”“回音室”“过滤气泡”“群体极化”“网络巴尔干化”这些传播学理论所指向的现实包裹着、涵化着、塑造着。

最近的一个媒介阶段，是伴随着计算机技术和互联网技术而来的，尤其是移动互联技术的到来，颠覆了广播电视时代的传播格局。在互联网的世界里，有语言，有文字，有图片，有社交媒体提供的音视频，能够“及时”交流，也保留了电子邮件的“延时”传播。这是一个融合之前所有媒介时代特征的“大熔炉”，历史上每个因媒介技术进步而导致的人际关系、文化结构变化的种种表现，在这里都能找到它们的影子。

大熔炉，也有主有次，当下这个时代的主流文化是什么呢？真正“大众化”或真正“大众传播”时代所孕育和表达出的一切精神和物质的文明样态。过去，更准确地应被称为“传播大众”，向大众进行传播。今天，我们所说的“大众传播”，是真正的大众传播，是真正意义上的最广大的人民大众生产、分发、传播、接受的时代，这和过去的所谓“精英媒介”时代有本质区别。在播音主持艺术领域，表现为后现代意义上的“去中心化”“去传统化”“去权威化”的音视频节目传、受格局。事实已经证明，凡是不能体现上述几个词语特点的播音主持艺术作品，往往很难获得大众的青睐和追捧。

（三）受众的用户（Prouser）身份转化

“受众”一词，有被动、静止、消极的含义，是传播过程中接受传播内容的“大众”的代名词。用户（Prouser），就相对主动、活络、积极得多，可以鲜活地对传播内容进行反馈、建议、评价、判断、批评。同时，在移动互联时代，用户（Prouser）也可以是内容生产者。Prouser 是 Producer 和 User 的合成词，意为既是生产者也是使用者。

在大传播格局中，接受主体从“受众”到用户（Prouser）的身份转化，缘于主体接受选择权所形成的新的艺术接受气象，这为 M 创作系统本身成为可能提供前提条件。这一受众身份变化，基于互联网代际发展，是经过 E-mail 的延时互动、早期聊天工具的及时互动、后期社交软件的多媒介互动后，主体身份从需求侧向供给侧转化的划时代之变，意义深远。

综上所述，M 系统自身的诞生（本体“可能性”），具有“合规律性”“合目的性”（康德语），也具有自然合法性、社会合理性。

五、M 系统的业界表现

M 系统作为操作性系统，它的实践领域和形式多种多样，但在它感召下的主体创作状态没有一个是 100% 完美的，也永远不可能出现完全符合 M 系统要求的音视频节目实体。正如马克思所说“关键在于改造社会”，我们要做的，是用这种理念性的理论系统不断地改造和改善播音主持艺术作品，这“作品”不仅指播音主持艺术作品，还指在教学活动中作为教学对象的“学生”这种特殊的教师的“作品”。无论哪个，其表现形态都是各具风采的。下面，分而述之。

（一）香港 TVB 影视剧配音

香港 TVB 制作的影视剧，多采用后期配音的方式播出。观众会有这样的共识：演员们的整体语言状态和大陆的有所不同，即使不看画面，一听便能区分，正所谓“TVB 腔”（比如，“做人呢，最重要的就是开心……”其声，仿佛就在耳畔萦绕）。这种不同，一方面，体现在由于出境演员本身讲粤语，粤语的语调、语气、口型、表情等会直接影响配音演员的二度创作状态；另一方面，在由粤语向普通话转化的过程中，配音演员们并没有“字正腔圆”，而是极尽生活化，甚至很多字都被“吞掉”了。这个过程，是自然而然的，并不是为“吞字”而吞字，影视剧配音共同追求的“贴”字，得到了很大程度的体现。无意中，观众会有“这个人说话就是这样的”的印象，并没有感觉到是配音演员的二度创作。尽管粤语口型和普通话口型很多时候都不一致，但并不影响观众的观影体验和对剧情的理解，没有违和感（比如，周星驰与配音演员石班瑜的合作，堪称经典）。

（二）大陆影视剧配音

已故著名配音演员李易（也是我的授业恩师），2011 年在中国传媒大学的一次讲座中，对当时大陆影视配音的整体水准提出异议，开门见山、直言不讳地说“不行”！就事论事，我认为李易先生说得对，也不对。对，是因为在他之后的影视剧配音演员普遍“基本功”较差，听起来没有明显的技术性气息支持，吐字发声也较为随意，尤其不能与大型历史题材中的大人物的性格、神采、丰功伟绩等相匹配；不对，是站在先生去世多年后，基于移动互联时代的当前大陆影视剧配音的整体状态而言的。社会发展导致审美变化，它要求一种更为生活化，不“高高在上”的语言样态。所谓“高高在上”并非贬义，它是由配音演员的发声位置、吐字方式、用气状态综合而成的一种让观众感觉到有距离、无法触及的“神圣感”“殿堂感”。这种情形，在互联网赋权的移动互联时代，被大大地削弱，无情地“抛弃”，自然地“退避”。比如，电视剧《三生三世十里桃花》《锦绣未央》以及众多二次元、卡通人物配音的新语态、新语体，与上一个有声语言艺术创作范式逻辑中的语言样态有很大差异，他们的声音印象大多在“殿堂”与百姓之间，或者在平民性语言基础上艺术化一点点。且不论当前大多影视剧题材、主题与以往不同（其原因也是多方面的），单就影视剧人物配音主流群体的整体样态来看，确是理应如此地体现当代现代性的。而实际上，这本身就能说明一定社会文化氛围中孕育出符合时代特征的影视剧作品，是合情合理的。

（三）大陆广告配音

2009 年，我与孙周导演合作了一支 30 秒的中国邮政储蓄银行的广告片。孙导和蔼可亲，道明了他的意图：亲切、自然、生活。第一遍，他很满意，只是在“当忙碌了一天，回到家的时候”这一句广告词的细节处做了微调。“当忙碌了一天”后停顿一下，以配合画面中男主角推开门后发现妻子在厨房忙碌的温馨、幸福场面，同时也通过这样的“停顿”给观众一种期待和情感铺垫，欲扬先抑，幸福场面传达的温暖淋漓尽致地抵达观众内心深处，引发共鸣。当时，我被这一看似微小的细节调整深深折服，时隔多年，精湛又妙不可言的“画龙点睛”式创作方式，仍然影响着我，成为一种艺术追求。第二遍完成后，孙导说：“OK，就这样。谢谢！”意思是，完成了。我有些诧异，觉得意犹未尽，再认真些，是否可以更好呢？建议再来一条，并加入我的理解，字斟句酌。这一遍，孙导并没有说什么不好，只是说“还是上一条吧”。

事情过去多年，回顾往事，温故知新，在“学院派”声音样态广受追捧的当时，我能第一时间捕捉孙周导演的创作意图并完成播音工作，是因为我刚刚从电台主持人的岗位上离职，还带有江南水乡文化环境下对媒体主持人语言样态的要求的特质。而我坚持的第三遍没有得到导演的认可，是因为当我“认真”处理文稿时，就用力过猛、用情过浓，刻意雕琢反而失去了自然流畅、真情实感的娓娓道来，离整部广告片的精神内核也就越远了。真正的艺术创作，从来都不是认真、努力、使劲儿就行的。

在 2009 年之后的 10 多年，直到 2021 年，我相信未来的趋势也会如此，一种源于生活，又略微高出生活一点点的播音艺术创作范式愈发受到欢迎。在电台的夜话节目中，听众普遍认为主持人说话很“好听”的“创作状态”，后来延展到商业广告配音中，又逐渐运用到专题片、纪录片、宣传片、预告片的配音中。打开电视、广播、互联网平台、手机终端，我们听到和看到的音视频作品中，有大量按照之前的标准都不达标的“语言”在诠释各种各样题材的作品。未来，所谓“之前的标准”不会消失，就像文字诞生后，语言还在；印刷品诞生后，文字还在；电子产品诞生后，印刷品还在；数字技术诞生后，电子产品还在一样。只不过，市场占比不会像它的“高光时代”那样大。

（四）“大流量”网络主播

互联网音频平台，如喜马拉雅 FM、懒人听书、蜻蜓 FM、荔枝 FM 等；视频平台，如抖音、快手、小红书、西瓜视频、B 站等，共同孕育打造了广受欢迎的大流量主播群体，并且其规模还在不断扩大。

他们来自各行各业，教育背景各异，但有一个共同特点——贴近生活。这并非意味着“去专业化”，他们本身就不是“专业”的；也并非意味着他们达到了播音主持专业的“专业标准”，他们的整体状态和“科班”范式还有不同。他们的作品，听起来似乎，或干脆就是“我们身边的人”，自然、亲切、和蔼、朴素，易接受。他们不追求“吐字归音”，也不“用气发声”，更不讲究“创作表达技巧”（至少听起来是这样的）。然而他们语言流畅、情感真挚，加之各自不同的专业教育背景和三百六十行实践的“状元”经验，能说出十分专业的话语、给出十分专业的评论，又带有他（她）的专业所体现出的精神特质、世界观、价值观，广受欢迎。

主播、主持人，已经开始从“职业性”向“功能性”转变，只要出现在那个“位置”上的人，有播音主持的功能，就被认为是主播、主持人。在 M 系统内言语此事，就是如此。

（五）人气主持人

高人气主持人，自然来自所有主持人组成的主持人群体，但我们会发现，广受欢迎的主持人，大多不是科班样式的站有站相、坐有坐相、播有播相、主持有主持相的。这里所说的“相”并无任何贬义，从历史和事物发展规律的维度上看，是有其必然性的，是时代的经典，不管主体是不是“科班”出身。[①]传统媒体中，各大卫视，包括央视舞台上活跃着大量非“科班”的优秀主持人。无论他们有没有过播音主持艺术的专业学习经历，提到他们时，我们不会与传统意义上的播音员主持人的“样子”联系到一起。他们中，有的甚至连普通话都不十分标准，但丝毫不影响他们长久以来的“高人气”“专业性”。靠的是什么呢？学识和见识吗？自然有的，但我们不能说其他主持人没有这两样。我们还要从“形式”上做分析，上述人气主持人有这样的共性：不做作、不刻意、生活化。这恰恰是我们说的 M 创作系统的具体体现，只不过，我们所提倡的 M 系统是一种“理念”式的存在，是我们的目标，是我们的前进方向，是纯粹的，永远不可能 100% 做到的，就像没人能画出一个 100% 的“圆形”一样。

当然，这也绝对不是说传统理论形制下的播音员、主持人就一定做作、刻意、不生活，“科班”中“未有成者”才这样。经过理论体系严格训练并成为优秀者，是一定会受到受众的青睐和追捧的。但眼下的事实又清晰无误地告诉我们：所言“优秀者”的数量和比例，不尽如人意。其原因，绝非以张颂先生为代表的理论家们创建的播音理论系统本身。

---

① 这里所说的“科班”样态，是指其业态表现。并非是业态来源的学态体系，也并非是对学态体系的质疑，其理论体系的科学性、严谨性有目共睹。不可否认的是，尤其是近些年，其业态对播音员、主持人群体在这一体系要求下的专业水准和社会认可度，普遍不如预期。事实不应回避，理性看待，是我们应有的态度和胸怀。

（六）“学生”作品

如果从艺术学的视角看，播音主持艺术专业的学生群体，可以看成是教师的特殊“作品”。特殊在有血有肉，有主观能动性，有反馈；特殊在教师的辛勤哺育；特殊在未来可能是教师或创作者的身份。教师虽处在教育系统这个学术殿堂里，但从行业角度看，也是业界创造者。产品或作品正是我们所说的“学生”群体，这个群体具有艺术性、实用性、社会性、能动性、创造性等多种属性。

张颂先生在他的专著《播音创作基础》中论述播音语言特点时，谈到了“亲切感”，并阐明“亲切感”不同于“亲昵感”，而是一种主体与客体的“合适”“贴切”。无论温柔、激情、大气、厚重、活力，主体的语言状态都要与之匹配，是为“亲切感”。对M系统，我们也绝不能狭义地理解为温柔的“亲昵”，它是一个应时而生的宏大的创作体系与创作范式，可以服务于各种不同题材、体裁的创作。关于M系统的“理念”性、模型化特征，我会在第七篇详细阐述。下面，谈谈MAC方法论体系中的A系统。

第二节　A系统：主体的“底气”与灵韵

A系统的含义有两层：一是输出文章（Article）所必备的文化知识素养，同时也强调基于这种素养，并在这种素养支撑下的有声语言输出能力，强调文字与语言二者的辩证统一性。这有关通识或博雅，上文已有阐述。2019年12月25日，中国传媒大学成立通识教育中心，也意在于此。欲想语言输出，要有“东西”可以被输出才行，不可空洞无物；二是指审美（Aesthetic）生活（主体审美意识）。往昔，蔡元培先生提出“以美育代宗教”的教育理念，播音主持艺术主体如果能够据此常怀一颗审美之心去生活、去创作，其作品，必然呈现出“人性化”“人格化”“人文化”“人本化”高雅曼妙之格调；其“底气”，也必然是丰满、敦厚的；其人生，必定是有创造性的、有爱的和幸福的。

这里略说几句与审美相关的人文素质，它区别于科学素质，可以分为三个层次：一是本能性的；二是生活必须的；三是非生活必须的。非生活必须的又分为技能性的，如驾驶；脑力性的，如计算机；自我意识。①

MAC 方法论中 A 系统所指称的人文素质（审美生活）就可以表述为：审美哲学观的生活实践和学科文化知识。无论 M 系统和 C 系统如何变迁、形变，A 系统都全息、全时、全程地为主体提供支持，并且因着时间的流逝而愈发厚重、灵动。创作“对象”不同，所调取的 A 系统创作依据和支持方式也不同。因此，它不具有时代性的“前”“后”之分、弘扬和抛弃之别，是有着全局性的广泛用途的。

首先谈谈播音主持艺术主体在创作和教学活动中，与 A 系统的“大关系”，即具体地，A 系统都为主体提供哪些支持与依据。这一部分秉持的原则是，将高校公共课体系与各专业有机交叉、融合，使其巧妙地转变为通识课。公共课与“通识课”的区别（参见第一篇第一章第一节），关键在这一环节打通方法的系统设置上，这本身是个战略问题，着力点和功夫又涉及战术问题。下面所言“大关系”，正是基于这样的考虑而做的探索。这是一项庞大的系统工程，绝非一人之

① 尤西林：《人文科学导论》，高等教育出版社，2002，第 103—104 页。

力可以完成，需要学校层面，甚至教育主管部门的顶层设计才可成行。这里，谨浅谈个人的理解。这“理解”，主观上，是理想的；客观上，是良善的。

一、与“知识体系”的大关系

中国传媒大学校长廖祥忠，在 2019 级新生开学典礼的讲话中谈到，未来人才的一项重要技能就是文字输出能力。对播音主持艺术主体，亦是如此。文章输出能力的背后，是博大的各学科知识做依托和支撑，而这在播音主持艺术创作实践中，也必然会潜移默化地贯穿于有声语言的整个创作过程。在这个庞大的涉及自然科学、社会科学、人文科学、形式科学、应用科学等的知识体系中，与我们相关并能为我们提供创作、教学依据和支持的主要有：播音学、语言学、表演学、传播学、社会学、心理学、政治学、经济学、美学、修辞学、哲学、文化人类学等。①

以下论述，考虑到播音主持艺术学科属性、行业特性，主要从各学科与播音主持艺术创作的“关系”及“实用”处着手，非全部涉及各学科的本体。从整个社会来看，上述每一学科都是一个社会子系统。如此庞大的知识体系，无论如何也做不到对其做全面、具体的阐述。既然如此，谨对各方做较为简略的描述。

（一）与语言学的关系

语言，来源于日常言语，是去掉日常言语“质料”后剩下的无形的东西，可以理解为语法规则等。语言学，博大精深，承担着传承

① 严格来讲，哲学本体“所指”的体系并非知识体系，这里暂且如此划归。

人类文化的重任，是一门应用范围广博并且日益发展的国际性学科，有言语流行的地方，就有语言，就有语言学。就流派来讲，有结构语言学、描写语言学、生成语言学、功能语言学等。就具体的研究对象而言，有本体语言学研究，比如语音学、语义学、语法学、语汇学、语用学、文字学等。与播音主持艺术相关的是古时所称的“小学”，分为音韵学、文字学、训诂学，代表作分别为隋朝陆法言的《切韵》、东汉许慎的《说文解字》和第一部语义学专著《尔雅》。此外，还有拓展性语言学研究，比如应用语言学，研究语言在各个领域中的应用。从功用上看，分为应用语言学和理论语言学。从研究状态上看，有共时语言学和历时语言学。

从语言的载体属性角度说，播音主持艺术学科，是一门语言学科。在《中国播音学》的导论（包括“史”）、吐字发声、创作表达、文体业务四个本体组成部分中，关于吐字的理论大部分来源于语言学。进而言之，对语言学的了解和学习，不仅能让我们知道播音学传统理论的部分来源，还能在这个过程中了解播音主持艺术的本质、规律、应用等更深层面的内容。语言，是人类生活中不可缺少的工具，它可以形塑、引领、增益和积累人类昔日经验，形成今日生活。[①]

这里，有必要就播音主持艺术“语言”的问题，谈谈神秘又深奥的“逻各斯”，因为它直接关系到播音主持艺术主体的语言水准和质量，以及基本逻辑和表达根据、本质意涵。

1. 语言“逻各斯”

逻各斯，是 logos 的音译，它的意思复杂多样，刚刚传入中国

---

① ［美］塞缪尔·早川、艾伦·早川，柳之元译：《语言学的邀请》，北京大学出版社，2015，第 24 页。

时，有人翻译为“理性”“真理”“途径”等。实际上，它的内涵和用意，就像中国道家思想的“道”字一样，西方人无论如何也找不到一个词翻译“道”，最后只能用谐音 TAO 这个音译译法表达。同样地，logos 一词在汉语中也找不到一个完全对应的中文词语表达出它的内涵和外延，于是也采用音译法，读作“逻各斯”。

古希腊自然哲学阶段，赫拉克利特在探寻万物流变之“不变”性时，提出了“逻各斯”概念。为了较为通俗地解释逻各斯的含义，我想采用具体事例的方式来帮助理解。生活中，当一个人对外界有所感觉后，那个“印象”，继而“观念”[①] 如何表达、外化出来呢？语言，就成了第一载体。语言是一种结构体系，是日常言语背后的结构性的“东西”。只有人们都遵守或约定俗成一种相对固定的结构、框架，人和人才能沟通，分享精神世界里的种种，从而形成“公共世界”的社会系统。语言，是一个框架体系，具体到“言语”就五花八门了，然而言语背后隐藏的“结构”是固定不变的，且具有“形而上”性质，它必须被谈话双方共同认可或心领神会，才能完成正常交流。日常生活中，我们说“你看，下雨了”，这简单的话语背后，隐藏着这样一个事实过程：天气由晴朗到阴沉，再到雨滴垂落。由于云层含水量饱和，加之其他气象因素的综合作用，导致雨水降落这样一个事实。前者是原因，后者是结果。我们听到这句话的时候，实际上是领会到了它背后的这个因果框架，这个“真理”。否则，我们便无法理解“你看，下雨了”是什么意思。我们在看相声或小品表演时，也是这样。比如，“看来大家很不喜欢我啊，好吧，那我就不走了。”观众哈哈一乐，

---

① ［英］休谟：《人性论（上册）》，商务印书馆，1946，第 100 页。

这背后隐藏着一个形式逻辑、一个结构——“虽然”大家不喜欢我，“但是”我决定不走了。由于这个结构本身的经验性内容是反常识的，所以引得人们发笑。无论是“因为……所以……”还是“虽然……但是……”的语言逻各斯，在播音主持艺术创作和教学中，正是我们应该引起重视和加以利用的，它能让我们的语言精准到位、妙趣横生。中国播音学理论在阐述“重音”时，称上述事例所表达的含义为“逻辑重音”。实际上，不仅在重音的阐述中，在整个语言状态中，我们都要突出强调逻各斯的真理性存在，它是人和人交流的根本，从这个根本出发，我们才能真正把握语言的本质，触及语言的核心、本体。

在播音主持艺术作品中，我们常常能发现因为不了解“逻各斯”的存在和真正意涵而使语言处于“混乱”状态的现象。以配音为例，李易先生解说的纪录片《再说长江》中有这样一句解说词：“正是从这一滴水开始，我们追溯长江的身世。”很多人模仿李易先生的解说，我们暂且不论语音面貌、发声状态如何，单就语言本身的整体状态中的“逻各斯”表现来分析：一滴水，引发了人们对文明发源地长江的追溯与遐想。“一滴水”是一个开端、一个由头、一个原因，由于要探究“这一滴水”的源头的这一“原因”，导致我们探寻“长江”这件事的这一“结果”。从一滴水到长江，重音应该放在“一滴水”和“长江”两个词上，而不是其他。“身世”，确实是我们要探寻的一件事，是句子的宾语，但“身世”和“长江”比起来显然是次要的，追寻的“长江”有很多方面，“身世”只是其中之一，它可以作为次重音。语势方面，是“上坡—下坡—上坡—下坡”式的。“正是从”几个字在坡底，逐渐上升到坡顶的“一滴水”，接着下坡时出现“我们追溯”，接着又一个小坡顶“长江”，最后结束为一个坡底“身世”。语流方面，

“身世”和“正是从”虽然都处于坡底，但“身世”要比“正是从”略低一些。

这种理论化的分析，在创作表达中只是一瞬间的闪念或一句话的短小铺陈，甚至只是一种长年累月积攒下来的语感。这就是话语背后的“大”“广”“博”与话语本身的“小”“短”“窄”对立统一带来的震撼与无穷能量。这一案例说明，语言表达的实际主导力量是背后的“逻各斯”，从“逻各斯”出发，能快速、准确地将话语传达到位。应该引起我们足够的重视！

再举一例，我们都有一种追求、向往“荣归故里”的人文情怀。播音主持艺术主体，对这个四字成语应当赋予什么样的内涵、意义，使它不仅是一语带过的四个简单的字符呢？我们从逻各斯的角度分析一下这背后隐藏的“框架”或“结构”。荣归故里，是一段有关个人历史的概念，代表着一个人某年某月从某地出发到另一个地方，一段时间后，又回到他出发的地方。“一段时间”对他进行了从精神到物质的全方位“雕琢”，历经沧桑却百折不挠的精神心理、岁月在他脸上留下的痕迹、离走多年家乡街道拐角的巨大变化，都使他意识到：自己好像不是原来的自己了。早年的亲朋好友、同学、老师、童年玩伴也对他有一种熟悉的“陌生人”的感觉，似乎不认识他了。但从他的言谈举止、一颦一笑和与众人共同的记忆中，人们又确认：他还是那个他！（这里面的哲学问题暂且搁置）这就是“荣归故里”四字背后隐藏的“事件”（Events），其“结构”是辩证法的。从出发地出走的他，与“一段时间”后功成名就回到故乡的他形成对立，二者确是不可同日而语，等同视之。然而，我们又不能说前后二者是两个人，二者又被统一成“一个人”。与此同时，如果我们把一段时间后回到出发地的那个他看作对当初的他的否定，那么我们认为前后二者还是同一个人就是对否定的否定。

这看似费时费力的思考，对播音主持艺术主体来说，却意义非凡，它本身就具有方法论意味。实践中，当我们播读、诉说这样一个词语的时候，在背后语言“结构”（逻各斯）的加持下，由内而外地散发情感、理性、道德伦理的光芒。进而推之，如果我们的创作和教学中都带有这种“逻各斯”属性，就不仅是表情达意的工具或语言学上的“反形塑”了（我们在说语言，语言也在“说”我们，反过来塑造我们），而具有了某种神圣性与纯粹性。

2.“一般性”对“个别性”的促进

任何一门语言都由语法、词汇、语音三个基本部分构成，分别对应着语言学中的语法学、语汇学和语音学。由于汉语是我们的母语，口传心授的语言环境下，我们往往忽略了对言语背后的语言结构的追问。通过语言学的学习，我们能从理论的高度更好地掌握汉语语言。汉语是表意文字，与腓尼基人发明的辅音文字，以及由此向西衍生出来的希腊语、拉丁语，向东衍生出来的阿拉伯语、希伯来语等表音文字，有很大不同。在对比中，通过语音学、词汇学的学习，即使是概论性或导论性学习，我们也能更清晰地认识和更好地使用汉语。

以汉语和英语作比。我们熟悉的英语词根词缀，实际上就对应着汉语的偏旁部首。英语中，词根 spec 都与“看”有关，比如：spectator，inspect，prospect，spectacular，retrospect 等。汉语中，草字头表示这个字多与“草”有关，比如，花、芽、莲、苦、茉莉、芙蓉等；反犬旁表示这个字多与“兽”有关，例如，猫、狗、狼、猎、猪、猩、猴、狐、獾等；三点水旁或两点水旁表示这个字与“水”有关，比如，江、河、湖、海、冰、凉、凛、冽等。英语中的连读、弱读、波浪形（up and down）语势等，都是为了省力、方便，汉语中的轻声、儿化、一七八不变读、轻重格式等也同样是为了使用方便。此外，两种语言的不同在于，英语中的一个单词在不同场合表示不同的意思。比如 board，有董事会、提供膳食、住宿、船舱、飞机、火车等很多中文意思。实际上，它只有一个核心意：板子。只是在不同语境下做不同理解，董事会需要有个桌子开会，桌子是板子搭成的；提供膳食和住宿，需要有餐桌和床，餐桌和床都由板子构成；船舱、飞机、火车，也是有个板子支撑身体站立或坐卧。board 的含义还远不止这些，只要有“板子”的场景出现，大概都可以用到这个词。然而，正如上面的几个被一一列举了的关于 board 的含义的中文词语，汉语在不同场合都有不同的专门词语表达某样事物，这对习惯了用一个词根据不同语境变换含义的母语是英语的人来说，中文简直是“太难了”[①]。

通过语言学的学习，可以让我们在感性、习惯的基础上，理性地去使用中文，尤其是在与外语的对比学习中，体会更加明显。当这种源于语言学学习带来的理性潜移默化地融入我们的播音主持艺术创作中时，我们的语言质量悄然间就发生了质的变化，更深刻、知性、敏锐，充满理性光辉。这就是语言学的“一般性”对个别语言以及言语“个别性”的促进和统领。

语言学对播音主持艺术的影响还有很多，这里不一一列举，等待不同专业背景、带有不同目的的个体、独自有针对性地去发掘。总之，

① 腓尼基人，在“西奈字母”基础上创造了字母文字，抽象化了人类文字原初的象形性，与中华文明的文字发展脉络“分道扬镳”，这客观上加大了今天中文和西文之间沟通和互学的难度。

播音主持艺术离不开语言这一直观载体，对其进行学科上的研究，必不可少。

（二）与传播学的关系

播音员、主持人在实际工作中，不能仅完成自己的本职工作就宣告万事大吉，而对其他工种和环节以及整个播出流程不闻不问。教师和学生也不能只管教和学，要了解整个课程体系设置、阶段目标、教学目的、教学效果以及毕业后本专业的就业情况等。这需要传播学这个社会科学大家庭中的“新成员”的帮助，说它新，是相对于人类学、社会学、心理学、经济学和政治学五大经典社会科学学科而言的。

传播学，有欧洲批判学派（思辨学派）、美国经验学派（实证学派）、加拿大“技术学派”（媒介环境学）三个派别和研究范式，三者各有态度、各有所长。作为经验（传统）学派对立面出现的批判学派（严格讲，不能称之为一个学派），它的思想来自马克思主义理论，被它的批判思想支流的法兰克福学派（创立于 1923 年）开启、发扬光大，它还包括文化研究学派（伯明翰学派）（创立于 1964 年）、政治经济学派、女权主义、意识形态学派等。批判学派从诞生到今天所发展出的众多学派中，没有一个学派可以宣称代表批判学派。之所以放在一起统称批判学派，是因为都采用“批判”“思辨”的哲学视角，用价值判断的方式关注大众媒介的实际控制权问题，以宏观视角发出对社会的一缕缕忧思。这一流派可谓群星璀璨，法兰克福学派的马尔库塞、阿多诺、本雅明、哈贝马斯、弗洛姆等；文化研究学派（伯明翰学派）的霍加特、EP 汤普逊、雷蒙 · 威廉斯、斯图亚特 · 霍尔等；政治经济学派的达拉斯、斯麦兹、乔姆斯基、赫伯特席勒、苏珊、威利斯、戈尔丁和默多克。美国传统学派同样人才辈出：政治学家拉斯韦尔、方法论者拉扎斯菲尔德、心理学家勒温、社会心理学家霍夫兰以及大名鼎鼎的传播学创始人施拉姆[①]。技术学派（媒介环境学派）主要分为加拿大多伦多学派和纽约学派。以麦克卢汉最为有名，他提出的“冷媒介”“热媒介”“媒介即讯息”“媒介是人的延伸”等传播学理论，随着数字化和智能化传播时代的到来，愈加受到推崇。此外，英尼斯、波兹曼、梅罗维茨等都是这个学派不同时期的领军人物。

传统范式的传播学，其研究对象有三个：人类传播的历史、传播过程与结构、传播类型。[②]传播过程包括线型的、控制型的和系统型的。传播结构指的是一个由传播者、传播内容、传播渠道、传播对象、传播效果几部分组成的链条。而传播类型，可以分为自我传播、人际传播、群体传播、组织传播、国际传播、全球传播。为了方便理解和掌握，我把发展传播学、健康传播学、经济传播学、政治传播学、新媒体传播学[③]等，也当作传播类型考虑。

这里，以美国传统学派为例，阐述传播学对播音主持艺术主体创作与教学的影响。

1. 知“广大”

通过上述对传播学的简单叙述，我们可以推知：播音主持艺术创作，基本在经验学派研究对象之一传播过程与结构的创作者与创作内容两者间游走。而传播渠道是广播、电视、互联网等“出口”，传播对象是听众、观众、用户，传播效果是收视率、收听率、点击率，还有社会效益、经济效益、长期短期、个人群体、文化与社会等复杂的

---

① 施拉姆，传播学科的集大成者和创始人，被称为传播学鼻祖、传播学之父。

② 胡正荣、段鹏、张磊：《传播学总论》，中国传媒大学出版社，2008，第 32—33 页。

③ 段鹏：《传播学基础（历史、框架与外延）》，中国传媒大学出版社，2013，第 93—109 页。

体系。美国传统学派的一大特征，就是特别重视对传播效果的研究。教师与学生，对应着传播者与传播对象，传播内容是教师的“知识”，同时也可以把播音主持艺术教师和学生都看作是传播者，二者的互动生成传播内容，还可以将学生看作教师生产的“产品”，即传播内容向社会传播，媒体单位是能动的传播对象，也是下一个逻辑链条的传播者，即内容生产者。无论是学校培养的学生从下游用人单位得到的反馈信息，还是内容生产方基于传播内容的社会用户群体的回应方式与形态，都集中表现为一种目的性的传播效果。

由此，播音主持艺术主体应该站在整个传播系统中宏观地观察世界、思考问题，真正理解导演、社会、市场、教学在传播系统中的“位置”以及各方“应然”与“必然”的关系。如此知“广大”的前提下，才可能以一种驾驭的心态，积极主动地完成一次卓越的播音主持艺术创作和真正意义上的有声语言传播。

2. 见“精微”

需要注意的一个事实是，即便是涵纳万千要素的整个传播系统，也还只是社会大系统中的一个子系统，它本身和其他子系统的关系，同样复杂、多样。比如，经济子系统、政治子系统、文化子系统、生态子系统、艺术子系统、社会子系统、物理子系统、化学子系统等。

2013 年，湖南卫视推出一档演唱竞技节目——《我是歌手》，没有设置主持人，确切地说是没有职业性主持人，只有功能性主持人，由这个节目的导演杨洪涛担任。他凭借对节目细枝末节的把握，出色地完成了实际意义的主持工作。建立在知“广大”的宏观视野基础上，对“穹庐”之下层层细节成竹在胸的把握，是他作为主持人取胜的关键，精微处见真章、见真功、见真情。从现场表现可以推断他至少对以下各项了如指掌：主持人该干什么，节目的预期受众是谁，预期效果如何，节目的矩阵传播，制作团队各工种分工状态，上级主管部门对该节目的成果预设，大陆及港、澳、台地区一线实力派歌手各自的特点，歌手个人性格和履历以及许多精细、微小的关键点。

白岩松在中国传媒大学的硕士生课程中，采用“东西联大”的方式，把位于北京西边的北京大学、清华大学、人民大学，与东边的中国传媒大学学生联动起来，互动教学。他多年的媒体从业经验让他对电视节目生产过程的诸多细节了然于胸。在教学过程中，他知道具备何种素质的学生能适应广播电视以及互联网新媒体的发展需要。他把大学这个人才培养机构的“上一环”，与电视台、电台、互联网媒体甚至整个社会的“下一环”联动起来考虑。基于此，在教学活动中通过一个个“目的性”的细小、微妙的教学细节设计，zoom in（从宏观到微观的动态）与 zoom out（从微观到宏观的动态）进出自如，培养、锻造有用人才。他要求学生做一份关于自己家族的“口述史”，包括但不限于爷爷奶奶、爸爸妈妈、叔叔大爷、阿姨舅舅。了解自己来处的种种，并以此作为出发点和散射点扩充和覆盖更广阔的生活区域。这种细枝末节的、开始于自我意识和自我认识的“降维”式且带有浓浓烟火气息的主体性探索，是成为一名合格的媒体“传播者”的前提条件和基本条件，也是人之所以为人的本源性要求。

了解传播学知识，在广大和精微处，均为播音主持艺术主体提供广博的行业世界观和细流润心田般的灵明来源。

（三）与社会学的关系

没有人的世界是无意义的，没有世界的人是空虚的。有人，才有社会，人组成社会，而社会又反过来作用于人。这样，社会就又可被视作一个实体，也因此，有了哲学上的社会本体论。关于什么是社会，有很多种说法，尚不统一。播音主持艺术主体，自然是这社会大家庭中的成员，也是一个群体。我们没有十分的必要从研究对象、研究方法、统计工具、理论体系、学术流派、学科历史等细部研究社会学，只需要从宏观层面知道它对我们的专业有何帮助即可。

社会学的基本问题，有社会化、角色、社会互动、性别、群体、组织、婚姻、家庭、阶层与流动、全球化、越轨与控制、法律等。芝加哥学派、功能论、互动论、冲突论、交换论、法兰克福学派等理论、流派，对同一个社会问题都有各自不同的立场、原则、方法。

对我们来讲，无须知道什么是“社会”这个在社会学界尚未达成一致的问题，只需要知道什么是社会学即可。然而，这个问题和“什么是社会”一样，也没有统一答案。那么，学习社会学，我们应该从哪里开始呢？再退一步，“什么是社会学问题”这个问题，是有答案的！西安交通大学社会学教授边燕杰认为：凡是以群体性或整体性的角度提出的问题，就是社会学问题。[①] 由此，我们能理解上述所列的社会学研究的基本问题了。顺着这样的思路，当我们把眼光放在“社会”时，就能提出专业的“社会学问题”了。然后我们通过科学的或人文的、定性的或定量的、政策导向或理论导向的研究方法以及一系列论证方法，就可以进行社会学研究了。路径上，就是这样简单。难度在于，对社会生活的敏锐感知和捕捉能力，问题的提出和观点的角度以及论证方式。那么，播音主持艺术主体为什么要学习社会学呢？

---

① 参看 B 站平台边燕杰教授社会学（MOOC）慕课，国家精品课程内容。

1. 锻炼分析、综合能力

社会学中，以群体性出现的问题，是“分析”；以整体性出现的问题，是分析后的“综合”。知道这一点，当我们面对一个稿件、一场节目、一班学生时，就会分析、综合并用，达到预期效果。

播音学理论中，有“备稿六步”的说法。面对一篇稿件，我们要从它的层次、主题、背景、目的、重点、基调六个方面进行准备，即“狭义备稿”。实际上，它有两层结构体现分析与综合。首先，这六步中的每一步操作都是“分析”，整篇稿件是一个“综合”型的存在；其次，每一步又都是一个“综合”。比如“目的”，当我们为一部历史题材的纪录片解说时，“目的”是我们必然要分析的，它同时又可以被看作是一个范畴。一般的“目的”往往是“获得收视率、点击率或社会效益”，但如何实现它，是我们在“目的”的框架（综合）下，“分析”出来的问题。比如，用户群体有哪些？这里以我解说的庆祝北京大学成立 120 周年纪录片《与北大同行》为例，它的拍摄目的，一是为北大 120 周岁庆生，二是为获得更大的社会美誉度，希望全社会共同铭记北京大学过往的辉煌，借此向社会“宣誓”，再创佳绩。它的目标观众只是北京大学师生以及以往所有的校友吗？显然不是。作为中国顶尖大学之一，北京大学自然有着很高的社会关注度，有关它的人文历史纪录片的潜在观众要远远多于预期受众。那么，我们应该把全社会作为一个整体考虑，视作它的受众吗？这似乎没有可操作性，我们必须以“群体”分析的方式设想目标受众，达到传播目的。比如，北京大学以外的国内大学生群体、学术机构、全世界学者群体、白领群体、国外大学师生群体、世界知识分子圈等。即使这样做，我们还是不能完全覆盖它的受众，比如还会有工人、农民、小学生、初中生等，但至少我们把这个问题具体化了，而且主要受众群体被包含进去了。与此同时，上级主管部门对这部纪录片是否也充满期待？这便有了另一个目的：作为一个契机，弘扬中国文化软实力。基于这个层面的考虑，这部纪录片的目标受众又有哪些呢？发展中国家、发达国家、欠发达地区和国家、睦邻友好国家等。

目的，只是解说员准备稿件的一个环节，它是对稿件的一个“分析”，然而它又作为一个“综合”性的开始，在它自身的层面进行细部、展开性的“分析”。

这迷宫似的出出进进，在播音主持艺术主体创造性活动中时时发生，没有一个清晰的头脑，恐怕难以胜任。这看似简单的备稿，背后却隐藏着十分复杂的实践细节和丰富的知识储备。就这一环节来讲，社会学提供的“视野”“方式”能给予我们强有力的支持，让我们在分析与综合两者间自由行走、随意出入。

2. 培养“关心世界事务”的心性

我们常说，艺术源于生活，又高于生活。因此，很多艺术家与专业教师强烈建议和要求业者、学生多观察生活，真听真看真感受。这自然是没错的，但是只停留在这一“意识层”并不能完全满足创作的需要。我们在生活中，认真体会、用心感悟经历的每件事，得到的是“经验”，它往往只能用于和它一样或类似的“创作对象”。如果遇到我们从没经历过或无法经历的“对象”时，就有些捉襟见肘了。比如，主持人解说卫星发射、解说员解说关于海洋题材的纪录片，或者描述一只蚂蚁的胜利感、一条鱼的快乐，等等。

这就需要对我们的具体“经验”进行验证。经验是名词，处于第一层意识；验证是动词，处于第二层意识。经验是“对象”，验证是对经验的“俯视”“查看”“批判”。于是，我们会得到第一层意识里无法发现的“经验”，这经验是一般性的，运用时能够触类旁通，具有“概念”的属性。

社会学研究中，对群体性问题的提出和分析，正是处于第二层意识，俯瞰社会诸现象。通过切切实实的调查研究，或干脆就是单纯的经验性参与（比如民族志、田野调查），主体能有血有肉地感知社会百态、人情冷暖。久而久之，会成为像大多数社会学家那样的，源于社会责任感的所谓“悲观主义者”，以批评的态度去建设，用建设的立场去批评，促进社会进步和良性发展（比如早期芝加哥学派）。这份悲观，并不是消极，而是对这社会事务向好的期待，要求改善。无论哪个国家，哪种制度，社会学家往往都是“用心”关心世界的人，他们总能发现世界中的“不完美”。从这个角度说，他们是不幸的，“牺牲”自己，“操持”着这个纷繁复杂又多姿多彩的世界。

播音主持艺术主体也该有这样的“真关心”“真性情”，它会在我们创作中的每一个字、每一个表情、每一个动作、每一流“气息”中得到淋漓尽致的体现，让我们以一种“悲天悯人”的温柔与慈爱，用心地参与并建设这个世界。以此心态“入世”后，又有意识地“出世”，得到的便是整个精神世界的凤凰涅槃。这不是神话，而是实实在在正在发生的，或已经发生过和即将要发生的。

（四）与心理学的关系

《辞海》关于“心理”二字的解释为：客观事物在脑中的反应。是感觉、知觉、表象、注意、记忆、想象、思维、情绪、意志等的总称。《辞典》中对“心理”的解释为：人脑中认知、思考、记忆等活动。亦用以泛指人的思想、情感等内心活动。心理学，顾名思义，是研究人的心理的学问。弗洛伊德对潜意识的关注，让他在心理学领域占有重要一席。因此，心理学研究对象除上述众多范畴外，至少还要包含潜意识。达夫编著的《心理学越简单越实用》中说："心理学，就是科学地研究人类心理的学问。"张守臣主编的《心理学教程新编》中说："心理学，是研究心理现象及其规律的科学。"分为心理过程和心理状态两部分。北京师范大学彭聃龄教授在他的《普通心理学（第五版）》一书中，以五篇十四章论述了普通心理学的基本问题。从感觉、知觉、意识和注意，到记忆、思维和语言，再到动机、情绪、能力和人格，以及学习和人的全程发展。

心理学有很多学派，比如结构主义、机能主义、行为主义、人本主义、精神分析、格式塔、信息加工以及拓扑心理学等。有专注意识结构、心理结构功能的；有从人的行为研究人的心理活动的；有服务于人自身的全面发展的；也有凝聚潜意识的；还有借助物理学磁场效应研究人的心理"场"的；更有把人脑当作"计算机"，通过信息一进一出的"差"研究人的心理作用的。总之，"八仙过海，各显神通"。

播音主持艺术主体，为什么要学习心理学呢？

1. 洞察人心

天津卫视有一档节目，叫《爱情保卫战》，参加节目的嘉宾都是婚姻中感情出现问题无法调节来寻求帮助的人，此外还有主持人和心理专家以及现场观众，共同组成了一个心理对话场。有一期节目，男嘉宾说话态度温和、平心静气，但和他妻子说话时总是吹毛求疵，埋怨其言语不当、做事不妥。对妻子的反驳，他也总是一副毫不在乎的样子。本着"保卫"爱情的节目宗旨，主持人和专家团纷纷从各自角度，劝二人心往一处想、劲往一处使。然而，夫妻二人的关系似乎越来越疏远，现场陷入尴尬。此时，一位心理学专家开口说话了：“通过刚才几轮的对话，我发现男士的心里有一种根深蒂固的‘大男子主义’倾向，这种心理让他不能以平等的心态看待他的妻子。”此话一出，丈夫似乎一下子明白了什么，眼神闪烁又“内容丰富”地笑了一声说“是”。顺势而为、乘胜追击，心理专家进一步解释了他为何有这样的发现，男士只是在对待他妻子时显得“傲慢”，和其他人交流时都彬彬有礼。那么，就只能有一种解释，其他人，无论是男是女，都是陌生人，而和他朝夕相处的是他的妻子，和他的关系是夫妻，是“熟人”且是女人。于是，“大男子主义”便不失时机地派上用场。找到了原因，就成功了一半，接下来的问题就是如何弱化和消解男士心里的“大男子主义”优越感。

这种道明之后总觉“不是明摆着的嘛”的事实并非那样简单，需要明察秋毫的心理分析能力才能做到。这种能力在情感类、谈话类节目中尤其重要，不能洞察嘉宾心理，就无法触碰嘉宾内心深处最私密和最柔软的部分，也就无法与观众产生共鸣。

在播音主持艺术教学活动中，教师与学生之间洞察心理的能力同样重要，它直接影响教学效果。比如，在发声课上，学生对自己的发声练习状态比较满意，老师也说“不错，继续努力，如果气息再深一些会更好”。该当如何理解这句话呢？是真的不错，还是老师出于职业素养本能地“鼓励”呢？实际上，学生应该可以从教师说话时的眼神、语气、肢体动作等对说话心理有明确的觉知，从而更准确地评价自己的发声阶段水准，以便更好地提高发声技能。当然，确实是100% 的肯定，也同样能感知得到。

2. 包容他人

包容他人，是心理健康的体现，也是大智慧，这大智慧的获得，并非一朝一夕之功。千里之行，始于足下，我们可以先理解“不同的他人”存在的意义和价值。

西方有占星术、星相学，中国有十二生肖、五行八卦。无论哪样，都揭示和证明：这个世界是由“不同”的人组成的。因此，这个世界才绚烂多姿、有滋有味。了解并包容不同性格的人的存在，才能更好地与人相处，体悟“有容乃大”的真谛。

12 年前，一对夫妻，当他们还没有自己的宝宝时，养了一只可爱的纯种比熊犬。12 年后，在这只比熊犬刚刚过完 12 岁生日没多久，突然抱病，由于他们误判为普通感冒，没及时送医，导致犬只 4 天后死亡，死亡原因自然也无从知晓。妻子沉浸在深深的自责中，埋怨自己没有第一时间送医救治，直接导致犬只死亡。一想起此事，就心绪难平。丈夫却认为，他们最困难的时候没有抛弃它，也没有赠予他人，就是对它最大的“爱”，因此没有遗憾。而且，12 岁的犬只，算是寿终正寝、自然死亡，并且过程只有 4 天，没有遭受痛苦。如果送医，可能会导致犬只在痛苦和无助中离世，那才是残忍。

说到这里，我们可以基本判断，妻子偏感性，可能和本能的母性特征有关。而丈夫偏理性，他也会对犬只的离去伤心不已，但他的分析有理有据，也能帮助他及妻子很快度过痛苦期。我们可以在事情正在发生的过程中，释放情绪、表达情感，过后要懂得及时走出，不可停留过久，带着苦闷过活。如果这对夫妻都有心理学素养，理解人和人之间是不同的，个体心理的运作机制各异，就会彼此理解、相互安慰，一起较快地走出消极的情绪，尽快让生活回归正轨。如若相反，他们可能会彼此埋怨、互相诋毁，甚至产生更严重的后果。

这是发生在夫妻间的故事，属于首属群体的熟人社交。陌生人社交也是同样道理，包容他人，前提条件是意识和认识到：这个世界不是“同一种人”组成的，不能用自己的心理感受，衡量、揣测、要求他人与自己同步。比如穿衣打扮，有人喜欢色彩鲜艳、有人喜欢色调纯粹；有人喜欢西装革履、有人喜欢休闲随意；有人喜欢奢侈名牌、有人喜欢日常平价，等等。这其中的任何一种“决定”都有复杂的内部心理支撑，其他任何一种不可对其评头论足。生活方式也是一样，有人喜欢干净利落，总要拾掇东、摆弄西；有人喜欢随意放置，觉得生活气息浓厚，使用时还可信手拈来。这两类人如若对立，前者会批评后者邋邋遢遢、拖拖拉拉，乱糟糟、脏兮兮；后者会埋怨前者斤斤计较、婆婆妈妈，没生活、无情调。换位思考，我们要打开同理心、同情心，坦然地接受和包容他人与自己的不同，以及由此产生的不同意见与分歧，人与人会更融洽地相处，世界会变得更美好。

3. 壮大“同情心”

同情心，顾名思义，就是个体和他人有共同的心情、感情、情绪的主体能力和心理素养，是心理健康的标志[①]。当我们以自我为中心时，我们遇到的问题会越来越多，自我封闭就会越来越严重，我们的世界就会越来越小。而当我们关注他人时，我们的世界就会越来越丰富多彩，我们自己的问题就会变得渺小，而且我们的交往能力可以得到加强，从而引发帮助他人的善举。同情心，是什么？后天习得的，还是与生俱来的？

---

① [美]丹尼尔·戈尔曼，魏平、张岩、王乾译：《情商》，中信出版社，2010，第87页。

一个不争的事实是，动物世界，一旦某个个体陷入困境，被追捕或落入陷阱，其他同伴一般都会过来查看，并想办法帮其摆脱困境。这说明，同情心是本能的、与生俱来的。心理学中一条被普遍认可的利他理论认为，如果我们能感觉到别人的痛苦，同理心会自然而然地引导我们承担起帮助他人的责任。①

一次，我乘坐地铁，车厢里传来一阵吉他伴奏的歌声。寻声而去，只见一位小伙子正深情款款地望着他的观众，边走边唱边弹。只是，他的行走不如他的歌声与旋律那样流畅。他拄着拐，一条比健康者瘦弱三分之一的腿努力地站立着，另一条不知因何"消失不见"了。他的一双眼睛，也不如周围人那般明亮，看上去视力极不好，只是那真情在他残坏的眼眸中表露无遗。我看到，人们慷慨解囊，希望能帮助这位不幸的人儿。

我想，帮助他人行为的背后，定是人们的同情心发挥了作用，感受到了小伙子的痛苦和艰难。这是一种经验性的感同身受，播音主持艺术主体要有意识地锻炼我们的同情心，使其越来越强大、具体。在创作和教学活动中，拥有这样的心理素养，会创造一个和谐、包容，暖意融融的工作学习氛围，情感加分、效率加倍。

（五）与政治学的关系

政治学，在人类世界建立两个V字模型。前一个是V，开口向上；后一个是A，开口向下，二者尖部相对。分别是两个英文字 Virtuality

① ［美］丹尼尔·戈尔曼，魏平、张岩、王乾译：《情商》，中信出版社，2010，第88页。

和 Actuality 的首字母。我们可以通过这两个符号构成的模型，进入政治学的世界（广义上的）。狭义政治学涉及国家、政党、国体、政体、制度、宪法、法律、体制、组织形式等内容，是更为具体和专业的知识，如果有兴趣，可以阅读相关书籍。这里推荐孙关宏的《政治学概论》、海伍德的《政治学》、王浦劬的《政治学基础》，还可以读洛克的《政府论》、亚里士多德的《政治学》等。

在上方的 V（Virtuality）的精神世界里，存有或代表着从"人"诞生以来的精神发展阶段和轨迹。从最开始的"各自为政"，到 440 万年前人类第一次有了神圣的"爱"的意识，再到部落时期、"陌生人"大社会（按照马克思的划分：奴隶社会、封建社会、资本主义社会、社会主义社会）。这中间的每一步都经过成千上万年的演变，人类的精神世界也愈渐发达、细腻。"各自为政"时，人类遵循自然法，适者生存，和动物世界基本等同。后来，在树上采集野果的一位人类的祖先，也许是因为吸纳了日精月华，突然萌生了对同伴的惦念，源于这份最初的纯洁的惦念——"爱"而决定带回些果子给他（她）吃，这也标志着真正的"人"的诞生。随着时间的推移，这种缘于"爱"的结合体的扩大化，就是早期部落文明形成的动力，有血缘关系的人聚合在一起，同吃同住，共同狩猎、采果。随着由于利益冲突而产生的部落间的斗争白热化，开始出现强大部落吞噬弱小部落，或弱小部落相互联合以应对外敌入侵等现象。这就涉及无血缘关系的人际交往和群体融合问题，随着"统一"理念的生成，越来越多的部落聚合成了一个互相"陌生"、没有血缘关系的"社会"。这就开始了爱家人、爱血缘至亲后的，爱"陌生人"的艰难历程。时至今日，这仍旧是一个人类共同面临的，且在不断寻求解决之道的问题。

在下方的 A（Actuality）的物质世界里，分为四个阶层：最基本的 Demo 层，代表着芸芸众生，就像身体内的细胞，是生命的基本组成单位；Class，代表着中产阶级，就像功能各异、维持生命功能运转的各个器官；Bureaucracy，代表着公务员群体，就像身体的神经系统；Aristocracy，代表上层社会，相当于身体的大脑高级中心。我们就生活在这样的环境中，在阶层间横向、纵向流动与变迁。

那么，这里的政治力核心脉络是什么呢？一种源于“爱”而形成的支配力、影响力不断扩大，“爱”的范围也在不断扩大的“过程”中表现出一种“爱”的能力。这种“爱”的能力又取决于个体影响力的大小，反过来说也一样，影响力的大小也要求这种“爱”的能力。我们能进一步推想得知，影响力或支配力，如果没有“爱”作为灵魂统摄和行事依托，就会变成统治力、控制力，从而背离了“政治”，变成暴力；同样地，有“爱”的能力，缺乏影响力和支配力，其范围也会受限。

这种“爱”的能力，是建立在主客二分思想传统基础上的。I Love You 三个字需要主体有无穷大的力量才能承担，I 规定主体有自我意识和自我认识，Love 要求主体回溯到 440 万年前人类祖先那次光耀寰宇的爱的“闪念”，You 需要主体有责任地带着情感和理性对“对象”有确定。每一步都感天动地、石破天惊，神圣又具体，绝无半点轻巧可言。

那么，学习政治学，获得政治力或者激活精神世界的政治力意识，对播音主持艺术主体来说有什么用呢？

1. 发挥影响力

播音员、主持人的自信从何而来？优秀的专业素质还是强大的心理建设？都有！然而还有一个更重要的方面，“政治力”（Political Power）的加持。正确认识自己的 Political Power，关系到自己的身心健康以及工作中的“人格”状态。我的一位朋友，名校毕业，研究生学历，工作光鲜，但有段时间饱受抑郁症的困扰。主要原因是她的父母对独生女的爱，凡事都要过问，并且希望女儿按照他们的意愿结婚、生子、尽孝道。并偶尔用“道德绑架”的方式暗示和提醒她，如果不照做会得到“天理”的惩罚。加之工作的压力，我的这位朋友可谓苦不堪言。交谈中我发现：她爱她的父母，父母也爱她。只是两代人的家庭成员关系没有理清，尤其是她的父母。她光鲜的工作、名校的背景带来的光环以及这背后折射出的她的优秀品质，却被她的父母以一种中国传统伦理道德的方式强行压制，这是一种源于“爱”，但是畸形的“政治力”胁迫。畸形，是因为“本末倒置”了，她的父母双方都是中国最广大劳动人民中的一员，无论从知识、见识、能力、社会地位等都不及他们的女儿，却以大家长的姿态强行压制孩子，这种畸形的关系导致双方都陷入烦恼之中。分析原因后，我建议她重新考量与父母的关系，重建心理，与父母的“政治力”能量场互换，用她的“能量”去影响、改变、引导、“爱”她的父母。把双方根据政治力大小所本应有的关系还原回来。

然而这样做，等于和父母“切割”，自然会有一段痛苦的“过渡期”。但过后，由于切割完的各方的整体性、独立性，会获得更美好、更和谐的家庭成员关系。一段时间以后，我发现她越来越自信，越来越阳光了，自在的神情时常出现在她的脸上，我知道发生了什么，替她开心。我们对父母的此种举动，绝不是传统意义上的“不孝”，恰恰相反，是爱父母的更高级的表现。如果坚守传统道德伦理，对父母百依百顺、敢怒而不敢言，不但双方关系会继续恶化，而且她可能永远也无法走出抑郁的阴霾，享受阳光带来的晴好。我相信，她的父母也一定会接受这样一个全新的女儿，承认她的成长，赞赏她的果敢，骄傲于她的卓越。其实，类似的事情在广袤的中国大地上时有发生，它源于“爱”，却表现为“压制”“束缚”，而使这份“爱”变了形、变了味，最后可能结出“恨”和“怨”的果实。

说到这里，如果你是一名播音主持艺术从业者，在我脉脉表情的注视下，你一定明白了什么，也得到了些什么，并知道该做些什么了。那么，除此之外，政治学还能带给我们什么呢？我们常说人格魅力，究竟怎样获得和彰显呢？政治力，可以帮上这个忙。

2. 提升人格魅力

物理学“万有引力”定律告诉我们：宇宙之万事万物，质量大的影响质量小的，影响“力”与速度成正比，与时间的平方成反比。生活中，我们看到“人高马大”的人，总要格外“重视”一下。在精神世界里也是这样，气场不一定表现在外貌，“气质”同样能达此效果。它体现在表情、眼神、动作、形体等多方面，但内在的精神能量是根本性的。香港回归前夕，中国政府和英国政府进行了一次严肃、郑重的对话，邓小平斩钉截铁地告诉英方，主权问题没有谈判。这个在世界政治舞台上被誉为“东方小个子”的人，将这一瞬间定格为历史的永恒。显然，他的伟大，他的力量，不是体现在“小个子”的外形，而是体现在他内心强大的“政治力”上。中英双方对话后，撒切尔夫人走下台阶险些摔倒的一幕成为众人唏嘘的焦点，也许是媒体的过分解读，也许只是一种巧合，没人知道那一刻她在想什么，但想必多少和刚刚结束的“对话”有关。

中国播音学学科创始人之一的张颂教授，人格魅力十足，遇事沉着冷静，胸襟广博。一次，还是青年教师的王明军和张先生一起参加一次重要的演出彩排，可能是主办方时间安排问题，到了夜晚时分还没轮到张先生上场，王明军有些急了，张先生反而略带批评地劝说王明军，要好好说话，不要急，“没安排自然是时间问题，不要催，要相互理解。”在一次校庆演出中，张先生面对众多返校学生，在高龄状态下，背诵大量台词，完成了一次卓越的朗诵表演。这对经常演出的演员来说可能算不得什么，但对专注学术科研、站在七尺讲台上的教师而言，难度极大。毕竟，术业有专攻，教学亦非表演。

政治力，帮助播音主持艺术主体塑造一个“强大”的自己，提升人格魅力。

（六）与美学的关系

提到美，我们会问，什么是美？花草树木、才子佳人吗？不！它们是美的，但不是“美”。人的情感、心灵、感性吗？也不！它们提供了生成美的主观可能性！那究竟什么是美呢？美学大师宗白华也问：“我们寻到美了吗？……我们或许接触到美的力量，肯定了她的存在，而她的无限丰富的内涵却是不断地待我们去发现。”① 的确，正如我们常说的，生活中不缺少美，只是缺少发现美的眼睛。

美学，自然就是关于“美”的学问、学说、学术。关于美学的研究对象，我国美学界出现过两种不同看法：一种认为美学是艺术科学，称为艺术哲学；另一种认为美学是关于美的科学，应该研究自然、社会和艺术以及审美主体的意识和规律。对此，我倾向于后者。仅就

---

① 宗白华：《美学散步》，上海人民出版社，1981，第 22 页。

艺术哲学来讲，就有优美、崇高、悲剧、喜剧、荒诞和审丑等几大范畴，以及中国的传统审美经验：沉郁、顿挫、空灵、“大”等。走出艺术哲学，关注美学全域（亦称审美经验、审美大风格）还有自然美、社会美、科技美等美学范围。然而上述两种观点，都是基于西方文化传统的不同看法。中国传统美学，与西方美学传统又有不同，主张创造、营建和追求有别于西方“主客二分”的“天人合一”式的美学境界，主张“美在‘意象’”。

美与美学，要想对这二者下个定义，定个范畴实在太难。朱光潜先生在涉足美学前做过许多不相干的功课。解剖过鲨鱼、制造过染色切片、读过艺术史、学过符号逻辑、读过建筑史、学过符号名学，就是从来没上过一次美学课。可朱先生是如何成为美学大家的呢？用他自己的话说就是“如果对于文学、艺术、心理学、哲学诸科没有兴趣，对于美学不但感觉不到兴趣，而且也缺乏研究美学所应有的基础”。看来，朱先生认为研究美学并不是直接从“美学”开始的，而是从其他学科之综合处开始，顺理成章地对其间的“美”产生兴趣，又沿着这一兴趣传导出来的。这是个综合性的开始，“我于是由与文学、心理学和哲学有关的美学问题走到美学自身的不切实用的问题如‘什么叫作美？’‘什么叫作艺术’？”之类。[①]他在书中还推荐了三十部学习美学最低限度的必读书籍。可见，美学的博大精深。对播音主持艺术主体而言，在了解美学的大概情况后，关注它对我们有什么用，才是在我们的领域最大限度地发挥了美学价值。

那么学习美学，对播音主持艺术有什么用呢？

① 朱光潜:《朱光潜谈美三十六讲》，台海出版社，2018，第 134 页。

1. 开启“美”的人生

奥地利著名心理医生弗洛伊德开启的精神分析心理学，突出强调“潜意识”在人类精神世界中的重要性，它就像冰山藏在水平面下的“更大部分”一样，在人类心理活动和精神世界中发挥比意识更大、更重要的作用。开启“美”的人生，正和这潜意识有关。

美的人生，是高境界的人生，广博的人生，也是爱的人生。明媚的阳光、欢快的鸟鸣、宁静的湖面、徐徐的清风、天边的晚霞、孩童的笑脸、曼妙的舞姿、动人的旋律、安眠的夜曲，都给我们一种“优美”的体验；虎啸龙吟、乌云压顶、巨浪翻滚、壁立千仞、江海大潮、台风、海啸、上帝、真主、如来，给我们一种超越后的“胜利感”带来的“崇高”体验；孟姜女哭长城、嫦娥奔月、梁山伯与祝英台、崔莺莺与张生、唐明皇与杨玉环、罗密欧与朱丽叶、俄狄浦斯王，给我们一种悲伤、同情、怜悯之后的对生命的尊重，对人生意义思考带来的“透彻”的体验；相声、小品、滑稽剧、喜剧脱口秀、马戏团表演、憨豆先生、阿里斯多芬的作品，给我们一种小人物被“撕碎”带来的淋漓尽致，同时又与自己无利益冲突的“畅快”体验；当我们看卡夫卡的《变形记》、贝克特的《等待戈多》等作品时，会有一种不知所措，缺乏安全感，若有所思的“荒诞”的体验；当我们面对罗中立的《父亲》、罗丹的《老妓》、梵高的《农鞋》等“丑”的艺术作品时，会因为从“丑”的表象发觉和感知父亲历经风吹日晒而使皮肤褶皱、骨骼扭曲；老妓从年轻时的风姿绰约，因生活所迫不得不出卖身体，而使得如今枯如杆藁；破旧不堪的“农鞋”铺满了山冈、田野间的露水、荆棘与泥泞，与主人一起披星戴月的过往时，我们非但不会停留于它们“丑”的表面，还会被这背后蕴含的人类伟大的不屈不挠与生命抗争的精神所震撼和鼓舞。中国传统艺术中，杜甫代表的儒家思想之“仁”、王维诗画所代表的释家思想之“空”、李白诗作所代表的道家思想之“游”、北京故宫皇家园林所代表的“大”的审美格调，都让我们一时间生活在艺术家所营造的意象世界中，久久不愿离去。

除了上述艺术之美，还有自然之美、社会之美、科技之美。山川河流、长河落日、大江东去、林荫小道、白云朵朵、江南细雨，都让我们流连忘返、驻足观赏，忘却尘世喧闹、净化心灵；袅袅炊烟的农庄、美食一条街的火热场景、四世同堂的人丁兴旺、邻里间的相敬如宾、师生长幼的互敬互爱、陌生人之间的相视一笑，都让我们觉悟到一种“人间值得”的社会之美；科技之美，更是无处不在。世界各地五光十色的跨年灯光秀、运动跑车的流线造型、城市中四处林立的高楼外立面质感的玻璃幕墙、触摸屏手机带来的便捷体验、“吹皱一江春水”的别样惊喜、增强现实技术带来的“超现实世界”、远在他乡的亲朋间的视频通话，都让我们升腾出一种科技发展带来的自然、社会之外的“创造性”的幸福体验。

我们的世界如此美好。无论它是自然的、社会的、艺术的、科技的，感性刺激、理性满足；笑中带泪，或是泪中有笑；笑意盈盈，还是心态崩塌；直接的，或者间接的；短暂的，或长期的；个人的，还是群体的。最终，都会让我们留恋这纷繁复杂，却又姿态万千的大世界，它太“美”了。

如果播音主持艺术主体能切身且更深刻地拥有这样的“世界观”和人生境界，我们的语言层次和样态，吸引力和感染力，控制力和创造力，就会自然而然地日渐精进，炉火纯青，魅力无限。若如此，当真好！

2. 创造的人生

哲学中，在谈及世界的本质时，有唯物主义与唯心主义之分，核心问题是物质与意识何者为第一性。在审美人生所开启的创造性人生中，唯物和唯心可以达到辩证统一。在审美人生之中，想象力被置于至高无上的地位。依靠想象，人们可以轻松超越知识境界，联通和创造出世界本没有的“东西”，进入一种“意象世界”之中。可以说，开启审美人生的人，能够创造出一个“鸢飞鱼跃”的灵境世界。也“只有大自然的全幅生动的山川草木，云烟明晦，才足以表象我们胸襟里蓬勃无尽的灵感气韵”[①]。人们在创造的过程中，开始于外部的“物质世界”，没有一样事物是唯心的“产物”。然而在通过想象把原本看似无关的各事物建立合乎常理、常情的联系后，全凭唯心主义的伟大创造，想什么就是什么，想什么就有什么，不想什么就什么都没有，人们在这里尽情创造着自己中意、钟情的大美天地。

在看似与人文、审美不相关的自然科学领域，审美的创造力同样不可或缺。在牛顿经典力学体系开启的“新视界观”后，爱因斯坦凭借强大的想象力，奇迹般地打开了一个“相对论”的世界。无论是狭义相对论还是广义相对论，缺乏对“时空弯曲”“光速不变”等的大胆想象与假设，是无论如何也不能完成他的惊天伟业，并与牛顿体系建立良好“沟通”的。相比之下，普朗克虽从微观层面提出了量子力学，但因缺乏想象力，而无法创造出微观物理学的理论维度，不得不在这一层面仰仗和依赖爱因斯坦的“想象力”。

美学，带给我们的不仅是“美”，还有“创造”。播音主持艺术主

① 宗白华:《美学散步》，上海人民出版社，1981，第 73 页。

体学习美学，能通过整体人生境界的提升而对播音主持艺术“对象”做“降维”打击的创造和把握，游刃有余、轻松驾驭。

（七）与修辞学的关系

修辞学，是语言学的一个分支。它的核心意涵可以简单地概括为：运用各种有效手段，达到预期目的。生活中，也常常有“修辞”的影子。比如，男士向心爱的女士求婚，先要布置一番，布置过程中所有的想法、设计、装点，包括场地、鲜花、蜡烛、形状、色彩等要素都是修辞的实际运用。在播音主持艺术领域，修辞学主要体现在语音修辞上，尤其是比喻、夸张、拟人、对比、排比、反语、移置、飞白、双关等修辞的运用。在播音主持教学活动中，教师在引导学生朝着“正确”的方向行进时，也常常用到修辞手法。那么，学习修辞（学），对我们有什么用呢？

1. 更好地理解文稿修辞

在播音创作中，播音员要有修辞素养，理解、诠释文稿中的修辞。它往往是撰稿人为了表达特殊含义而进行的精心设计与安排，也往往是文稿的核心所在。比如，朱自清的散文《背影》中有这样一句：“我那个时候，真是太‘聪明’了。”这是典型的反语型修辞，处理得当，朗读中带有一种“自嘲”的语气，就能表达出作者对当时“自以为是”的自己的谴责与懊悔以及父亲对儿子的深沉、含蓄的爱；表达不当，不但辜负了文字作者的创作“灵感”和心绪，还会让听者产生莫名的怪异之感。如若真是如此，就是播音员的失职，且是最基本层面的失职。

修辞的理解和运用绝非想象中那样简单，比如“仁者乐山，智者乐水”一句，多数人把重音放在“山”和“水”上，形成对比重音，内心根据是对比修辞。实际上，这犯了一个“习以为常”的错误，是一种典型的语言“无意识投射”①。如果把重音放在“山”“水”二字上，表面上是构成了对比修辞，实际上却给人一种预先知道某事而刻意表达的感觉，这是违反语言表达规律的。日常生活中，我们说一句话时，并不是“下一句”就等在那里，往往不知道下一句会是什么，下一句基本是上一句的情感和逻辑的延续，它由语境和说话对象的反应等多重要素引发和决定。这样的话语，自然、亲切，不造作。因此，这一句的重音只能有一个，那就是“水”，说完“仁者乐山”，0.001 秒后想到了“哦，智者是乐‘水’的”。这样，听者很容易接受，并且是自然而然的接受，同时也能真正地感知到对比修辞的效果，而不会因为提前设置“山”“水”两个重音而让听者对修辞本身有所察觉。

2. 增强语言传播力

主持人的魅力体现在各个方面，渊博的知识，帅气、甜美的外貌，机智灵敏的反应，温暖有爱的个性。除此之外，善于运用修辞使语言本身充满能量，也是主持人魅力的一种体现。

中央电视台新闻节目主持人朱广权，被誉为“段子手”，善于在节目中运用打油诗性质的诗词表情达意，极大地增强了主持语言传播力。另外，新闻联播播音员李梓萌在《主播说联播》中，用歌唱的方式倡议大家注射疫苗“我们一起打疫苗，一起喵喵喵喵喵！”，生动有趣、活泼可爱。如果单从文字分析，这句话运用了“飞白”的修辞手法。喵喵，本是猫咪的叫声，和疫苗的“苗”字谐音。转化成有声语言过程中，又形成语音修辞。修辞与音乐艺术共同发挥作用，使观

① 段鹏:《传播学基础》，中国传媒大学出版社，2014，参阅。

众“眼前一亮”，印象深刻。

3. 丰富教学手段

不同学科的授课教师，运用创造性的专业教学手段，让课堂变得妙趣横生，能达到更好的知识传授目的，启迪人生。比如，一位初中化学老师把教室变成实验室，化学反应产生的一溜小火苗“跟随”他潇洒行走的轻盈步履生生灭灭，魔幻的场面让学生们大为震惊，掌声、惊呼声响彻教室内外。此时，学生们会从心底生发出一个疑问：这般神奇的效果是如何实现的？顺着这股主动生发的兴趣与热情，寻找现象背后的原理与本质，比传统的理论教学和机械性实验生动、具体得多，效果也必然好得多。

中国传媒大学播音主持艺术学院卢静教授，在大课上擅长运用请某位同学充当任课“教师”的方法进行教学。她扮成“第三方”观察员，洞悉关系中每位同学的表现。由于同学年龄相近，无代际沟通障碍，课堂气氛轻松、愉快。而卢静老师在“外”观察，并不是“事不关己”。相反，她要同时付出两份心思：一份是观察整体教学效果，另一份是观察“临时教师”的教学表现。总结时，她会从这两个方面，做点评、给建议，这样一举两得，既活跃了课堂气氛，又提前锻炼了同学（临时教师）未来的教学能力。

4. 体现高情商

有人说，人生一世，需要依靠四个“商”行走天下。一为智商，体现学习能力；二为情商，体现与人相处的能力；三为爱商，体现“爱”的能力；四为逆商，体现身处逆境时如何扭转的能力。

与这世界上最复杂的“人”相处，意味着和至今科学也无法洞悉其工作原理的“大脑”相处，何况还有一颗实难揣测的“心”[①]。但无论如何，“会说话”总是讨人喜欢的，也能拉近与他人距离。正所谓“一张好嘴，胜过跑断腿”，当然这不是要求我们学会“油嘴滑舌”“油腔滑调”，二者有本质区别。会说话，是情商高的表现，是智慧的象征；油嘴滑舌，是说空话，不做事。“一句话能把人说好，一句话也能把人说恼”，这其中的“玄机”就在这“修辞”二字上。比如，在一个公开的大型学术研讨会上，一位参会者处处自我表现、“傲视群雄”，说话不留余地，毫不客气、高高在上。如果我们是会议主办方负责人，就要打压一下他的嚣张气焰，来安抚其他嘉宾的“不适”，同时也不能大加指责，使会场气氛陷入尴尬。“您的大名如雷贯耳，今日一见果然不同凡响，您若在此吼一吼，地球都要抖三抖。”这样的表达如何呢？既幽默、风趣，又点出了那人的问题，还给他留了情面。99% 的可能性，那个人会自觉尴尬，羞愧难当，如若他偏偏就占了那 1% 的可能性，仍旧一意孤行，与会各方也都看在眼里，每个人心中都有杆秤，会自行判断。

播音主持艺术主体对修辞的掌握和使用，直接关乎语言魅力，继而直接体现主体人格魅力。因此，“经验”积累式的体会还尚显不足，要从学科理论的高度整体地、全方位地学习“修辞”。换言之，要从修辞学的视角学习修辞。

（八）与哲学的关系

“哲学”这个词原本是中国古典典籍中所没有的，它来自 19 世

① 这里的“心”，既不是生理上的 heart 之心，也不是心理上的 mind 之心，而是一种生命本源状态。

纪日本学者西周对源于古希腊的西方哲学思想的翻译。[①]哲学是什么，最常见和最广泛的回答是“爱智慧的学问”，细究起来，这句话并不那么容易理解。张世英先生在他的《哲学导论》一书中谈到这个问题时说：“‘爱智慧’在赫拉克利特那里，就是指人与万物合而为一的一种和谐一致的意识。约略类似于中国传统哲学所讲的‘天人合一’，这里的‘天’，取其万物之意，而不是指意志之天、道德之天。”台湾大学哲学教授王荣麟对这个问题是这样表述的：哲学是对生活中我们不假思索的、习以为常的、司空见惯的问题的追问。换言之，追问的问题和追问出来的结果和过程中的思考内容，就是哲学。一个完整的哲学体系主要由本体论、方法论、认识论三个部分组成。在《哲学导论》中，张世英先生还讨论了审美观、伦理观、历史观以及哲学发展的历程问题。

对比梳理中西方两个哲学传统体系，我们会发现所谓“天人合一”与“主客二分”在两个系统中都有所体现，只是分量和比重不同，权在主流与非主流之间。若谈及“哲学的”人生观与世界观，乃是两种因素的产物。一种是传统的宗教与伦理观念，另一种是可以称之为“科学的”那种研究，这是就科学这个词的最广泛的意义而言的。[②]有人说，哲学是理性的最高形式。这不完全对，在西方文化传统的主流思想中，它是对的；在中国传统文化下的主流思想道统中，它是不对的。对中国人而言，哲学不一定和理性有必然的关联，虽然也因此有人说中国没有真正的哲学，有的只是“准哲学”。对中国有哲学还

---

① 张世英：《哲学导论》，北京大学出版社，2016，第 3 页。

② [英] 罗素，何兆武、李约瑟译：《西方哲学史（上卷）》，商务印书馆，1963，第 10 页。

是没有哲学问题的争论，需要先讨论一个“什么是哲学”的问题，形成共识后方可进入“有或没有”的讨论。对此我的观点是：中国人在“心灵世界”中对内外部世界的追问、思考、提炼，不能说不是哲学。只不过它的主题不是有关知识，而是有关人生的（有关人性、神性的问题，西方人不是靠希腊传统的哲学，而是靠希伯来传统的宗教解决的）。

播音主持艺术主体学习哲学的必要性是什么呢？我认为，是一种人生境界提升后对语言本身“神圣化”的加冕。我们常说，人生境界不同，对同一事物的看法不同，外化成语言后，表达的“韵味”就不一样，甚至“判若两物”。无论是中国的儒释道，还是西方的源于古希腊的哲学体系，都是人类智慧的结晶，殊途同归。思想界对公元前 800 年至公元前 200 年的“轴心时代”说法的认同足以说明：中西方地理不同、文化各异，却有着共同的人性追求与人本渴望。

播音主持艺术在学科领域被定位为具有根本的“新闻属性”（这和它的历史有关）以及重要的“艺术属性”（这和它的表现形式和应用场合有关）。在区别于新闻媒体疆域的，我们称之为“市场”（此处作经济学概念理解）的广阔天地中，“艺术属性”可能被视作更根本的属性。如此，就涉及我们要学习和了解哲学如何看待包括播音主持艺术在内的“艺术”的问题，进而涉及艺术哲学的相关问题。

由于播音主持是一门“语言”艺术，它天然地就容易和日常言语混淆。实际上，它有并且应该有，然而常常被我们忽略的和音乐、绘画、书法、雕塑、舞蹈、园林、建筑、影视剧等艺术形式同样的艺术门类地位与独立形态。为了更方便地说明这个问题，我暂且以音乐、绘画为例，通过讨论“艺术如何可能”这个问题，表明播音主持艺术这门语言艺术应当被如何看待。

哲学如何看待艺术，用经典的哲学式发问就是：艺术如何可能。历史上，如果陶渊明笔下的“桃花源”真的存在，并且那“渔人”再有一次选择的机会，我宁愿他不会有带人前往那方“阡陌交通，鸡犬相闻”的世外天地的想法。但如果，我们假定他实在忍不住向人描述他视作天堂般的“桃花源”的话，他应该怎么做呢？言语，看来是匮乏的了，不然当初他也不会带别人亲眼观瞧，引得后人对他的埋怨和不解。假设那“渔人”学过绘画，用画作代替他的言语展现那梦中的桃花源，不仅比带人亲眼观瞻来得更加“惊心动魄”，还能留下一段佳话。他的画作，不仅仅是对“桃花源”的原本复刻，还有对现实的不满，对生活酸甜苦辣、精神过往中的细枝末节、雄心壮志遭遇痛击的悲怆等不公待遇的“上帝之城”般的颠覆与反拨带来的对比和冲击。这就完全超出了“桃花源”本身的物质存在意义，升腾出了个体情感浇灌的精神与物质统一的“大世界”情怀与视野。这画作代替并超越了语言，使绘画艺术成为可能。倘若他没有采用绘画的方式，而是用音乐表达他对那方天地炽烈的情感的话，效果也绝不会亚于绘画，音乐对听觉和联想的依赖性就决定了，听者会徜徉于自己构想的时空之中。

这是关于艺术如何可能的第一种回答。第二种回答，我想通过日常生活中的经验来说明。假如我们楼上的邻居家里突然传来电钻声，我们知道大概是在装修。听到楼上有规律的咚咚的脚步声，我们猜测可能有人在运动。听到窗外马路上汽车鸣笛，我们知道可能是塞车了，司机有些不耐烦。听到学校的高音喇叭里传来“一二一”的口令声，我们知道学生们在上体育课。如此这般，我们实际听到的并不是“声音本身”，而是一个个声音背后的事件（Events）。同样是声音，如果我们坐在音乐厅里，听一场交响乐或室内乐的音乐会，我们绝不会停留在声音背后的事件（Events），即声音产生的源头，比如小提琴声来自小提琴，钢琴声来自钢琴，鼓声来自鼓，等等，这样我们是无法欣赏音乐的。与生活中对声音事件的聆听不同，欣赏音乐时，我们会听这些乐器合奏后形成的旋律线条、节奏，高低、快慢，以及揣测里面的“内容”，这不同于对声音背后“事件”的判断。听音乐，是对声音本身的欣赏，实际上是对“听”的听，即“听听”①，于是音乐艺术就产生了。

我们以音乐和绘画为例，提供了艺术如何可能的两个解释。这让我们区分开了艺术与生活，认识到艺术就是真理，有其充分的存在合法性。对音乐、绘画、雕塑、舞蹈、园林、电影、广播电视等艺术类型，我们尚且还好理解它的艺术独特性，它们和“生活”有明显的距离和差别。但是，语言艺术由于它本身与日常言语高度相似，而常常被误解为“就是说话”，并不被当作“艺术”看待，至少不与音乐、绘画等艺术类型等同视之。我们知道，音乐的艺术语言是旋律、节奏、节拍、调式、音符等；绘画的艺术语言是构图、色彩、光线、明暗、透视、散视等；影视的艺术语言是景别、角度、焦点、运动、速率、构图、光线、剪辑、色彩、声音、蒙太奇、长镜头等。实际上，播音主持艺术也有它的艺术语言，即语言艺术的艺术语言。比如，重音、停连、语气、节奏、语流、语势、情景再现、对象感、内在语、吐字归音、用气发声等。

---

① 参考复旦大学王德峰教授，“艺术与现代生活”主题哲学讲座。

如此看来，我们应该把播音主持艺术作为一个特殊艺术门类来看待，发挥它和音乐、绘画、文学等艺术类型同样的作用。这样，陶渊明能够采用的艺术手段，就又多了一个“语言艺术”，通过内部技巧、外部技巧、发声技巧、表达技巧等的综合运用，在嘴唇的一张一合间，活灵活现地“说”出一个大美世界来。我们应该对“艺术语言”有足够的了解、准确的认知、绝对的自信，切不可妄自菲薄、自动降维。语言是“第一媒介”，本就应该有它广阔的生存和创作空间。

对播音主持艺术主体来讲，源于哲学运用带给我们的益处远不止这些，时间和精力都较充足的话，我们应该主动拥抱哲学的世界，参悟生活本质、提升人生境界，以一种别开生面的视角和意义超凡的维度，点亮生命、启迪智慧，意向寰宇。

（九）与社会心理学的关系

研究人们如何认知社会、认识他人、影响他人、处理与他人的关系以及社会环境如何影响个人的学科，就是社会心理学（Social Psychology）[①]。上文，我们阐述过学习社会学、心理学对播音主持艺术主体的帮助，也大概知晓了二者的分别。把社会学和心理学结合在一起考虑，就是社会心理学，分为社会的社会心理学和心理的社会心理学。英国人威廉·麦独孤在他的《社会心理学导论》一书中，也主要分别谈了这两个大问题。第一部分“人类在社会生活中重要的心理与特征”，说的是人类作为一个整体，在社会生活中的总体心理体现。比如，本能、情绪、感情、意志、自我意识等。第二部分“人类心理的基本倾向在社会生活中的运作”，是把“人类心理”作为一个范畴

---

① 赵芳:《社会心理学》，新世界出版社，2012，第 1 页。

加以讨论，它与社会生活相遇后的运作方式。比如，生殖、为父母、好斗、合群、宗教、获得、建造、模仿、游戏、习惯等本能性表现。这两部分内容，正是“心理”与“社会”两个范畴的互动、作用。此外，美国人杜威在他的《人性与行为：社会心理学导论》一书中，主要从人类群体的习惯、冲动、理智三者在行为中的地位的角度，阐释了“人性”“行为”两个范畴的互动关系，并最终归结到人类群体性或整体性的“道德”上。由是观之，人类群体或整体的心理状况与社会状态，这两个范畴碰撞出的习惯、本能、性格、行为、风俗、道德、思维、思虑、目标、原则、欲望、理智等，是社会心理学主要关注的问题和研究视角。

也有人觉得，社会心理学处境尴尬，既不像社会学也不像心理学，是一种“边缘性”（非指通常的交叉性学科，有些许贬义）学科，前景不佳。然而，法国社会心理学家勒庞的一本社会心理学著作《乌合之众》，在世界范围内引起巨大反响和讨论，证明社会心理学并没有那么不堪。相反，它有着光明的未来。正如马晓佳在《乌合之众》的译序中所说：“勒庞对群体行为的诊断较为简单，理解起来并不困难。‘不善理性，却急于行动’‘情感夸张’‘只会被极端情绪打动’。”[①]的确如此，我们只需稍稍回味一下这几个词语，就会发觉这就是我们似乎与生俱来的群体心理属性。也正因如此，有关群体心理的文字，容易使人们觉知自己的心理与行为，道理不用在别处寻，内省、自查就可以，说的就是实实在在的我们。这也证明了社会心理学对人和社会的意义。引起同样效应的还有一本美国人 Eric Hoffer 撰写的《狂

① ［法］勒庞，马晓佳译：《乌合之众》，民主与建设出版社，2018，第 2 页。

热分子》，重点讨论陷入狂热的乌合之众的人格，它与《乌合之众》就像兄弟、姊妹篇一样，彼此呼应，彼此互文。

那么，播音主持艺术主体在社会心理学中能获得什么呢？

1. 了解群体性心理特征，获得“掌控力”

人，一旦结成群体，能量就异于每个个体机械相加。换言之，整体的能量，不等于局部简单相加，有时大，有时小。群体中的每个人都会受到群体动力、群体压力、群体规范的影响。一个著名的心理实验揭示了这一现象，房间里坐有 10 个人，其中 1 人是真正的实验者，作为实验组；另外 9 人作为控制组，事先统一沟通过“任务”。实验开始，一位教授拿着一张纸板，上面画着一长一短两条线段，询问在场的 10 个人，两条线中哪条更长、哪条更短。按照常识判断，实验者看了一眼，自然就有了正确答案，认为“长”的那个更长。可是，当在他前面的其他人都十分确定无疑地说“短”的那个更长之后，他起初不以为然，觉得滑稽、可笑。然而随着实验继续进行，接下来的几个人无一例外地都说“短”的那条更长，他开始动摇了，开始怀疑自己了，反复对比那两条他本已做出正确判断的线段。轮到他回答时，他仍旧处于犹豫不决当中，但是面对另外 9 位统一判断的“群体压力”，终于还是服从了“短”的更长的判断。这就是群体规范和群体压力给群体中个体带来的巨大影响。这个实验尚且显得比较简单，易被识破。然而，如果生活中我们遇到性质相同、表象复杂的情况，能有效做出正确的选择和判断吗？经验告诉我们，一群小朋友总能制造出惊天动地的、大人们无法想象的“大事件”来。比如，集体追赶一只凶猛的大狗，而当他们单独面对时，无论如何都做不到，甚至从没想过要那样做。但凡群体中有一个“想法”出现，马上会演变成一种情绪，接着这种情绪在群体中开始扩散、传播，出现“情绪感染”，最终促使群体做出越轨行为。有时，它是有益的；有时，是有害的。

播音主持艺术主体了解这样的群体属性，作为主持人，可以更好地控制现场，有效应对突发状况；作为教师，可以从课堂上学生群体的反应，检验和再认识教学手段的有效性，继而做出合情合理的优化。

2. 知晓“多维”群体属性，拓宽视野

我们从出生开始，分别经历和属于婴幼儿、儿童、少年、青年、壮年、中年、老年几个群体；同时，我们也属于子女、父母、丈夫、妻子、兄弟姐妹、学生等群体；还属于业主、借贷人、股东、驾驶员、警察、法官、律师等群体，如此等等。我们实际上是一个由众多群体属性交织出的一个复杂的网络“实体”，各种群体属性在我们身上都能找到相应表达。这些群体属性，共同绘就了我们社会属性的整体“画像”，即整体心理表征，各具特征、各有表现。

父母普遍都有“望子成龙、望女成凤”的愿望，古今上下，皆是如此。家长群体普遍有哪些心理表现呢？哪怕省吃俭用、吃糠咽菜，也不能委屈孩子、让孩子输在“起跑线”上。且不说这样的认知是否合理，但社会上形形色色的补习、培训班，就正是看准了家长的这种社会心理。在资本逐利本性的驱动下，各种课外辅导机构，一旦条件成熟，就如雨后春笋般出现。再如，铺天盖地的“老年”概念产品、保健品、理财产品、养生产品等，也是准确分析了老年人普遍追求平稳、健康生活的社会心理后的“谋篇布局”。这本身并无问题可言，但在市场监管难以触及的边边角角，总有人钻法律的空子，老年人上当受骗的新闻时而见诸媒体。

上述两例，仅仅是群体社会心理的典型案例。事实上，每一个群体都有其独特的表征。播音主持艺术主体在首先认识自己所处的播音主持艺术群体基础上（严格来讲，应称之为“类群”，不能完全算作群体），不仅要了解其他群体社会心理消极的一面，这是媒体人的社会责任和职业担当，更要关注社会群体心理积极的一面，以媒体人的身份积极引导社会健康发展。教学活动中，教师应当带着“教书育人”“人类灵魂工程师”的群体心理属性，向学生传递一种健康、积极的价值观，为学生毕业后走向社会奠定基础。大学教师职责重大，一个人从小学开始进入教育系统接受“社会化”，到大学毕业走出教育系统，最后一个环节的实际“把关人”就是大学教师。他们把“产品”（“学生”本体的喻体）进行最后的抛光、打磨，其质量好坏、品质高低，大学教师的作用虽非决定全盘性的，但一定是“画龙点睛”式的。

3. 避免患上习惯性的“职业病”

生活中，我们发现有些职业群体，在工作之余仍然带有明显的“职业特征”。比如，警察的犀利眼神、教师的教导姿态、播音员主持人的言语“口风”，等等。有人可能会说，这很正常，正是爱岗敬业的表现。但是，一个人整体的鲜活的生命状态，是不该被某个职业属性覆盖和包裹的，生命整体是完满的、曼妙的、灵动的、自由的、真实的，而某一个属性是固定的、约束的、规制的、临时的。不仅如此，尽管我们被多种社会属性贴标签，被多种社会心理所影响，仍要清楚地认识到：生命本体的神圣性和本源性。它是人类出发的原初目的和本初意义，应时刻铭记。如此，我们才不会在某一种或多种属性的社会心理的影响下迷失自己，在它的强大攻势下败下阵来。

生活中，我们不曾见到一位小提琴演奏者，用小提琴与人说话；

不曾看到一位舞蹈家，用舞姿和人聊天；不曾经历一位雕刻大师，用雕刻作品与家人交谈。为何？不方便！不现实！然而奇怪的是，我们经常看到有些播音员主持人以及播音主持教育者用职业性的吐字、发声出现在日常生活中，“格格不入”“煞有介事”（非为攻击，只为表意）地交谈。为何？方便！播音主持艺术，不像小提琴、舞蹈、雕刻等需要借助工具、器材，而是一张嘴即可，随时随地。这样，我们就把“艺术”强行带入日常生活，给人“高高在上”“装腔作势”“高人一等”“身份宣誓”（非为攻击，只为表意）之感。尽管我们并非这样想，也并没有这样的“意”，也许顶多就是说者无心，听者有感。

这里尤其要强调，上述所言播音主持艺术主体的“违和”表现，且不说行为，单就业务水平而言，基本是对播音的片面理解、对播音学理论执行不到位的“半成品”（主体的语言样态）的具体体现。他们向社会传递了错误信号，让社会误以为播音主持艺术就是这个“样子”的，久而久之，在社会上就形成了不是这个“样子”的就不是播音主持艺术的“判断”，这对播音主持艺术本身和学科建设的危害简直太大了。

再说回“行为”，作为一门艺术，创作主体应该以符合其艺术与传播规律的方式，出现在创作与艺术审美的场域中，而把艺术强行带入日常生活的大舞台，打破艺术与生活的界限，就混淆了二者的关系，陷入后现代主义先锋性的“什么都是艺术”的荒谬和怪诞之中。如此，艺术也就不能称其为艺术，也就失去其合法性，消解为日常生活了，人类也就失去了艺术对生命琴弦的拨动与抚慰。

（十）与历史的关系

从学科的角度讲，历史学究竟属于人文学科还是社会科学学科，尚有争论。从制“史”的角度看，有人文主义的，也有科学主义的。如此看来，二者对待同一“对象”，虽方式、方法不同，并不绝对对立。“史”的现代名称，就是“历史”。但中国向来所谓“史”的内容，实包罗所谓“社会科学”的全部；所以所谓“史”，和现在所谓“历史”，名字或可通用，而所含的意义，却有广狭的不同。[①]言称历史，有纪传，亦称正史，以人物为主；有编年，亦称古史，以年代为主；纪事本末，以事迹为主；还有政书，以制度为主。[②]再言称历史，从西方文化传统看，就有文明史、朝代史，还有各行各业的“史”，比如文学史、传播史、经济史、政治史、社会发展史、物理学史、化学史、地质史、天文史、考古时、思想史、文化史等。凡是人类意识所到之处，似乎都有“史”相伴相随。辩证地讲，“史”就是关涉我们过去、现在和未来的“全部”。又言称历史，从时空维度上讲，有我们学习的课本中的历史，也有理论上人人记忆组成的历史，还有客观存在的我们永远也无法视之为客体并感知得到的、上帝视角下的立体“全貌”历史。换个角度言称历史，就有不同的历史观。唯物的、唯心的；虚无的、复古的；现代的、古典的；人文的、科学的，等等。这里，我们不做具体讨论。

人类的信史大概5000年。华夏文明史开始于公元前2146年的夏朝，但目前史学界争议较大，更多人从“考据”的角度出发，认为开始于公元前1675年的商朝是有证可查的中国第一个朝代。还有人，比如易中天认为夏、商、周三朝是并列存在的，也许不能称之为三个

---

① 谭正壁编著:《大家小书·国学概论新编》，北京出版集团公司 北京出版社，2016，第107页。

② 谭正壁编著:《大家小书·国学概论新编》，北京出版集团公司 北京出版社，2016，第115—116页。

朝代。世界的主要文明，还有公元前 800 年开始的古希腊文明（如果从克里特文明和迈锡尼文明开始算，就更早）；公元前 753 年开始的古罗马文明；起源于幼发拉底河和底格里斯河的美索不达米亚文明，即“两河”文明；埃及尼罗河文明；希伯来文明；非洲黑人文明；南美洲印加文明；印度河—恒河文明等。农业文明时期，在我们赖以生存的蓝色星球上，散发出历史的智慧火光，屹立寰宇。一种文明的历史，就是对古代材料中那些对今天仍然行之有效的东西的探索。[①] 文明间的互动，有时是友好的互访，有时是“暴力”的争夺和践踏，然而农业文明时期的各文明间“交流”，无论从深度、广度还是相互破坏程度，都远不及工业文明诞生后的 200 年。18 世纪中叶英国工业革命，正式开启了人类工业文明的序章，此后它“开疆拓土”，资本的力量就像浪涛汹涌的河流，势不可当，所到之处皆生巨变。对中华文明而言，18 世纪末叶以后，这个古老文明日益感受到从西方基督教文明中崛起的现代工业文明的咄咄逼人的压力。这种压力以资本主义生产方式特有的手段，初则以商业的渗透，继之以赤裸裸的殖民主义武力，迫使中华文明不得不在“生存或灭亡”之间彷徨。[②] 由是观之，工业文明诞生后的整个 20 世纪，人类的主题是：民族独立、人民解放。今天，全世界各个国家、各个民族，都基本获得了独立自主，较平等地在这个星球上繁衍生息。

那么，历史会带给我们什么呢？学习历史，对我们有什么帮助呢？这无疑是一个厚重而庞大的课题。这里略谈一二。

---

① ［法］费尔南·布罗代尔，常绍民、冯棠等译：《文明史》，中信出版社，2017，第 27 页。

② 马克垚主编：《世界文明史》，北京大学出版社，2016，第 879 页。

1. 从容不迫的“心态”

“六经皆史也”，这句话详细考察起来，实在很不错。[①]史的地位和重要性，昭然若揭。没有系统地学习历史之前，大多数人对历史仅停留在模糊的感官印象中；学习之后，会有不同程度的历史“观念”，它能帮助我们虽身处当下，却可拨开层层迷雾，直接和“历史”对话，勾连过往云烟和现世风雨。立于当下，回首过去，启迪现世智慧；站在过去，瞭望我们“已知”的当下，发现更多盘根错节的藤蔓。两相对比，一种“大世界”跃然眼前，生命得到延展，人生得以升华，我们便自然而然地有了对世界更高远的憧憬和祈盼，在一个个具体的“勾连”案例中，价值和意义得以彰显。

学习历史的人，总给人一种从容不迫之感。他们的身躯或在当下，精神却横跨古今。正如王羲之在《兰亭集序》中所言：“后之视今，亦犹今之视昔，悲夫。”在这中间，他们发现了人类社会发展的规律，起起伏伏、高高低低、分分合合，皆为常态。播音主持艺术主体掌握大量的历史知识后，可以从容应对自己的工作、生活，不急不躁、不慌不忙，沉着冷静、运筹帷幄。有庞大的、厚重的历史知识做后盾，播音主持艺术主体在输出和运用“语言”时，也会自信满满、胸有成竹、坚定不移、落落大方。

2. 优化“人生观”

“历史里什么都有”，政治、经济、文化、地理、数学、文学、艺术、军事、外交、风俗、生态、宗教、人情世故、伦理道德，等等。从某种角度说，历史就是个“大杂烩”，学习历史就是“博物”性的学

① 章太炎：《国学入门课：章太炎国学讲义》，中国华侨出版社，2016，第21页。

习。尽管历史中的上述各个“要素”，历史学者不一定做过深的研究，但必定都有过宏观上的认识。对播音主持艺术主体来说，这便足够。播音主持艺术的学科特征和业态属性，决定播音员主持人需与各行各业的人打交道，如果不懂历史，没从历史的角度对社会各个“子系统”做统揽性了解，是较难出色地完成工作的。

主持人梁冬，在一期节目中对话自由哲学家王东岳，与他就深奥的“递弱代偿”哲学理论进行了探讨，梁冬并没有常态般地洗耳恭听，而是和嘉宾一起讨论、分析、研究、提问，有时还会对嘉宾的说法表现出异议。是没有根据的故作镇静、故弄玄虚吗？不是！那么，他的底气从何而来呢？面对人类理性最高形式的哲学，能从容不迫地像个“专家”似的与哲人反复周旋，没有历史知识形成的宏观视野做后盾，是万万不能的。他的哲学修养未必多么高深，但一些来自思想深处的提问，足以保证他出色完成主持工作。同时，这也给嘉宾些许压力，不可敷衍了事，要认真对待。

从《百家讲坛》走红的厦门大学教授易中天，面对当年人气颇高的访谈类节目《面对面》主持人王志的“质问”时从容不迫。王志问：“有观众认为，把历史人物诸葛亮想象成一个‘帅哥’，未免贻笑大方。”易中天的回答引经据典：“《三国志》中这样描述诸葛亮‘身长八尺，容貌甚伟’，不叫帅哥叫什么，叫‘伟哥’吗？”王志略显尴尬，但又无话可说。如果没有扎实的历史学修养，面对这样的刁难性回答，会不知所措，最后可能用宣泄情绪的方式草草收场。实际上，运用“帅哥”之类的词语形容和描述历史中的人物和事件，充分显示了易中天的历史观，体现一种“平等”的态度和视角。“智慧”化身的诸葛亮，忠君报国，会让透过历史镜片认识他的人，以一种仰视的心态对其进行“神圣化”的解读，这样是绝不会让我们还原一个有血有肉的真正的“诸葛亮”的。“去神圣，得真孔子”，同样地，“去神圣，得真诸葛”。面对其他历史人物、事件，也一样。进而推之，面对当下生活中的人、事、物，也当如此。

看来，历史带给我们的还远不止知识本身，更能在深度和广度上启迪我们的人生，优化我们的人生观，进而影响和决定我们的价值观，我们的心流，我们的生命，我们行走的方向。

（十一）与逻辑学的关系

逻辑，有形式逻辑和辩证逻辑之分，形式逻辑又包括演绎逻辑和归纳逻辑，它是从内容和“形式”的统一上来研究思维规律的学说，因而它不是纯粹“形式”的逻辑。美国人 Copi 和 Cohen 合著的《逻辑学导论》中就既有演绎逻辑又有归纳逻辑，同时还有古典逻辑和现代逻辑。书中选用哲学、科学以及政治等领域的实际案例，呈现了案例中思想家、学者在解决实际问题过程中对逻辑原理的运用。书中谈到了命题、论证、说明、有效性和真实性、推理、语言、定义、谬误、演绎、三段论等逻辑学常见学术和应用范畴。日常生活中，形式逻辑很常见，且常用。比如，并列、转折、递进、因果、条件、假设等。辩证逻辑，就是逻辑学的辩证法，包括矛盾逻辑和对称逻辑两个类型或两个阶段，前者又有分析、综合的划分。形式逻辑和辩证逻辑的关系是：后者要在前者存在的基础上体现。康德在他的《纯粹理性批判》中又提到了普遍逻辑，认为普遍的逻辑要么是纯粹的逻辑，要么是应用的逻辑。[①] 总之，逻辑学，是较为复杂和深奥的一门学科，其

① ［德］康德，邓晓芒译：《三大批判合集》，人民出版社，2009，第 48 页。

不仅被应用在哲学中，在其他学科学习和生活中，都有体现。逻辑学，属于哲学类专业，但也有把逻辑学单列出来，成为与数学并列的形式科学的一支。对我们来说，没必要研究诸如真值表之类的专业领域的事项，只需要知晓基本原理后（比如同一律、排中律、矛盾律、充足理由律等），明白它能带给我们什么即可。

1. 言语有条理

无论是形式逻辑还是辩证逻辑，都能帮助我们分析播音稿件，使话语准确、清晰，有条理。教师和学生在教学活动的互动中，也需要逻辑来保证言语的条理性，达到教、学目的。

中国播音学理论谈及重音和感受时，提到逻辑重音和逻辑感受，要求播音主持艺术创作者注意字里行间潜藏的结构、关系。以广告词“新天，新生活，新天葡萄酒”为例，短短一句话，既要考虑广告配音的商业属性，如何使其产生良好的经济效益，又要考虑赋予它本该有的语言艺术价值。这同时考验语言工作者的基本功、知识储备以及逻辑素养。新天，说的是这方生态宜人、空气清新、人文和谐等多种要素组成的生存环境，是一个前提性铺垫；新生活，是在“新天”的基础上衍生出来的必然结果。有了幸福的“新生活”，应和幸福氛围的一款葡萄酒，便顺理成章地成为应然之物。这款葡萄酒，本身就是一个产品、一款商品、一件用品。当它被广告策划者以文案的形式赋予逻辑关系和意义之后，就大大增加了产业链核心产品的“附加值”。而作为把文案转化成有声语言的配音员，自然不能辜负文字的一度创作，我们要运用逻辑学知识和素养，敏锐地发现、挖掘和表达出文案背后的那方“天地”。这样，只有十个字的广告文案，会呈现出一种态度、一种主张、一种价值观、一个世界，而不仅是十个孤立的字符。

一年一度的中央电视台春节联欢晚会，主持人的串场词也体现了这种逻辑“条理性”。这种“条理性”往往是通过主持人间你来我往的“话轮”完成的，每位主持人都应该有超越自身台词的整体性“逻辑”链意识，把全部的主持词作为一个整体考虑。否则，就会因为不能很好地衔接搭档的“前言后语”，而导致各说各话，缺乏全局条理性，影响整体效果。来看 2021 年中央电视台春节联欢晚会的这段主持词：

尼格买提：激动人心啊，谢谢舞台上的每一位演员。谢谢！

张韬：亲爱的朋友们，春晚红包 12 亿就在抖音 APP。您在关注春晚的同时可以参与春晚独家红包互动合作伙伴抖音 APP 为您准备的五轮红包互动。一起来分总金额高达 12 亿元的现金红包。

龙洋：其中包括由春晚和抖音平台共同发起的点亮灯笼活动。赶快拿出手机提前下载并打开最新版抖音 APP，祝大家好运。

尼格买提：朋友们，到今年春晚已经第 39 届了。陪伴我们几代人的成长啊，今天有两位要用歌声带我们回望春晚难忘的时光，但说真的，他俩唱歌那是相当欢乐。欢迎岳云鹏、孙越。

上一个节目表演完，主持人尼格买提“承上”地说声感谢。紧接着，张韬的语言十分关键，他和尼格买提的主持词中间有这样的隐性逻辑（补充）:“是啊，非常感谢，但是另一件事大家要注意了……”心里要有这样的逻辑感，否则两个人的话语接续处就会出现断层。张韬说完，龙洋接着他的话继续顺着说：“张韬说得对，而且您尤其要注意（此前，为隐性逻辑补充），这 12 亿元的现金红包里就有由春晚和抖音平台共同发起的点亮灯笼活动。”她是接着张韬的逻辑说的，只是补充和加强了一下张韬的内容。这时，又到了尼格买提的话轮，他的内容又和前面两位说的没直接关系。怎么办呢？他的心理逻辑补充可以是“是的，祝大家好运，但是您知道吗……”然后是正式的主持词“今年的春晚已经是第 39 届了……”这样的转折性逻辑必须在心里瞬间闪过，否则与搭档的话语会有突兀、仓促、疙疙瘩瘩、戛然而止又生硬地开始的感觉。单从文字看，这段主持词的逻辑性本就不强，主持人正是通过话语、表情、眼神、体态使之上下贯通、一气呵成。这正是主持人的功力、价值和魅力。

谈到教学活动，我们都听说或亲身经历过这样的事：有的老师知识渊博、学富五车，但讲课时发挥不出来。问题出在哪呢？除有声语言表达能力不足导致的缺乏吸引力外，很大程度上是“逻辑”问题。怎么会呢？在学术上有极高造诣，出版多部著作、发表多篇论文的高校教师，怎么会有逻辑问题呢？的确如此，讲课体现的不是文字表达能力，而是语言（口语）表达能力（这恰恰是区别于文字表达能力的口语表达能力的“我们”之所长）。需要说话者边想边说、边说边想，没有文字输出所需的“时间长度”来思考、揣摩、反复推敲，而是即说即用。这类似于我们与母语是英文的人对话，对方说话的语速越快，反衬出我们的英语听说能力越差，二者成反比。对播音主持艺术主体来说，这是我们之所以是“我们”的根本所在，没有这种口语能力，就没有“我们”，没有这个职业，甚至没有这个学科。

说话有条理，不仅是播音主持艺术主体的基本素质，也是提升人格魅力的有效手段。我们都乐于和一个说话有条理的人沟通情感、交流思想，它代表一个人的学识和修养，昭示一个人的智慧和水平。

语言，是人的精神世界与外部沟通的最直接方式，说话有条理的人，大概会是一个明事理的人、有同理心的人、善于理解他人的人，也会是一个有较好人际关系的人。这些，都是“逻辑”的贡献。

2. 幽默的智慧

“愚蠢”的人，常常引得人们轻视的目光，但若是“大智若愚”式的“愚蠢”，却会引起人们因之带有智慧火花而忍俊不禁、开怀大笑，而后又陷入沉思。无论这智慧的“笑”，是主动的还是被动的，是不明就里的还是“他人看不穿”的，抑或源自永远在听者意识外围设计“笑点”的职业喜剧人。幽默的本质简单纯粹，那就是人们哈哈一乐，拍手叫好、开口称绝。

幽默是怎么来的呢？这是个大学问。在相声演员郭德纲主持的一档节目里，上海交通大学的一对博士夫妻标榜一种他们发明的“公式相声”，对传统相声进行了细致的科学性分析，从而发起对郭德纲的“质问”式的挑战。他们还发表了相声专著，研究相声段子应该怎么写、包袱如何抛、观众因何而笑，甚至精确到第几秒观众会笑，笑多少秒，等等。此事，引起社会的广泛热议。博士夫妻本身“幽默”吗？从现场节目视频可以看出，不幽默，而且有些许傲慢和冰冷。何以出现如此这般的尴尬与荒谬呢？问题究竟出在哪了呢？在我看来，其根本在于：博士夫妻想用量化、实证的科学的方式，解决人文性的艺术类型“相声”的搞笑机制和背后逻辑问题，是科学主义对人文领域的“侵略”式的践踏和粗鲁的干涉，是科学主义的傲慢与个体自身的偏见。人们笑或不笑，什么时候笑，笑多久，自己都无法把握、无从知晓，在这方面人们是不自由的。有时想轻松、娱乐一下，但正为某事烦忧，想笑也笑不出来；反之，本是严肃认真的事，一个字或一个词就可能忍不住笑场。比如，在一次采访中，嘉宾介绍某种机械原理时说到了“机架”（机器的架子），谁知主持人突然想到了“鸡架”（鸡的骨架），于是二人都忍不住笑场了。幽默，不都是设计出来的，也绝不可科学化。实际上，上述事例并非个案，在其他艺术门类中也有。比如播音学理论，它本身是大量的“经验”经过科学观照后的理论体系，是一般性的普遍存在。人文学科的一般性艺术理论，不能完全拿来指导艺术创作实践，或者作为指导实践的全部依据和旨归。它的生产过程就是建立在超越个别性，抽象出一般性的方法的基础上的。比如，无论是亚洲人、欧洲人、非洲人、美洲人，还是黑种人、白种人、黄种人，都是“人”，都应该有经过科学研究后确定的“人”的属性、特征。但是，如果反过来说，不具有科学化后“人”的属性、特征的就不是人，或者所有的个体的人都必须按照科学化出来的“人”的统一标准去打造自身，未免贻笑大方，不切实际。因此，“理论指导实践”作为一个辩证逻辑命题考虑，实际上是不能 100% 成立的，尤其在实践性强的学科领域。诚然，作为一门学科，它的合法性、合理性，必须要靠理论体系、学术研究加以保证和支撑。但是，实践性学科的业界创造与学界理论建设的关系，不是后者指导前者、前者体现后者的，而是辩证的对立统一的。

崔永元在他的《好好说话》一书中，一语道破“幽默”的本质。他说，所谓幽默，就是在逻辑上做文章。的确如此，如果我们带着这样的认识回到社会生活去体会、观察，会发现它的精妙。那么幽默怎样在逻辑上做文章，都有哪些手法呢？

夸张

如果一个人想和你开个玩笑，把刚从冷水中冰过的手亲昵地放在你的胳膊上时，你可以幽默地说："哎呀，我神经都蒙圈了。"这也太夸张了吧！怎么可能影响到神经呢？冷手和神经没有必然的逻辑关系，但硬生生让二者产生关系，听者的脑神经和经验里找不到关于这两个词的闭环回应，理性应对不了、无法消化，正所谓"应"之无着，于是"幽默"就产生了。郭德纲在他的相声中，为了创作需要，经常拿他的搭档于谦开涮，说于谦的媳妇为了帮助于谦戒烟，每天给他炒 60 斤黄豆当零食，为了解决干燥问题，还要喝一大桶矿泉水。观众们听到这话，又结合眼前于谦的形象，两相对比，知识层面又"应之无着"，情感上自然满溢愉悦，忍俊不禁，开怀大笑。

反差

和夸大、夸张不同，反差式幽默的思路是这样的：说出一句话，我们本该有一种理解，并且是常规的反应，然而说话人非要"反过来"说，与常规形成反差。比如，说某人谈女朋友了，一般人都会认为是漂亮的、贤淑的、大方的、温柔的、知性的等。然而被告知，女朋友的名字叫"佟铁锤"，小名叫"彪子"，这种"反"就成了不合逻辑的笑点。还有，谈男女朋友，都喜欢亲密的二人世界，比如喜剧人设计出二人一起喝珍珠奶茶的场景，故意压低声线，把一个粗糙男人的声音和语气安到女朋友身上问："谦儿，你爱我吗？"接着，不知道为什么两个人闹别扭了，女孩不开心"夺门而出"，于谦马上去追。观众自然觉得，这合乎常理啊，可喜剧人又说了："追了很远又把门'夺回来了'。"好嘛，夺门而出，是这个意思啊！引得哄堂大笑！

将计就计

我的父亲是一个爱开玩笑的人，小时候，邻居叔叔来家里串门，正值寒冬腊月，室外温度零下 30 摄氏度。叔叔进门便说："这天儿真冷啊。”父亲回应说:“嗯,这天儿‘凉快’哈。”叔叔又说:“可不是嘛,都能穿短袖了。”引得一众人哄堂大笑。如果,在听到天冷的感叹时,也顺嘴应和地说“是啊,真冷”,就缺少趣味了。

相声里也常常出现这种类型的包袱。比如,“感谢各位不远万里前来捧场,我们一定努力把最好的作品奉献给您,以表感谢。”如果就这样,就没什么可笑的,也不是喜剧人该有的话术。他又接着说:“我们不好好说,您也没办法,退票是不可能的了,想都别想。”原来前一句是为说出这一句做的铺垫啊,引得场下“嘘”声、笑声不断,他还不忘补一句“我们的服务宗旨就是绝不退票”。话锋突然一转,自我闭环。这种“将计就计”式的包袱,效果很好。

北京电视台主持人春妮与郭德纲的一段对话,可谓“将计就计”式幽默的经典案例。

春妮: 前段时间你找我在你的戏里客串个角色,当时没有时间,那是个什么角色啊?

郭德纲: 哦,挺好的一角色,“二小姐”。

春妮: 就是特“二”的那种吗?

郭德纲: 是!哈哈,其实不是这个角色,是扮演秋香。

春妮: 我演秋香?你有没有搞错啊?

郭德纲: 嗯,搞错了。

郭德纲的这句“搞错了”,太出乎观众的意料了。你既然说有没有搞错,那我将计就计,就说“搞错了”。

“逻辑”不仅能帮助我们言语有条理、说话有分寸,还能通过制造笑料，幽默智慧地帮助播音主持艺术主体化解尴尬局面，变“腐朽”为“神奇”。制造笑料的方式有很多，这里仅简单介绍几种。幽默，体现的是智慧，用得好，可以提升说话人的人格魅力，而这其中的玄机和奥妙就在“逻辑”上。

需要注意的是，尽管逻辑能带来上述诸多好处，但我们不能掉入逻辑本身的“陷阱”里。这里并不是指代我们在与他人对话时无意中进入了某种逻辑“圈套”中，而是指我们不要视“逻辑”本身为神圣之物，万事都讲逻辑。逻辑本身，是个纯然的理性的产物，不能完全应用在活泼泼的生活之中。毋庸置疑，事物都有逻辑可言、有逻辑存在，但是“逻辑”不能抽剥掉事物的“血肉”而只剩“骨架”，我们更不能只盯住这“骨架”不放。

现在，我们将“我现在在说谎”这句话作为一个逻辑命题进行考察，按照逻辑学的普遍思维范式，会得出这个命题本身是一个悖论的结论。具体如下：如果我们判断这个命题为真，那么我就在说谎；如果我们认为命题本身为假，那么我就没有在说谎。一句话，说出了两个截然相反的意思，是为悖论无疑。然而，我们可曾这样想过，在对这个逻辑命题进行讨论之前，先讨论一下这句话本身的“质量”问题。第一，从哲学角度看，“现在”永远在过去现身，“过去”永远在现在现身，“将来”永远在现在现身。那么，这句话中的“现在”所指是什么呢？说出“现在”二字所占的 1 秒钟的时间，还是讲话主体所处时空的前后 1 分钟时间，或者是主体一直在“说谎”的 1 年的时间。这个问题，首先要明确。第二，在讨论这个命题前需要搞清一个问题：人能不能同时说出两句话？答案肯定是不能。但是，说出这句话的主体恰恰“做到”了。问题就出在这里！“做到”了，只是当我们讨论时我们“以为”的做到了，实际是不可能的。这里，“我现在在说谎”这句话作为一个能指是没有“所指的”，换言之，它是“空”的。它是这样迷惑讨论者的：“我现在在说谎”既是我此刻说话的“内容”，又是我对我所说内容的“判断”。“内容”是一句话的能指，“判断”也是一句话的能指，然而这必须是有“两句话”才能成立的，不然主体无从“判断”。第三，当我们听到一个人说“我现在在说假话”时，我们的大脑用 0.001 秒的时间反应“好的，你说吧，我洗耳恭听”或者“是吗？你说了什么我听听”。然而，紧接着我们就跳过了这个实则十分准确的理解，进入了一种“逻辑陷阱”中，绕过了事物的本质，错误地把它当作“两句话”去讨论，讨论过程中与它本就是“一句话”的本质进行着不同层面的“错位匹配”，就造成我们思维的混乱和情感的烦闷。著名的“阿基琉斯与兔赛跑”“流矢不动”都有类似的逻辑陷阱在里面（“流矢不动”还涉及“极限”问题）。

这就是逻辑，不能缺少，但绝不可泛滥，事事讲逻辑、处处讲逻辑、时时讲逻辑。偏要为之，人世间就会失去动人的色调、和煦的暖阳、徐徐的清风。学习逻辑的目的，是防止我们掉入逻辑和逻辑学的陷阱，避免被“骗”，避免我们繁花灿烂般的活泼的生命被这纯粹理性“框架”束缚、圈囿、裹挟起来，进入谬论、诡辩、二律背反的迷惘的世界中，那将是这天地间最遗憾的事。更可怕的是，我们还高举逻辑的大旗成为地道的逻辑主义者，又对此浑然不知、乐此不疲、信心百倍。作为一种“现象”，要引起我们极大的警觉。

（十二）与外语的关系

美学大师宗白华曾说：“无论搞中国的还是西方文化的研究，都要认真学习外语，这是日后从事深入研究的舟楫。”长远考虑，有声语言艺术从业者，也是同样道理。所谓外语，是相对于“母语”而言的。对中国人来说，中文（普通话及方言）之外的所有语言都是“外语”。作为词汇和语法构成的符号系统的每一门语言，都是人类生命情态的不完全（因为我们无法用语言“言尽”我们的心中所想）外在表达所遵循的结构与规则。没有这样的统一性认同，人们就无法进行精神世界的有效沟通。因而，学习外语，就是和那门语言背后的“真理”“规定性”以及文化进行互动，同时也是在感受那门语言使用者的意识流淌、生命情状。

以英语为例，除了学习词法（Morphology）、句法（Syntax）、语音（Pronunciation）、词汇（Vocabulary）、含义（Meaning）、意义（Significance）等，并将其用于我们熟悉的听、说、读、写之外，更重要的，是要了解英语文化。举一个简单的例子，英语和中文有一个很不相同的地方，英语先说中心语，再说修饰词；中文先说修饰词，再说中心语。有例外，尤其是随着文化交流的不断深入，但大抵如此。比如我说“他引用了莎士比亚一本书里的名句”，用英文说可以是“He quoted a great line from a book by Shakespeare”。如果我们按照英文的顺序逐词翻译成中文的话，就是“他引用了名句，从一本书里，莎士比亚写的”。反过来，如果我们把中文逐词翻译成引文的话，就是“He quoted Shakespeare a book a great line”。无论如何，都有碍沟通。两相对比，我们能明显发现两种语言思维的不同。再举一例，如果我说“我是”，别人会觉得是半句话，会等着听后半句“是什么”。但如果，我说“I am”，在英语的文化里就是一句完整的话了。它的意思是“我存在”，am 后面接任何名词或形容词，都是进一步解释“我存在”的样态。比如 I am a volunteer,I am the man you are focusing on，I am smart，I am preeminent，等等。也正如莎翁的那句经典的“To be or not to be ,that is a question”。这里面的动词 be 就当“存在”之意理解，翻译为“活着还是死亡，那是个问题”。如果我们不了解深层的哲学文化，就不知道 be 的本源义不是“是”，而是“存在”（哲学层面）。否则，“是或者不是，那是个问题”“是还是不是，那是个问题”，是什么意思呢？

那么，具体而言，学习外语对我们有什么好处呢？

1. 拓展生命“维度”

一门语言所表达和承载的文化，必须通过这门语言本身才能触及这门语言下文化的本质。文化，是人的智性反应系统。（王东岳语）因此，每多掌握和使用一门外语，就多感受和体验一种文化，也就拓宽了一个生命维度。

古今中外，在各个领域被誉为“大师”之人，多精通不止一门外语。赵元任、梁启超、王国维、陈寅恪等都可以顺畅使用多种语言，“老三论”控制论创始人维纳的父亲，更是精通 40 门语言。① 播音主持艺术主体，不是语言学家，也不是学术专家，无须掌握多门外语，但在中国范围内多懂些方言，对语言表达总是大有益处的。据说，赵元任先生精通 33 种中国方言，他到哪里，都被认为是“老乡”。使用方言沟通和使用普通话沟通，过程中谈话者的心理体验和顺畅程度等方面都是有较大差别的，有些“只可意会不可言传”式的思想和情感只能通过方言字里行间的“暗示”来表达，此时普通话显得无能为力。某种程度上，可以把方言理解为“个别性”语言，普通话是为了沟通

① ［美］E.M. 罗杰斯，殷晓蓉译：《传播学史》，上海译文出版社，2012，第 400 页。

方便而建立的更大范围内的“一般性”的符号系统。我想，赵元任先生在使用 33 种方言和他众多的“老乡们”谈心时，生命的厚度、广度、深度必然是得到了我们无法想象的升华了的。不得不说，这种体验和境界是无法替代的，也是无价的，即便身缠万贯、身居高位者，想用财富和地位换取，无论如何也是无法实现的。它的宝贵就在于此，难怪有人要用他所拥有的一切，换得与苏格拉底半天的共处。

播音主持艺术主体，无论是掌握外语还是方言，都能增强语言魅力、平添生活乐趣、丰富生命体验。主持人主持节目时，可提升节目可看性；播音员解说纪录片时，能精准捕捉原声配音的内容和情感，更好地完成“二度创作”；教师在教学活动中，能大大激发学生学习热情和愿望，增强教学趣味性。

2. 民族的，也是世界的

众所周知，播音主持艺术是具有中国特色的特殊学科。全球一体化的大势不可逆转，我们如何与世界沟通，如何更好地理解这门学科，也需要把眼光投向更广阔的世界舞台。一位到英国做访问学者的播音主持艺术博士研究生坦言，他不知道如何与英国人“对接”学问，因为他所访问的大学没有播音主持专业。实际上，如果我们的外语水平足够高，完全不需要有这样的担忧，英国没有播音主持专业，但一定有声乐、表演、戏剧和其他艺术专业，艺术门类的相通性可以提供很多共同话题。比如，从话剧、声乐、语言、艺术、历史等角度切入，向外国友人介绍中国播音主持专业的独特性，也是一次中国文化走出去的难得契机。毕竟，中国 960 万平方公里的土地，14 亿人口，56 个民族，有创造独一无二事物的合法性与合理性。

语言是前提，掌握至少一门世界性语言，尤其如此。否则，我们在与整个世界对接，进而把握世界的过程中，只能无奈地浅尝辄止，有意表不明、有“话”说不出。播音主持艺术，毫无疑问是民族的，但同时也是世界的，在成就“世界的”的征途上，需要外语（尤指现阶段的英语）的助力。

二、与审美生活的大关系

审美生活，有几层含义：第一，两个词都是名词，指审美与生活的结合；第二，审美是副词，生活是动词，指一种生活态度和主张；第三，审美是形容词，生活是名词，指主体的生活状态和样貌。可无论哪种，都避不开对审美和生活两个词的理解。这实在很难，单就审美来讲，就涉及什么是美，美在何处寻，美的可能性，美的主观和客观表现，美的主体应然之态，比如审美情趣、审美理想、审美意识等问题。生活，从字面理解很容易，就是人生的全体活动。然而细究起来，就会蹙眉托腮，聚精会神一番也未必有所收获。它又涉及人生的“人”是什么，“生”为何物，与“存”“死”有何关系，“生”的对立面“死”为何事何物，“向死而生”“非知生焉知死”是何意，如此等等。这里，我们略谈一段，目的和更重要的是关涉播音主持艺术主体和审美生活的关系。结合上述“知识体系”中美学部分内容，我们先说“美”如何产生。中国美学传统主张美在“意象”，它是主体的生命情趣与客观之事物美的可能性交感共鸣的产物，美既不在事物上，也不在主观心境里，它是主体直觉的形象，又结合想象、灵感、情意的综合性欣赏与创造。这有别于西方美学传统，比如康德美学主张“美是个人主观的判断力的产物，而这种主观判断又有普遍性，因为人类心理机能大半相同”。又如黑格尔，它的美学是建立在事物殊相背后的共相的概念基础上的，认为美就是个别事物所现出的“永恒的理性”①。再如休谟说“美并非事物本身的属性，它只存在观赏者的心里”。还有，什克洛夫斯基和英国美学家克莱夫・贝尔主张的“美在形式”，意大利美学家克罗齐主张“美在幻想或直觉”，如此等等。

思想家、哲学家对“美”的领悟和判断，通过文字表露无遗，我们正是通过阅读，才得以与他们思想对接，心灵相通。正如杜工部所说：“读书破万卷，下笔如有神。”读书，不下笔，那缕“神”思也会萦绕生活，还它以色彩斑斓。不读书，仅凭天赋行走，只会停留在感性、经验的境界，难有更高层面的灵悟与领会。读书，这种“无用之用”的真正之“用”，是通过读书过程中对知识的获取、理解、消化、吸收、感悟，进一步超越到提升人生境界的人文性上来，即提升人格、人文、人本、人性的位阶上来。这才是读书的真正意涵和价值，不停留在知识层面，而是从 Meaning（含义）超越到 Significance（意义）。

北京大学张世英先生在他的哲学著作《哲学导论》中，倡导一种超越西方“主客二分”式的，融合中国“天人合一”文化传统的“万有相通”②的哲学观。对西方传统哲学的超越，意味着首先要理解和到达，然后才能谈超越。张先生在书的尾端谈到，“万有相通”的哲学观和世界观，就是启迪人们开启充满美感和智慧的审美人生，是爱的人生、创造的人生、幸福的人生。

中国传统美学讲究“隐秀”，隐，就是隐藏、遮蔽，是看不见的东西；秀，就是表现、外显，是看得到的东西。刘勰在《文心雕龙・隐

① 朱光潜：《朱光潜谈美三十六讲》，台海出版社，2018，第 111 页。

② 张世英：《哲学导论》，北京大学出版社，2016，第 363—365 页。

秀篇》云："情在词外曰'隐'，状溢目前曰'秀'。"[1] 张先生认为，中国的文学、艺术创作，无论是诗赋、词曲、小说、文章，还是音乐、绘画、雕塑、园林，无不遵循和体现这种哲学观、世界观。以"有"表现"无"，以"秀"的表象暗示"隐"的玄机，是中国传统美学的最高价值和意义。

一位军嫂带着孩子独自生活，一天，她发现门前的桃树开花了，于是叫孩子来看，邻居也闻声赶来，并说些拍照留念之类的话。孩子突然说："花开了，爸爸就快回来了。"现场的人都安静了，一种说不清、道不明的情感在空气中弥漫。

实际上，现场的人都被孩子的话带入审美的意象世界中去了，一种淡淡的忧伤和漫漫的期盼共同凝结的心灵明觉，导出了我们称之为"审美"的神圣活动，充盈在那方小天地里。大人们看到桃花，只关注到桃花本身"秀"的外表对感官的刺激，于是开怀、畅爽；孩子通过这"秀"的表象看到了背后"隐"的东西，对父亲的思念之情油然而生。这种情感化作语言外显并扩大后，开始时是对"父亲"想念的忧伤，后来转化成和"父亲"即将见面的理性的满足。正是这种从"有"到"无"的连接、对比，触发了人们的想象。一句简单的话语，实则是一次伟大的创造，这创造来自孩子内心的真情实感，情"发乎于内，而表于外"。一切都那么自然、随意，随心而行，生命在那一瞬得到升华，与天地相合。这是基于中华传统文化下的大审美活动，

① 张世英：《哲学导论》，北京大学出版社，2016，第 148 页。

是“天人合一”的生动体现。

西方思想史中，美学一度指的是艺术哲学，后来人们逐渐发现，美学的范围大于艺术哲学，它的领域还包括自然美、社会美、科技美、形式美等。然而，西方美学的思想脉络与中国传统美学截然不同，它是建立在一套范畴、理念体系基础上的，是主客二分式的美学观。这和西方的思想传统有关，希腊文明这一支脉，从巴库斯的酒神“迷醉”，到奥尔弗斯的日神“理性迷醉”，理性经过智者和苏格拉底来到柏拉图这里，他用有神性色彩的“理性”构建了一个形而上的“理念世界”，单独存在。它高于现实世界，并被现实世界模仿，那是一个完美的、纯粹的世界，现实永远无法企及。基于此，艺术是对现实的模仿，是现实的影子，那么艺术就是对理念的“模仿的模仿”，是“影子的影子”。这一思想支脉跨过希腊化时代，在中世纪的宗教哲学中表现为“实在论”。这一支脉都把人当作主体，外在事物当作客体，进行分析、演绎、概念、判断、推理。基于这一传统的美学，自然也是“二分”的。

我们可以来一次心灵与思想漫游，假想一个中国人和一个希腊人抬头欣赏眼前千娇百媚的垂柳。二人的审美方式、审美体验都不尽相同。如果进行细致分析的话，中国人的传统，可能会想象这棵树刚被栽种在这里时的情景：是谁，多大年纪，男还是女，成年人还是孩子，栽种的目的是什么，当时的心情怎样，他（她）用来给树苗浇灌第一桶水的桶是什么颜色，水从哪来。也可能想到，这棵树在成长过程中见证了多少在此路过的“陌生人”的笑脸，仰望过多少次灿烂的星空，与皎洁明月有过多少次宁静的对望，目睹过这方天地多少的喜怒哀乐、人情冷暖。还可能想到，寄居在这棵树上的昆虫、微生物，被鸟儿当作食物带向天空，又通过排泄物飞落到哪里，排泄物掉落后又为花花草草、树木土地提供了天然肥料。中国人的想象还在继续，然而即便到此停住，已经足够让我们这样说：这棵树已经不是一个呆呆地站立在那里的单纯之物了，它“活”了，与万物“连通”了，它看似岿然不动，实则无时无刻不在四处漫游，以它独有的方式，去过我们从未想过，然而却实实在在地存在着的“远方”。这便是中国人传统的审美活动，人与景统一,万物一体，天人合一。实际上，完整的过程要比上述略显苍白无力的语言叙述有趣、灵动、神圣、意味深长得多。

与此同时，希腊人也在自己的审美世界中畅游。他的传统审美活动可能是这样的：树叶绿油油的，郁郁葱葱、蓊郁细密，绿色能给人们带来希望，治愈伤痛，赏心悦目；柳条随风摆动，给人婀娜、活力、妖娆之感；人站在树脚下，凸显人的渺小和树的伟岸。这一刻，希腊人把自己的生命同理成了树的生命，跟着一起“崇高”了起来，一种胜利感涌上心头、充盈脑海。他用手触摸树干，一种结实、可靠的感觉让他很满足、很安全，带来同样感受的还有这棵树的外部形态提供的柔顺、飘逸之感。希腊人的审美还在继续，但我们同样可以说话了：他的审美活动是建立在一个个范畴、概念基础上的，比如“绿色”“姿态”“形状”“质感”等。这些概念让他有确定感、控制感、超越感、安全感、胜利感。黑格尔把这种理念式的无限超越称为“好无限”，西方人正是根据和利用这样的“好无限”体系（理念世界）去改造他们认为不完美的现实世界。

艺术，包括播音主持艺术，自然有传递信息、表达情感之用，中国传统文化下的艺术是这样，西方也是这样。只不过在西方的体系中，有一个完美的“真理性”的框架集合体贯穿着、规定着这份“情感”的输出样式。比如，音乐中的奏鸣曲式，表达情感的同时，必须遵循“呈示部—展开部—再现部”的结构，其他的如大调式、小调式、回旋曲式、交响乐、室内乐、文艺复兴音乐、古典主义音乐、巴洛克音乐、浪漫主义音乐、现代主义音乐、摇滚乐等，美的深处总有一个严肃、冷峻的抽象结构和具体规制如影随形，指引方向。

中西审美文化的这些差异，传导到播音主持艺术领域也有明显的体现。我们提出的 MAC 方法论中的 M 系统，可以理解为基于中国传统文化下的艺术创作观，是来自心灵的、天理世界的直接外化，没有或较少有束缚和规定（比如吐字、发声技术规定）。而下文将要谈到的 C 系统，就更多地应和了西方传统文化下的艺术创作观，具有更强的科学性，有要求、有规定，有某种程度上必须如此的章法。

在西方哲学史上，康德的地位前无古人后无来者，融前人智慧于一炉，启后人智慧以一身。换言之，在他之前的哲学思想全都汇聚于他，在他之后的哲学思想都来源于他或者受他不同程度的影响，正所谓“永远绕不过去的康德”。谈到康德，我们自然会想到他的名作“三大批判”（《纯粹理性批判》《实践理性批判》和《判断力批判》），也因“批判”二字，康德哲学被称作“批判哲学”，由于其先验认识论主张，也被叫作“先验哲学”。康德哲学向来被哲学界认为是大部头的较难理解的哲学，语言晦涩、艰深，充满奥义。这里，谨简略地谈谈我个人对康德哲学的理解，目的是拿此作比，说明播音主持艺术 MAC 方法论中 C 系统的精神内核和思想来源。

17 世纪，受“日心说”的影响，西方哲学开始了“认识论”转向，主体不动，让客体围绕主体运动以达到认识外界事物，解放出来的生产力，开始关注主体本身的认识活动。这是一次伟大的思想转变，一次“哲学革命”，历史上称之为“新哲学”，以区别在这之前的哲学。认识论有两条基本思想脉络：一条是以洛克、贝克莱、休谟为代表的“经验论”（经验主义），另一条是以笛卡尔、斯宾诺莎、莱布尼茨为代表的“唯理论”（理性主义）。双方的争论都基于各自的思想传统，势均力敌，不分上下。这僵局的“破局者”正是伟大的康德，他先是否定了双方的独断性，接着肯定了双方思想体系中合情合理合法的部分，融两家为一体。在《纯粹理性批判》中，对“知”的提出和阐释，正是基于经验论和唯理论争辩的。然而，如果一套思想体系仅仅停留在理论层面，还不能证明它的伟大，关键看实践起来的效果如何。既然感性、经验、理性都被纳入康德的体系中，那么它们能指导实践吗？如果说能，那和柏拉图主义、普罗提诺主义、黑格尔主义等思想的区别又是什么呢？于是他在《实践理性批判》中提出了“道德律”这个十分重要的概念，他的墓志铭“位我上者灿烂星空，道德律令在我心中”也充分证明这一点。他认为，人们的实践要靠道德、意志来把握。到这里，他总觉得他的体系还少了些什么，在第一者（《纯粹理性批判》）的“知”和第二者（《实践理性批判》）的“意”中间好像天然地存在一道鸿沟，使二者不能很好地沟通、过渡、融合。于是，他通过挖掘“情感”判断力的作用，填平了这道沟壑，连接这二者的正是基于人的判断力的关于“美”的发现和欣赏，而这个过程又是合目的性的，尽管它本身是“无目的”的。这就出现了前半段是美学，后半段是目的论的“第三者”《判断力批判》。至此，康德的哲学体系完整、完美收官。有人说，对“三大批判”的评价皆是后人对康德不同程度和不同角度的诠释。也许是这样，这是从康德哲学体系出发而发出的响亮口号。也许不是这样，那便是从黑格尔（主张康德思想需要外化为行动，Subjective Will-Objective Will-Objective Reality 的三段论）、马克思、叔本华、尼采，或经验主义、理性主义本身的“主义”发出的“挑战”。无论如何，哲学都在以它独特的方式为人类未知的前方探寻智慧的火种，照耀世人脚下的路，为疲惫与迷惘点亮心灯。

西方进入现当代哲学时期，其显著特征是首先突出强调“人”的主体性地位的现代哲学阶段，如意志哲学、生命哲学、存在主义、直觉主义等；而后进入对这一思脉的反拨的后现代哲学，以福柯、德里达、拉康、索绪尔、本雅明等人为代表。可以说，经过康德、费希特、谢琳、黑格尔古典哲学后期的“神秘主义”之后，绕一圈，又似乎回到了某种“神秘主义”（福柯说“人也死了”、存在论说“人的存在是偶然性的”等）。换言之，进入了有浓郁东方智慧色彩的人文主义哲学时期。叔本华、尼采、狄尔泰、克尔凯郭尔、伯格森、海德格尔等，就质疑和反对哲学的“形而上”性、抽象性。但“主客二分”的哲、科思维，仍然如影子一般，影响着这门学问的纯粹性（相对于中国传统主流文化而言）。也许，人文主义的哲人们应该找“科学主义”辩论一番。

一部中国近代史，告诉中国人“落后就要挨打”等很多道理。同时我们也必须认识到，强行进入的西方文化，也深刻地改变了中国人的文化传统，关于受其影响后的未来中国以及世界文化发展方向的讨论，也一直在持续。据此，播音主持艺术 MAC 方法论中，下文即将论述的 C 系统的文化土壤，实际上并非完全是生长于中国本土的，而是受了西方“主客二分”的科学式的强烈影响的。这实际上为我们创作大众喜闻乐见的播音主持艺术作品，呈示了更宽广视野和更多元可能性。

总之，对待生活，我们要保有审美的眼光和发现美的心性。这“美”，包括美好、优美、美丽，但绝不限于这一层面。它还应包括荒诞、丑、恶、抽象的、无形的，等等。所谓“审美”生活，是提供一种生活观、人生观，甚至世界观，提供一种方法、一个方向、一丝灵明。无论如何，面对世界，我们势必要“审美”的了。

通过对与播音主持艺术相关的十二门代表性学科以及审美生活观的阐释，我们已经对 MAC 方法论 A 系统对播音主持艺术主体的“底气”与灵韵支撑有所了解。无论是十二门学科的科学素养，还是审美生活的人文素养与实践，都为主体创作与教学提供依据，启迪主体智慧，激发主体灵感。进一步，我们也会对 A 系统有坚定的信心和信仰！毫不夸张地说，我们的生命质量靠它升华，我们的人生意义由它诠释，我们的语言格调由它决定。

播音主持艺术主体，对不同场合、不同时期、不同题材、不同个体、原生家庭、教育背景、个性特征、民族、信仰、成长环境等变量的把握，以及对 A 系统本体的建设进度与质量，都会直接影响播音主持艺术作品的表现形式和精神内涵。继而，就会出现有关风格、流派、思潮、主张、态度、立场等的建立、发动、讨论、纷争等“分久必合，合久必分”分分合合、纷纷扰扰之种种现象。

我们绝不是要求播音主持艺术主体必须博览群书、挥斥方遒，舌战群儒、纵横捭阖。也不是要求主体必须妙手著文章，具备引经据典、旁征博引的能力。只是希望我们做到略知一二、通晓规则，对知识体系之各家有“‘深度’大于‘广度’”的把握，目的是在我们进行创作或教学时妙语连珠、出口成章、胸有成竹。读书，进而超越读书这种获取知识的手段，获得对生命的感念和人生境界的觉悟与飞升，为“生命神圣、人间值得”的美丽慨叹，写下圆满、稳固的注脚。

第三节　C 系统：宗法性承传与常新性观照

正式论述 C 系统之前，我必须开宗明义地表明我的态度和立场。此处所言 C 系统，是建立在现有中国播音学理论体系基础上的，加入“时代感”观照后的总体、全体表现。由于目前“时代感”对体系的观照还相对较少，因此，C 系统就约等于中国播音学理论体系之全体。并且，上述 M 系统，既可以单独成为播音主持艺术主体遵循的操作、创造系统，也可以是建立在 C 系统基础上的另一套“功夫”表现。只不过，此时，要求 C 系统“功夫”训练者，要暂时忘却“从前”，改练另一套“功夫”样式。而完全忘却 C 系统之“从前”，几乎不可能，在研习、运用 M 系统“功夫”时，就会带有 C 系统的“影子”“痕迹”。对此，我的态度是：短期内，是可以“存有”的；长期看，纯粹性的 M 系统“功夫”，是主体所应追求的。

一、C 系统的时代感

“格律在经过形式化之后往往使人受拘束，这是事实，但是这绝不是格律本身的罪过，我们不能因噎废食。格律不能束缚天才，也不能把庸手提拔到艺术家的地位。”[①] 中国播音学的建立，是基于众多播音实践者的播音创作活动的，这些播音前辈客观上遵循某种自然律

① 朱光潜：《朱光潜谈美三十六讲》，台海出版社，2018，第 82 页。

进行有声语言创作。中国播音学正是对这种自然律的规范律，或言，是对这种自然律的显明。正如美学大师朱光潜先生所言：“从历史看，艺术的前规大半是先由自然律变而为规范律，再由规范律变而为死板的形式。”今天的中国播音学理论系统之践行与流动，是否已经进入先生所说的“死板的形式”，变成了“教条”一样的存在呢？换言之，它是否已经不合时宜，该退出历史舞台了呢？绝非如此！绝不可能！为何？规律使然！先生又说：“一种作风在初盛时，自身大半都有不可磨灭的优点。后来闻风响应者得其形似而失其精神，有如东施学西施捧心，在彼为美者在此反适增其丑。流弊渐深，反动随起，于是文艺上有所谓‘革命运动’。文艺革命的首领本来要把文艺从格律中解放出来，但是他们的闻风响应者又把他们的主张定为新格律。这种新格律后来又因经形式化而引起反动。一波未平，一波又起。一部艺术史全是这些推陈翻新、翻新为陈的轨迹。”[①]MAC方法论中C系统，正是为着这个目标而来，怀着“至善”之心而行，秉着赤子情怀而动。它是对传统中国播音学体系的回复，是对现阶段播音学理论体系流弊的否定，是“否定之否定”，亦即“肯定—否定—否定”。C系统，就约等于中国播音学理论系统。

如果简单概述C与M的关系，可以说，C系统中关于“史”“文体业务”等项，与M系统是共享的，二者都在一个播音主持艺术大系统中，都是“关系”成员。区别在于，作为理论，C系统，源于广播电视的媒体环境孕育；M系统，基于新时期互联网新媒体业态表现。举三个并不一定十分恰当的例子作进一步说明，类比播音主持

① 朱光潜:《朱光潜谈美三十六讲》，台海出版社，2018，第79—80页。

艺术主体操作 C 系统和 M 系统的关系。一个是一位武术家，既精通少林功夫，也熟悉武当功夫；另一个是一位歌手，既可以演唱技巧要求严格的美声作品，也可以演唱通俗唱法的歌曲，并且互相没有“痕迹”；第三个是一位舞者，既可以呈现芭蕾的曼妙舞姿，也有挥洒现代舞的灵动自由。这三个例子，并不十分精准，但大致情况应该可以表明。无论是 C 系统还是 M 系统，都是播音主持艺术主体的情感、思想、领悟、声音等的外化方式和“样子”，二者更多的是并行不悖，并且越来越归一的“融合”，而不是互相矛盾的。

总之，MAC 系统中的 C，是 Classic 的首字母，意思是经典、典范。它代表着对传统中国播音理论体系的“时代感”观照下的常新性的，具有典范性、权威性、古典性和象征意义的播音主持艺术创作系统。它是“活泼”的、发展的、与时俱进的，在非“一成不变”的基础上较为经常性地思辨着的、变化着的产物；它是建立在中国播音学本体理论基础上，勇敢地进行“时代感”[①]的、科学性的遵奉和扬弃并举的，不故步自封、自我圈囿，勇敢继承、大胆创新着的实践性理论系统。面对传统经典播音理论，我们应该用“批评性的态度去建设，建设性的立场去批评”，使之永葆经典本色。这，便是 MAC 之 C 系统。尊其宗法，常思常新。

（一）与 M 系统“时代感”属性的区别

时代感，在 M 系统中的体现是先锋性，甚至越轨性的，虽然它实际上是“最经典的”、永恒存在的，其本质是永恒“中庸性”的。它在不同历史时期被以不同的方式遮掩，每被提及，又总以“先锋性”

① 张颂：《播音创作基础》，中国传媒大学出版社，2015，第 26 页。

出现，如此循环往复，究竟行走了多少个春夏秋冬，也许它自己也记不清了。C 系统的“时代感”，是在经典理论体系内的，对时代发展、社会需求而衍生出来的“新”要求的及时回应和理性思考。这有关“新”的发生、变革与体现，都是在传统理论框架内的，在变化中体现“经典”的本色，在流动中确立“经典”的地位。它是对吐字、发声、创作表达、文体类型增减、声音审美趋向等的“时代感”增补、扬弃，并不是“另起炉灶”“另立门户”的。

近年来，有声语言表达领域流行的“内心体”，归属于 M 系统，而非 C 系统。内心体，并不是 C 系统内部的“嘘声化”表达和应用，而是相对“经典”系统的“另起炉灶”（并不否定经典系统的价值和地位，而是探索一种基于业界现实的表达和理论新可能）。以发声为例，C 系统讲究发声位置统一，而归属于 M 系统的“内心体”的发声，并不是在该不该统一、如何统一、怎样统一等问题上做讨论，而是主张声音“各就各位”“返璞归真”，不必统一，甚至避免“统一”。

此外，近年来广受欢迎的主持人群体，就创作系统而言，要么靠近 C 系统，要么与 M 系统更趋近。从趋向上来看，他们更倾向于 M 系统创作，但还没有“完全达到”[①] 我们所提出的 MAC 方法论 M 系统性要求。比如，声带紧张、吐字不清等，M 系统的形成源于“野蛮”生长，但绝不等于“野蛮”本身。它基于新媒体的不断发展，源自人民大众的普遍自由选择，又在这基础上进行了“一般性”的总结、提炼和升华，是一个理论系统。

---

① 完全达到，在这里的含义是 100% 的绝对性。实际上，没有人能做到 100%，它只存在于理论层面。

（二）C 系统“时代感”的体现

C 系统自身的发展、承传，可以理解为传统播音理论体系本身的发展。为了区别于“复古主义”的理论流派和创作主张，我把 MAC 方法论所主张的基于传统理论体系的“常新性”的理论体系称为“C 系统”。它虽历经几十年的演化、迭变，在发声方式、吐字要求、情感表达等方面经历诸多变化，但“Classic”的标签不变。比如，发声追求金属感，要有“芯儿”；吐字追求正派、醇厚；共鸣状态追求“纵深感”；气息追求胸腹联合呼吸，对声音有支撑。在传承与发展中，永葆经典本色。

在 C 系统发展的过程中，尤其是朝着“时代感”作为核心引领要素的发展过程中，形成了多种“过渡性”风格或表现形式，或者说是对 C 系统理论体系不合格、不完整、不精粹的实践结果。这三个“不”是相对而言的，我们没有理由否定 C 系统理论之外的理论与实践的科学性、合理性。百家争鸣、百花齐放、万紫千红，才是春。对此，我们不能只做价值判断，更不能只做是非判断，而要双管齐下，站在时代大潮之外对其进行客观、理性，又温润、柔和的把握。

纪录片《舌尖上的中国》的解说李立宏的语言状态，按照 MAC 理论，就既没有明显的 M 系统属性倾向，也不确定朝向 C 系统，而是处于二者中间过渡的状态。换言之，是两者兼而有之或两者都未完全体现。当然，这个过程没有是非判断。播音主持艺术主体，对此应该有明确的认识。MAC 方法论的提出，绝不是给社会现实一个亘古不变的能指与所指的永恒“存在者”（形而下意义上的），而是构建一个 M 和 C 绝对性地处于两端，中间游动着各种相对性的语言状态的“模型”，M 系统和 C 系统作为两种创作状态，是理论化的、理想性的、形而上的，是目标、方向、追求，就像绝对真理一样，永远不能达到（就目前人类的认知来讲）。比如，M 系统追求的发声松弛、自然（与 C 系统追求的松弛、自然的出发点不同），是随着作品的风格类型、主体的情感发动而做有机的最佳“松弛性”匹配的，不多一毫、不少一分，恰到好处。这是我们的追求，但绝对地讲，永远也做不到。也正因为达不到，所以才叫作追求。再比如，C 系统要求的吐字“枣核型”，单个字词练习时，较为容易，小段话语，也尚可。但如果是长篇大论，就绝无可能每个字都是“枣核型”，尽管理论要求“枣核型”也随着语流变化而有大小之分。从学理上讲，这个模型本身的“能指”是永恒的，“所指”是时刻变化着的。它的提出，是力求为播音主持艺术创作与教学提供方法论层面的引领与“照耀”，就像每个人心中充满暖意和智慧的明灯，感召与照亮世人（播音主持艺术主体）前行的方向（见图 3-2）。如图所示，主体 A 系统素养与处于 M 系统和 C 系统中的某一“状态”结合，就成全了可付诸行动的创作与教、学活动。状态 a 可以继续向左移动而趋近 M 系统本体，也可以继续向右移动而趋近 C 系统本体。状态 b 与状态 c，也有同样的属性和可能性。虚线部分，要说明的是主体创作和教、学状态，理论上，有无限可能的属性特征。继而，理论上，主体因此而表现出的实际状态，也就有无数种样态。并且，所称状态 a、状态 b、状态 c……，一直处于运动变化之中，随着主体因为“对象”以及自身生命情趣的流动变化而作“适配性”的调整。

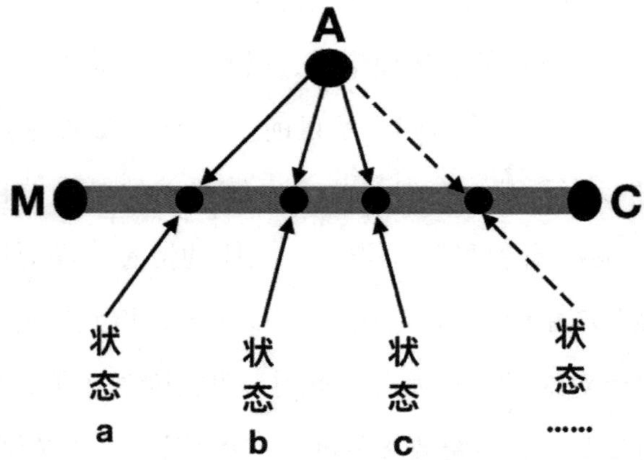

图 3–2

二、C 系统“时代感”的“问题”(Questions)

在播音主持艺术领域，时代感往往是以对既有理论系统或实践领域提出“问题”的方式体现的。其结果可能是改革性的，也可能是革命性的。在对 C 系统进行“时代感”观照的过程中，它是改革性的。一些常见“问题”，有的被提出并且已经讨论多年，有的还尚未被作为公认的“问题”引起各方关注。下面分列几个常见且有代表性的“问题”，并加以判断和讨论。当然，随着时间的推移，“问题”会被合规律、合时宜地逐渐提出。

(一)“提打挺松”的“因异”性

提、打、挺、松，虽然是中国播音学对吐字的基本要求和方式、方法，但不可一味地强调，要因人而异、因时而异、因地而异。

所谓因人而异，是说每个人的先天条件不同，较少的人会不经专业训练就同时具备“提、打、挺、松”的全部生理结构与表现。因人而异之“四者”，有这样几种情况：有一，缺三；有二，缺二；有三，缺一；有四，缺零；有零，缺四。同时四个要素之间的关系是有机的，不是机械的。有其中一项、两项、三项或四项，在通过练习获得先天不具备的另三项、两项、一项、零项过程中，也可能因为练习或理解有误，原来具备的某一项（或几项）受到影响而“消失”，这种消失可能是临时的，也可能会变成“从未有过”的样子。还可能，在练习某一项先天不具备的“状态”时，另一项或两项跟着一起进步，如此等等。因此，在学习过程中，我们要尽量避免“有得有失”，要本着“得新固旧”“温故知新”的原则，“结识‘新朋友’，不忘‘老朋友’”。

所谓因时而异，是指人在不同年龄段，由于人体生理构造的自然变化，“提打挺松”在同一个人身上的体现会随着时间的推移表现出不同的样态。比如，年轻人的声音普遍偏“紧”（相对而言）、偏“高”[①]，总有一种提着、放不下来的感觉。这种现象不仅体现在播音领域，在声乐以及其他有声语言艺术领域也如此。究其根源，和声带的生理状态有关，虽说声带是人体中老化最慢的，保护得当的话，六七十岁的人也能发出年轻人一样的“青春之声”。但细究起来，是不可能和年轻人一模一样的，所谓老化最慢，不是“不老化”。与此相对的是，年轻人能较好地做到“提”“打”“挺”。他们朝气蓬勃，刚刚走向社会或还未走向社会，生活、工作、家庭等各方面的压力才刚刚开始或尚未开始。伴随着互联网成长起来的社会新人，每天都接受着各种新媒体网络提供的海量信息的刺激，一切都是新的，年轻人的脸上满是“兴奋”的神情，“提”“打”“挺”就是他们的本色，

① 偏高，并非音高之高低，而是指年轻人由于声带“年轻”而表现出的青春、活力与成熟、稳重声音气质的反差。前文的“偏紧”也作这样的理解。

无关技术。[①]然而，信息毕竟只是信息，网络只是网络，与现实不同，也不能转化为“经验”，看到的不等于“拥有”，听到的不等于“真实发生”。随着年龄的增长、阅历的增加，岁月的友好和不友好都会在年轻人身上留下深浅不一的痕迹，和他们的前辈一样，开始“真正”地理解生活、体验生命、观察世界。不仅生理上，心理也发生了“革命性”改变，终于他们也有了沉着稳重的神情与生命情状，也能道出前辈们的“智慧”之音，也拥有了年轻时苦苦追寻的“松弛”的声音。声音松弛了，精神也松弛了，境界也就提升了（也许，反过来说，更合适）。

所谓因地而异，指的是在中国幅员辽阔的疆域中，不同地区的人由于受不同方言区语言环境的影响，发声和吐字的方式各有不同，即便是学习了普通话，也仍旧带有原地区方言的“影子”“痕迹”。我国江浙沪一带，人们的发声位置普遍靠前，喉部用力较多，给人一种“勒着嗓子”说话的感觉。这种声音的优点是清晰、明亮，缺点是声带紧张，偶尔有些许“聒噪”感。我国东北地区，由于所处地理纬度，一年中有差不多一半的时间是寒冷季，人们在这样寒冷的环境中生活久了，说起话来比较“慵懒”、简洁。说话过多、过细，口腔的一张一合间就会散发过多热气，影响热量保存，这也许就是东北人豪爽性格形成的原因之一。有过在东北过冬经历的人都知道，寒冬腊月，别说多聊几句，就算不说话，在室外待稍长些时间，嘴唇就会被冻麻。这样，东北人由于气候原因的“慵懒”表现在发声上，就普遍较为“松弛”。当我们想说话表情达意，又因为寒冷被迫不能说太多时，嘴巴

① 这里需要说明的是，本书写作时，互联网媒体热议的“躺平”现象，属于更深和更广层面的社会心理、经济、政治等问题，不在此处文化艺术本身的讨论范围内。

就会不自觉地缩小开合度和运动轨迹，声带就会自然震动、松弛运动。与此同时，也是由于气候原因，为了减轻寒冷带来的痛苦，不得不在外劳作的人们，喜欢向手掌“哈气”，边“哈”边搓，“哈”出气以后，自然要补充，即吸气。这种动作习惯成自然，加之时间的“沉淀”，这一地区的人普遍软腭“挺”得比较好，自然地，“打”和“提”就在寒冷中被“冻僵”了。提颧肌的“提”的动作，与微笑比较接近（可以用这样的方式“启蒙”练习），还是“冷”的缘故，寒冬腊月的东北，风雪中人们是不大可能“笑意盈盈”的。而生活在和风暖阳地区的人，“提”颧肌的动作是在大自然提供的天时地利中，无意识地顺势完成的，四季如春、风景秀美，暖意洋洋的笑脸为“提”颧肌提供了生动注脚。“打”牙关，也是同样道理。

“提、打、挺、松”的要求，无论在创作实践还是在教学活动中，对播音主持艺术而言，都是基本的甚至根本性的。它直接影响吐字的方式，决定着一个人的语言面貌，也间接影响发声状态，以至于有人把“提、打、挺、松”当作发声原理来理解和把握，虽是误解，但自有道理。提、打、挺、松，四者本为一体，为了研究方便，被分解成这四个方面，实践时，我们要还原出它原始的“一”的本性。

（二）“声挂前颚”的优与拙

声挂前颚，是中国播音学在阐述发声原理时，参考戏曲和声乐的发声原理提出来的原则和方法。“声挂前颚”是一种抽象的表达，是引导发声者感觉到自己的声音像是沿着“上口盖”，即上颚向前流出。徐恒在《播音发声学》中开宗明义，指出播音发声由于其“喉舌”

属性，而区别于朗诵、评书、曲艺、话剧的发声。[①] 然而随着时代的发展，如果我们仍然一以贯之地完全遵守和执行这样的原则，可能就把我们专业的外延“窄化”，内涵僵化了。我们要做的是“打通”，打造多元化、多能化播音主持艺术主体，“多专多能”是这个时代的必然要求，过去讲的“一专多能”，应该有其新时代的解释。因此，“声挂前颚”自然不可一成不变。在肯定“声挂前腭”的前提下，尤其在C系统的讨论中，我们应该如何更合理地看待它呢？

1.“专业”感

“声挂前颚”式的发声，给人一种历经千锤百炼后终成钢铁的厚重沧桑之感，它的中国传统古典性形貌，也如西方古典主义艺术一样，庄重、专业、严肃、正式，伴随古典主义复杂的乐曲和精湛的演奏技巧汩汩而出。“声挂前颚”式的发声，在有声语言艺术领域有着同样的古典主义效果，当我们聆听已故配音专家李易先生的作品时，无论是广告、专题片还是纪录片，都给我们一种专业、值得信赖的感觉。广告片，也变得充满艺术气息，广告中的产品也似乎毋庸置疑。中央人民广播电台主持人苏扬，在李易先生去世后的评价中，认为李易先生的播音炉火纯青，无论稿件篇幅长短，能保证每一个字都近乎完美，合乎播音理论要求，是教科书式的存在。众所周知，李易先生的声音质感，是他的播音状态中最典型的标签，曾几何时，广播电视圈中“模仿李易”是一种时尚与潮流，人们也会因为有着同样的“爱好”而成为朋友，一起交流心得、共同进步。但遗憾的是，后辈人中，尚无人能达到李易先生的境界，得“李氏”声音之要诀。因此，

① 徐恒：《播音发声学》，中国传媒大学出版社，2016，《播音发声总说》。

他去世后，在李易先生最擅长的纪录片解说领域，就缺少了一种“专业”感的、王者气派的、大国风范的语言样态。“专业”带来的不仅是感官和理性层面的满足，也作用于听者的潜意识，给人放心、安全、舒适之感。中央电视台军事中心王灿坤导演，在和我的一次对话中坦言，每当他拍摄、剪辑、制作片子感觉疲惫，大脑又飞速运转时，回到家中的第一件事就是打开电视机调到央视纪录频道，听李易解说的纪录片，他就能很快进入梦乡。李易去世后，由于没有如此这般的优质声音陪伴，王老师有段时间竟无法安然入睡。这是实实在在的生活，而在艺术领域体现出的却是“专业”声音的魅力，“专业”语言的震撼，“专业”人声（生）的善与美。

2.“束缚”感

与“专业”感相伴的，就是“专业”本身具有和引发的“束缚”感。时代在进步，人们要求思想自由与精神解放。基于过去封建社会王权统治的“古典主义”式的艺术形式虽仍存在，但并非主流。古典主义的“三一律”、服务王权、权威性等特点，让普通百姓望而却步。在那个“家天下”的时代，人们只能接受或附庸性地欣赏这样的王权贵族艺术，也不曾真正明了那究竟是什么。今天，随着互联网技术的发展，人们有了充分的选择权，过去被强行冠以“高雅”的东西，往往成为人们驱之避之的对象，和者逐渐减少。在播音主持艺术领域，“声挂前腭”式的发声就是“高雅”艺术的技术表现，它给人一种声音的“气球”只能向上，并且往同一个方向飘，顺着某个无形的“管道”摇曳，失去自由摆动，随风飞舞的感觉。无论开口音、闭口音，强音还是弱音，都要从一个“地方”出。这相当于，通过语言，在人们的精神世界制定了统一的“规则”，不仅播音主持如此，音乐、绘画等艺术形式也如此。多年前，中央电视台举办的全国青年歌手电视大奖赛上，评委席在评价原生态选手时也坦言，他们不否认“原生态”唱法的科学性，也不拘泥于“学院派”唱法的唯一性。

如此，我们应该理性地把“声挂前腭”作为发声方式的一种来看待（经典的），无论它的前世今生机缘如何。关于“声挂前腭”式的发声，“专业”感是它的优势和亮点，“束缚”感是它在语言“时代感”要求下的短板。这短板还体现在“单薄”感上。

3.“单薄”感

歌唱家蒋大为在一次电视采访中说，发声要让腔体充分震动得到充分的共鸣，不能只有某一部分腔体震动，要立体多元。“声挂前腭”式的发声，在气息量一定的前提下，意味着气息被主体有意识地引向硬腭和鼻腔，这自然就削弱了其他腔体，比如胸腔、喉腔、咽腔的共鸣比重。播音主持是一门语言艺术，它的共鸣以口腔共鸣为主，这样的表述和主张符合播音主持的特点和实际。“声挂前腭”式的发声，实际上是以通过气息震动引发更多鼻腔共鸣①的方式获得的。这无形中减少了口腔共鸣，导致不少的专业院校学生出现“鼻音”的现象（主要是混淆了“原发性”鼻腔共鸣和“共振性”鼻腔共鸣），不仅给人造成听觉不适，也导致听者注意力的“本末倒置”性的转移（一份注意力用来听“鼻音”），错失部分内容信息和对语言艺术的审美契机。

4. 单面手

多面手，基本是各行各业对人才素质的普遍要求。直白地讲，就

① 鼻腔共鸣分为两种：一种是“共振性”的，是气息在鼻腔外部流动引发鼻腔软骨被迫震动形成的，播音发声正是这一种；另一种是“源发性”的，是气息进入鼻腔体在其内部震动的结果，声乐的鼻腔共鸣往往是这一种。实际应用中，二者并无绝对界限划分，只有“量”或比例的大与小、多与少的区别。

是一定范围内“什么都能干”。与此相对的就是“单面手”，意思是在专业范围内，只能做某一样事或者“干什么事都一个‘样’”。比如，有的播音员，不乏有些著名播音员，如果有一篇稿子或一个主持项目想请他出马，根据经验印象（或者我们称之为也许不太恰当的“刻板成见”），创作团队成员通过自身的精神“内感觉”，就能很准确地“感知”到预期效果如何。对播音从业者来说，这可能是有独特风格的体现，有利于事业发展。但从专业角度看，是自身业务发展不充分和有着一定程度缺憾的，这相当于在自己的艺术之路上，人为设限、自我封禁。[①] 以配音为例，目前国内存在两个“配音圈”，一个是影视剧配音圈，一个是“商业”配音圈，它包括广告片、专题片、纪录片、宣传片、旁白等。二者有交叉，但更多是不同，前者偏重于表演，以至于有的配音导演说配音的实质就是表演；后者偏重于播音主持，表演的痕迹有，但不重，不为主。商业配音圈中的人，由于服务对象的需要，有识别性较强的“口风”，比如美化声音所需要的发声技巧、广告片的语言“腔调”、主持人特有的语体样态等。这些特质在影视配音的圈子里是不明显的、不被强调的，或者干脆说是被排斥的。影视配音，因为要服务于演员的表演，而表演通常是生活化的“说话”，不是播音、主持或朗诵的语言状态。如果播音员主持人，强调“声挂前腭”，或者播音主持艺术教师“教条式”地要求学生必须“声挂前腭”，就“窄化”和影响了播音主持艺术的发展。影视剧配音的圈子里可能很难见到播音主持专业的配音人，其他有声语言艺术或与此相关的圈子里，也同样会缺少播音主持艺术人的身影。

① 这种现象，在播音主持艺术领域的例子着实不少，一招走天下，“干什么都一个‘样’”。这是值得我们注意和思考、讨论的。

广开门路，何乐而不为？

5. “两齿”着力

声音状态代表和体现着一个人的精神面貌，是人的第二张脸面。为了在C系统范围内适应“经典型”音视频产品对播音主持艺术人的需要（例如大型文艺晚会、政治性汇报演出、新闻播音和新闻主持等），尤其又不适合选择M系统创作时，C系统就要在融合“时代感”特征的前提下，尽量避免上述几大“问题”的不合时宜之处。声音方面，我们可以想象两颗“上门牙”是一面鼓，把它作为“报到处”“着力点”，主观上要求每一个字都来此“报道”，经由这里弹出。这样，一方面获得了经典、权威、正式、严肃的声音效果，另一方面也巧妙地避免了“鼻音”等问题的出现。这是我近二十年创作实践的心得体会与实用性经验分享，我们仔细阅听李易先生以及徐涛先生、苏扬先生的作品，包括歌唱家阎维文的演唱和教学视频，无论他们的主观意识如何、主张怎样，都有如此发声达到的效果体现。

“声挂前腭”是前人实践和智慧的总结，也是理论人的思维发明，然而我们不可一味地无条件遵守，也不可自以为是地全盘否定。我们要在其发展范围内，尽量融入当下时代发展需要和社会对艺术、审美的新需求，本着“大道至简”的原则赋予它新时代的新生命，焕发它新时代的新生机。

（三）气息“三支点”理论

综合人体发声艺术领域的实践与理论，就气息支点而言，可总结为“三个支点”，即胸部支点、横膈膜支点和丹田支点。

1. 丹田支点

所谓丹田，源于中国道教的修行之法。道教有内丹派和外丹派，前者主张通过气功让人达到强身健体的目的，讲究丹田运气，而丹田又分为上丹田、中丹田和下丹田。上丹田大致在人的眉心位置，中丹田为通过横膈膜的上下移动达到控制气息的效果，下丹田为通常所说的“小肚子”，即肚脐下三指的位置。而所谓丹田气，通常指的是下丹田，人们在发出声音时感觉是从这里“调”出来的，戏曲行当尤其讲究这个。相声等曲艺形式也讲究这个技巧，这样说话持久度高，而且不累。

播音主持艺术发声时，需要这股丹田气吗？我认为，不需要。上文我们提到过，播音主持这种语言艺术的“艺术语言”不同于其他艺术类型，它最贴近生活，与生活言语相似度极高，且极容易被混淆。丹田支点发声法，打破了语言艺术和生活的贴近性，是逆语言艺术规律而行的。因此，播音主持艺术的“声腔”，不能像声乐艺术那样建立长而粗的声音管道（气柱），也不能像曲艺那样气息运用幅度大而广。它有自身“贴近生活”的规律，逆之，就会造成如下问题，与这种“声音之道”渐行渐远。

“造作”感、“沉坠”感

下丹田用气，通俗地说就是小肚子使劲儿，它是一种感觉层面的描述，气息是不可能进入小腹的。结合声乐发声，又分两种：“向内瘪”和“向外鼓”。利用“小肚子”周围肌肉群的力量，支撑和控制声音的高低、强弱、虚实、长短。无论是“向里瘪”还是“向外鼓”，其本质却是相同的，都是利用腹壁站立的原理使肌肉运动影响肺部空气流动状态。因此，只要有“拮抗”感或小腹“站立”感，“向内瘪”和“向外鼓”就都对。尽管最后结果相差不多，但发声主体的感受大不相同，甚至截然相“反”。

我对“不需要”这种用气发声方式的肯定，并不否定它的合理性，只是并不主张在播音主持艺术领域使用。如果播音主持采用丹田气发声，“向外鼓”用气，会给人一种“沉坠”感，生命下沉落坠感；“向内瘪”用气，会给人一种造作、有距离之感，甚至影响人际关系。总之，用气不自然，且与播音主持生活化语言的特征不相符。有人会说，新闻播音或声量较小的场合，不用丹田气尚可，大声量的场合或文体要求下就不行了。这是个很好的“提问”，但并不影响我对这一发声方法不适用于播音主持艺术的判断。大声量用气不等于夸张，以失掉或部分牺牲播音主持语言属性作为代价。那么，怎样用气发声才更符合播音主持艺术属性与语言传播规律呢？

2. 胸部支点

胸部支点是我们主张的播音主持艺术用气发声方式。张颂教授和吴郁教授分别在各自的论文中提及发声时“胸部支点”① 的重要性，甚至核心性。我们说话时，在最放松、最自然的状态下，能明显感觉到有鼓气流像一条线在紧贴前胸中纵线处上下流动，随着音高和强弱变化也有高低强弱的具体感受。上起锁骨下方，下至心口窝上方，相当于常规服装第一颗纽扣和第四颗纽扣的中间区域。气流就在这个范围内运动，高于锁骨和低于心窝，都意味着声音失去气息控制，不能用于艺术创作。练习时，可以用食指抵住胸部支点构成的“线”的某一个位置，感觉这里作为声音支点发力，并向上、向前流动、辐射。②

这样做，能有效避免上文中提到的“单薄感”和部分“束缚感”

---

① 吴郁：《播音对声音弹性的要求》，《现代传播》（中国传媒大学校报），1985 年 04 期。

② 这里尤其强调“向上，向前”，如果相反，就靠近了我们反对的“丹田支点”或“横膈膜支点”发声效果了，这违背播音主持艺术语言艺术规律。

（维度扩大了）。2019 年底，我在西安工程大学的一次讲座中分享了这个发声方法。一位男生说他无论是播音主持还是朗诵，气量要求大而强时，他能驾驭自如，并现场演示了他的“控制”，可一旦涉及弱控制，他就不知如何是好、束手无策了。实际上，他所说的能把握强控制，也不是真正的有把握，而是一种停留在模仿阶段的“感觉”，没有达到理念上的真正理解和掌控。或者源于一股创作的冲动和情感触发的力量外化，加之年轻、身体素质好，气量大的作品把握往往不成问题。然而“弱”下来，比如纪录片解说，内心独白式的表达，就必须有扎实的“技术”支持。不然，“嘴”上没效果，心里没依据。我引导他使用胸部支点发声，用手指抵住他前胸中纵线的某一“点”，让他和我对抗并同时发声。效果立竿见影，他感受了从未有过的发声的轻松与喜悦，兴奋不已。

3. 横膈膜支点

横膈膜支点发声法，是声乐艺术中得到广泛共识的发声方法，它通过隔开人体胸腔和腹腔的肌肉“横膈膜”的强大上下运动能力，控制肺部空气量的大小和运动状态来驾驭声音，为人声艺术服务。不仅是对人声的控制，在器乐演奏、舞蹈、功夫等领域也都需要“横膈膜”的强大控制力。播音主持艺术主体，尤其是播音员主持人虽然“说话”时用不到它，但作为才艺的“歌唱”时，或体会两种用声状态的不同时，却缺之不可。具体可参考对丹田支点发声的论述。

（四）气息的沉与浮

如果不采用丹田支点发声，胸部支点发声法的气息够深吗？要下沉吗？感觉上，是推上来，还是压下去呢？李易先生主张声音要“送出来”，传统中国播音学也讲究“字”要“弹出来”。因此，播音主持艺术的发声总体感觉应该是沿着胸腔支点向上“流动”的（请注意，是沿着“支点”流动，不是悬空飘动）。所谓“向下沉”，只是一种“感觉”向下，生理上是不可能发生的。但问题也往往出在这里，当发声者意识“感觉”向下时，他的语气、表情、语调、情感等也容易跟着向下，造成不积极甚至冷漠之感。继而，出现了用提颧肌等方式平衡这种消极感的做法，但这又造成另一个问题：机械感。所有的字和声都要求在“提颧肌”的人体机能状态下生成，有浓浓的机械感。既然不能“沉”，那么所谓的“浮”（向上流动）又有何合理性呢？

1. 符合生理构造

让气息沿着胸部支点向上运行（请注意是“贴着”“沿着”，不是直接呼出），符合生理结构，同时也让声音找到了着力点，实实在在，饱满又有颗粒感。即便主体为了艺术效果做嘘声处理，也只是听起来是“虚空”的，实际上由于胸部支点的支持，使之与真正的“虚空”之声差别巨大。气息下沉，是声乐发声学的说法，无论是民族唱法、美声唱法，还是通俗唱法、摇滚唱法，都要求气息下沉，运用中丹田，即横膈膜以及周围肌肉群与下丹田以及周围肌肉群形成“拮抗”，为歌唱提供可靠、稳定的气息支持。说话时，由于声带不做持续闭合运动，而是开与合轮流、交替运动。因此，不需要过多、过强的气息支持，否则，就违反了正常生理机制。

2. 亲切感

语言，抛去逻各斯的本质，仅仅作为交流工具而言，是为了获得更好的人际关系。亲切、温暖，自然讨人喜爱，生“亲切感”；冷淡、客观，自然引人侧目，生“疏离感”。气息沿着胸部支点向上“滑”出的用气方式，恰恰给人积极的有强烈说话欲望的感觉，是生“亲切感”的。

总之，播音主持的用气方式，不是下沉的，而是找到一个胸部支点并确定好活动范围之后，理论上以每一个点作为基础，向上滑动，根据话语的高低起伏、抑扬顿挫自由匹配，有机运动。把每个“支点”位置，作为“一个跟着一个”的出发点，用情感与气息串联，使“支点”群体互动，确保每一个字、每一个声音都是向上流动的，形成充满能量的声音“大气象”。

（五）“唇舌有力”的强弱场

唇舌有力，是经典播音理论对吐字时嘴唇和舌头的状态要求，这同样涉及对“度”的把握。经典播音理论强调唇舌有力，本是有理有据、有来源的，但处在学习过程中的学习者基于阶段性理解的“呈现效果”，往往被误解为院校本身所提倡和标榜的“样子”，这是必须要向非播音主持专业且对其有些误解的人士澄清的。它是“练习阶段”的样子，不是终极目标和追求，更不是标榜。据不完全统计，截至 2021 年，全国设有播音主持专业的高校就有 360 多所，由于教育资源分配不平衡，学生群体素质不一等原因，难免出现处于“过程中”的学习者走出校园参加工作的情况，这势必强化社会对这一专业的刻板印象，认为“科班”就是如此，只有这样的才是“科班”。

“唇舌有力”一定要适度。过强，会“咬牙切齿”“面目狰狞”“机械僵硬”；过弱，会“慵懒迷惑”“精神懈怠”“没精打采”。当然，这两种极端表现都是基于经典播音学理论体系的 C 系统，并在此范围内所应反对的。

1. 过强：影响“信息”传播

语言传播信息的方式，是随着时代发展而不断变化的。过去，我们要求把字说清楚，别“含混”。这种要求放到现在，就显得“过”于用力，不自然（过去的“恰到好处”，在今天看来就是“过强”的，不经过电视艺术加工、转播等二次传播手段的纯舞台语言艺术除外）。唇舌用力过度，不但影响发声松弛，而且影响美观。试想，播音员在电视台直播间或网络直播室播报新闻或其他信息，由于基本功不扎实（唇舌过于用力也是基本功不扎实的表现），导致每说一个字都嘴唇“噘”一下，观众会把部分注意力放在“嘴唇”动作上，而部分地错失信息内容。同时，也会因为“不扎实”的基本功，给观众留下“怪怪”的印象，影响播音员的形象和专业地位，甚至影响媒体机构的口碑。

2. 过弱：影响“信息”传播

和上面所讲不同，由于唇舌无力导致的影响信息传播，表现为听不清楚。在过去，这是绝对无法容忍的，如今虽然也不会标榜，但可以接受。自媒体、智能媒体时代，多种媒介手段被同时运用在同一场传播活动中，其中任何一种媒介都不是决定性的，而是媒介间互相配合、相互补充后形成合力的结果，观众一般不会单单注意播音员、主持人唇舌吐字力度过弱的问题。人声媒介丢失的部分信息，可以通过画面、音乐、文字、画外音等媒介补充。只是，在播音主持艺术专业领域内，这样的吐字方式不被认可。

这里，我们只限于 C 系统内讨论，如果涉及 M 系统，情况会有所不同。

（六）“情感”的表与达

所言表达，即指表象化、外表化之后的到达、通达。通达，既指创作者向欣赏者，也指欣赏者向创作者，二者形成情趣和思想的接近统一（接近，是说不能完全）。这本毋庸置疑，然而随着互联网这种新媒介诞生并迭代发展，这种情况发生了变化。体现为：情感，表而不达，表出即可，用户选择接或不接。达，在当下的传播语境下，反而变成了一种“打扰”和侵犯。今天的小屏传播，造成“表即达”的效果，大场面的传播活动中也是如此。孔子言：“己所不欲，勿施于人。”我们对此耳熟能详。然而，庄子所言“己所甚欲，亦勿施于人”同样应该引起我们的思考。在今天的传播语境下（以往并非如此），表达之“达”，有了某种程度上的“己所甚欲，亦施于人”的意味。

《国宝档案》的解说任志宏，“小实声”的解说特征，本来从“合规律性”的角度看，走出幕后到台前，语言面貌要有所改变才能适应“面对面”传播的要求。然而，在“抖音”上他现场表演的朗诵作品形式简单，语言样式和解说方式没做大的调整，粉丝量和点击量却远远超出同行。什么原因呢？他做到了表而不“达”，这里的“达”指的是传统意义上的“达到”。无形中，应和了手机终端小屏幕传播的“人际性”，观者和听者感觉轻松、惬意，没有压迫感。中央人民广播电台主持人姚科，在 2009 年我参加的名座配音大师班上，以生活中常见的对话语言为例，讲重音和逻辑问题。

甲：您吃了吗？

乙：吃了。

甲：吃的什么呀？

乙：吃的饺子。

甲：什么馅的啊？

乙：猪肉大葱的。

这个对话，也可以用来解释和说明情感表达的“度”的问题。信息传达到位的同时，甲只需要把感情控制在只是寒暄的“度”上即可，“过”了，对方会觉得奇怪，是不是有什么隐情？乙也是如此，情感的“度”控制在对饺子味道及用餐心情的分享即可，超过这个“度”，对方就会怀疑“是不是不好吃，或者吃的过程中发生了什么不愉快？”

事实上，在所有播音或主持形式中，都存在着上述问题。根据语境的变化，一段文字或一段话被赋予某种情感，外表出来即可，大加渲染就会变成话剧、小品、相声的舞台艺术语言。况且，如今各曲艺种类创作也因传播媒介的变化而渐趋于生活化。

情感表达，涉及两个因素：一是时代大环境，二是具体语言环境。1940 年延安新华广播时期，播音的主要目的是披露国民党“假抗日，真内战”的事实，整个社会环境和传播规律都要求情感不仅要“表”，而且要尽力“达”（己所甚欲，亦施于人）。与此形成鲜明对比的是 21 世纪刚刚开始的第三个 10 年，技术浪潮指引出的传播格局和未来大势，社会环境和语言环境都发生了改变，我们要顺应传媒技术和接收终端不断升级带来的新变化。此时，表而“不达”，反倒是最好的“达”。

总之，C 系统从“时代感”出发进行的“提问”，随着时间的推移，会不断出现，以上谨举几例。C 系统创作范式即使有一天消失了，也不是真正意义的消失，只是在不同时代有不同的变形和表现，在整个大系统中所占的比例和地位有所改变，它和“先锋性”没有过多的关系，甚至根本就没有关系，或者说它先天地排斥“先锋性”。在“别裁伪体亲风雅”的逻辑中，保守着自己“一脉相承”的精神财富，延续这一精神支脉中世人的沧桑与沉淀，勤勉与光荣，生命与光华。

第二章　MAC 的运行机制

MAC 作为一个整体，表示方法论、工具；分开来看，M 和 C 是技术系统，具有操作性；A 各有侧重地，同时又无时无刻地为 M 系统和 C 系统的技术发挥提供文化知识、审美观和生活经验的全方位支持，三个系统共同组成一个模型化的大系统。那么三个系统的关系如何，有着怎样的运行机制呢？

第一节　各自为政

一、M 系统源于本心

M 是一个操作系统，是一个“工具包”，它作为最原初的属性特征出现时，来源于人的潜意识，或言本心、真我。正如本书上文所言，M 系统的构成单元或创作来源，具有意志论和存在主义特征，它看不见、摸不着，但的的确确存在，靠情感和道德把握，被潜意识涵纳与收藏，有时创作主体和用户（Prouser）也不清楚究竟发生过什么和正在发生着什么。歌者龚琳娜的《忐忑》，没有歌词，口中念的是什么，取决于龚琳娜每次表演的心境。“人声低音炮”歌手赵鹏原创了一首名为《没词儿》的作品，也不知道念唱的是什么。可人们就是能被某种东西吸引，明明知道似乎在欣赏着什么，但就是说不明白那究竟是什么。是旋律吗？不是！欣赏纯音乐或者人声哼唱不是这样的感受。是节奏吗？部分是的！但更主要的还是歌者的生命情态本身的流淌，它让人们听着听着就入了迷，唱的什么内容已不重要。当我们听一首即便是我们从没听过的一种语言演绎的歌曲时，只要有些音乐审美素养，同样觉得津津有味，而且还会有比母语语言演绎的歌曲更多的联想、联觉和领悟，余味无穷。这样的时刻，人类道德中的“善”在潜移默化地发挥作用，使我们心向往之。潜意识，也在以我们不知道的方式捕捉和存储音乐信息，并在我们的意识中得到体现。于是，我们的情感把握住了那源于生命本初的“美”，所谓“灵魂歌者”，当是此种含义。那么，播音主持艺术主体，是否可以成为“灵魂言语者”呢？我对此，笃信不疑！

需要说明的是，M 系统的主张不是没技巧、没情感、没内容、没形式。相反，这些它都有，只是技巧被隐藏在内，不易发现；情感无痕，不易察觉；内容融汇于生命，不那么显眼；形式幻化于内容，不那么易见。如此看来，它和传统播音主持理论或 MAC 中的 C 系统同样强调“技术”，只是这技术和经典范式相比有所不同。在 MAC 含义的章节介绍的“发声”临界点、“吐字”临界点、“情感”临界点、“发力”临界点等，都是有关“技术”的，都需要持之以恒的刻意练习和其后发生的渐进或一瞬的对其本源的觉悟的。某种程度上，由于这种技术的隐蔽性和弱认知性，相较 C 系统更难获得。

二、A系统提供依据和灵韵源泉

A系统指代文章（Article）输出所具备的知识、审美意识（Aesthetic）或用审美之心参与、体验现实生活。我们也许会经常思考和提问：别人“如此这般”讲话的心理依据是什么，是否合乎理念或常识。然而，日常生活中的言语未必句句都有根据，很多时候就是随口一说，未经深思熟虑。但是，在播音主持艺术的创作和教学活动中，却要严肃、认真，不能无意而言、无心而语。因此，我们说的话，我们在舞台上或节目中、讲台上的表现，都客观要求一种“证明”和“根据”。A系统就提供这种“根据”和源泉，它为M系统和C系统的创作形态提供源源不断的支持和证明，它随着主体知识和感悟的日积月累而日益丰富，处在不断的发展变化之中，扬弃旧的、恭迎新的。目的单纯且唯一：通过提升播音主持艺术主体生命格调和知识系统维度，助力主体创造优秀、卓越的播音主持艺术“作品”。

A系统对M系统的支持十分突出。当播音员被要求（相对C系统而言）极致地弱化吐字、发声、气息、情感等创作要素，然而还要出色完成“任务”时，[①] A系统源于主体对生命感悟的搜集和储存，几乎成了创作的唯一源泉。此时，艺术创作完全仰仗主体生命的色彩、灵性、爱性、丰富性，以及知识储备带来的从容、自信，高尚道德伦理带来的神圣与仁爱，情感多元带来的“多面向”“立体化”样态。此刻，是一个生命体在诉说它自己的感怀、体悟，所思所想神圣而又具体，是天地间虚灵明觉的创造，已与吐字发声等技巧无太多关联。此刻，主体不是用“语言”而是用“心魂”道出了一个宇宙，一个大千世界。

---

① 很多时候，创作主体会被导演要求“不要播音腔”，实际上就是要打掉吐字、发声、用气、“内三外四”技巧等几乎所有C系统的显性特征技巧。

三、C 系统助力“信息性”工作

C 系统，具有象征主义和唯美主义的特征，表现自身的权威性和某些形式美的特征。比如，C 系统追求的吐字归音、用气发声等带来的正式、严谨、认真；C 系统主持人服装、造型、配饰、肢体语言等折射出的大方、庄重、神圣，都决定了 C 系统创作，更适合新闻播报、新闻主持、主题晚会和演出、学术会议、政府发言人、公关外交等相对严肃、重大的“信息性”题材（所谓“更适合”是笔者的观点，也是相对而言的）。

虽然 M 系统、A 系统和 C 系统，在具体实践中“各自为政”，但三者在不同维度上都有统一性。这也成就了 MAC 作为方法论出现的合法性。

第二节　多维统一

一、统一于“技巧”

M 系统和 C 系统都是技巧性操作系统，用来满足实践、创作所需。然而，二者虽同为技巧系统，却有较大差别：M 系统的技巧具有“内隐性”，如上文所言，对“声音”临界点、“吐字”临界点、“情感”临界点、“发力”临界点等几个“临界点”的不易被察觉的“技巧”的感受和把握是关键。感觉上，它有强烈的素人化、平民化、生活化倾向，所谓“化”，不等于“是”，其中蕴含着强大的技术控制，是追求经典的、有要求的、有格调的。它是“似非而是”的，听起来、看起来没有明显技巧痕迹，实际并非如此。那些主张播音主持用声无须技巧，自然就好的，实际上是主张“白嗓、大自然”（纯天然状态，本身具有局限性），是站不住脚的；与此相对，C 系统的技巧具有“外显性”，“声挂前腭”、吐字归音、气息饱满等都能被感官轻易捕捉到，且成为 C 系统的标志。由此可见，在技巧的感召下 M、C 统归为一，A 系统时刻为 M 和 C 提供支持。可以说，M、A、C 由技巧统摄，统一于技巧。

二、统一于“美”

凡艺术，都具有美学价值，反之，则不能称为艺术。那些造型奇异、色彩堆叠、立意不明、结构扭曲的某些后现代主义艺术作品，是否属于“艺术”，还存在争论。但无论如何，艺术可以被“审美”、具有审美性，是存在广泛共识的。播音主持艺术，是艺术领域的一个特殊小门类。说特殊，是因为它诞生之日就带有“新闻属性”；说它小，是相对于音乐、绘画、雕塑、书法等传统艺术类型而言的。M 系统和 C 系统在应用时都追求“美”，只不过 M 系统着重强调情感、道德等的生命本体的自由律动之“至美”，C 系统虽然也注重情感，但注重内容美的同时，也强调声音的形式美。二者的根本区别在于，是否加入“人心”的刻意雕琢（在艺术创作层面，“刻意”之行为二字不做是非判断）。无论是“形式美”还是“美的形式”抑或内容的美，在对“美”的追求上，无疑是统一的。

三、统一于“主体”

M、A、C 三者都是播音主持艺术主体生命本真的能动性创造的产物，反过来又作用于创造它们的主体，互动、互生。当主体以播音员、主持人、教师的身份出现时，是作为一个整体存在的。一般情况下，并不会被分别从 M、A、C 三个方面衡量。只是我们在“创造”出一个“自我”时，才打破这种“一般情况”，也才可能被按照 M、A、C 三个方面去分析。这个过程，可能是分阶段、分类别地完成的，也可能是整体推进的，我们一般不会对此有明确的意识和认识。

无论是原初的一体性生命本源，还是“自我”被塑造后 M、A、C 三者的互动性一体，都可以这样讲：M、A、C 三者统一于播音主持艺术“主体”。

四、统一于“创作目的”

无论是 A 系统的知识性、智慧性支持，还是 M 系统和 C 系统的技术性操作，或者三个系统合一作为一个整体考虑以及原初性的一体本性，都被播音主持艺术主体的创作目的统归。换言之，三者都为创作目的服务，统一于创作目的。

五、统一于“弱化”

M 系统可以理解为对经典理论体系的“弱化”，以至于发生了表达“样态”的改变，而单独成为体系，被命名为 M 系统。而 MAC 中的 C 系统，也是对经典播音主持理论体系之各种理论主张的接受、鉴赏、批评而产生的，但它是保持在传统理论体系框架内部的“时代感”的观照，与 M 系统不同。

从媒介学的角度看，媒介的高度发达带来的结果之一就是，历史上人和人的距离从未像今天这样之“近”（做技术层面理解），“近”往往要求“弱化”声量。语音传播时代，人和人是面对面的，是自然而然的。科学技术高度发达所孕育的新媒介产生之后，人类实现了千里之外的“近”距离交流。它是对“面对面”交流方式的技术化模仿，在这一传播环境中，关系中的人对模拟的“面对面”交往信以为真，或潜意识地把它等同于真正的“面对面”交往。因此，人们要求真实、自然、坦诚的人际关系，播音员主持人与听众、观众的关系作为一种特殊的人际关系，如果还按照广播电视时代的传播惯性进行播报或主持，就和移动互联下的小屏“近”距离传播规律不相匹配，与手机小屏传播属性不相符合，影响传播效果和传播目的。

如果说，C 系统对传统播音理论体系的“弱化”是循序渐进的，那么 M 系统，就是对传统创作主张和理论体系“弱化”的大比例更易（建立在经典理论既定存在基础上的）。在技术上，强调“声音”临界点、“吐字”临界点、“情感”临界点、“发力”临界点，强调主体对“有”与“无”（“道”的层面的有与无）之间“临界点”的感受和把握。本身是对传统播音理论体系的技术层面的“弱化”，顺着它“弱化”的基因，突出强调一种道家思想“无为”的哲学观，以“无为”求“有为”，无为而无不为。

六、统一于真、善、美

真、善、美是人类永恒的价值追求。MAC 方法论，通过对文字稿件综合、全面、具体地分析，挖掘文字背后的“真相”，并采用相应的 M 和 C 系统的操作“技巧”，如“声音”临界点、“吐字”临界点、狭义备稿、用气发声、吐字归音、教学法等，对播音主持和教学活动进行最恰切的事物“真实”性的靠近，力求触及事物的本质、本真、本源。对播音主持艺术主体而言，它提供创作、教学心理依据，加之它的概括性、全面性特征使主体增强信心，激发主体斗志。M、

A、C 三者都有不受具体形态影响的形而上属性，代表着数学式的纯然 100% 的“纯真”实体。此外，它还提供切实可行的方法，解决实际问题。对用户（Prouser）而言，“作品”（播音主持作品、“学生”）是经过深思熟虑的，具人文关怀的，经科学论证的。因此，它又是善的。无论是源自 A 系统的知识性、审美性、经验性的潜移默化、细枝末节的智性与情思供给，还是由于 M 系统和 C 系统的技巧性美的“形式”和形式美的呈现，都会让“用户”得到感官与心灵的双重“美”的熏陶和浸润。MAC 由三个字母组成，简洁明了，它的读音类似于 MIC（麦克），让人联想到播音主持艺术的标志“麦克风”，具有语音修辞的声音形式美感。

MAC，是真、善、美的统一体，并在这条路上引导它的“所指”事物，逐渐走向和迫近“纯粹”。

七、统一于“这一”艺术类型

播音主持艺术是艺术和技术的完美结合。用 MAC 来理解，艺术就是 A 系统，技术就是 M 系统和 C 系统。换言之，A 负责艺术，M 和 C 负责技术。作为一种特殊的艺术类型，它是 M、A、C 三者统一的集中体现。

综上，“各自为政”也好，“多维统一”也罢，MAC 都对播音主持艺术主体提出了更高的要求。一招走天下，一套教案不更新、只会一种播音风格、只擅长主持一类节目、只能讲一门专业课，已经不适应当前和今后一个时期播音主持艺术发展规律和社会发展对播音主持艺术作品的审美观念改变的需要。

MAC 方法论可以理解为播音主持艺术领域的“辩证法”，既是行业世界观，也是方法论。可以用来分析播音主持艺术历史性趋势，也可以当作工具指导创作和教学，还可以是播音主持艺术主体不断精进的“监督者”、理念体系和理论表达。同时，MAC 方法论也是一个思维模型，在本书第七篇章，我会详细阐述这一判断。

无论是 MAC（Itself）作为一个整体的方法论，还是分开单说的 M 系统、A 系统、C 系统。论其本质时，都绕不开“天赋”“天才”的存在。主体有“天才”，事半功倍；主体无“天赋”，也并非“绝对不可”成事，只是要耗费更多的时间和精力。如果我们说它是可以后天习得的，就是更推崇技术控制、知识积累、生活感悟对主体的生活和创作的影响。它可以在日积月累中，精益求精，臻于完美。如果我们说它是强烈依赖天赋的，甚至完全仰仗天赋走天下的。意思是，拥有“天赋”的主体更容易触及艺术本质，感受艺术创作时的巅峰体验。但这绝不是艺术的全部意义，如若主体在此境界中停步不前，反而会因为天赋而自我受限，无法达到艺术的至高境界。这一行业的“大师”者，往往是那些资质“天赋”尚可，后天极其努力的人。比如，有的播音员、主持人，天赋异禀，因而扬扬得意，结果被束缚在某种所谓“风格”“特点”中无法自拔。要跳出那个既定的“模式”，就要克服绝非一般的困难。究其原因，“天赋”者，“大概都没有下苦功建立一套他人无法夺走的、只属于自己的表演技能。”[①] 播音主持艺术也如此，随着时间的流逝，我们的天赋要么黔驴技穷，要么自我重复。只有那些在播音主持实践中用自己的技术不断攻克看似最无解的创作难题时，他们作为播音员主持人或专业教师的尊严才能得到最充分

---

① [美]梅丽莎·布鲁德等，刘亚、马潇婧译:《表演训练手册》，北京联合出版公司，2016，第 78 页。

的体现。

以上，我们用较大的篇幅介绍了 MAC 作为整体和三个系统的含义以及运行机制等问题。至此，MAC 方法论作为原则性的“体系”就搭建完成了。接下来，播音主持艺术主体如何“应用”它解决实实在在的问题，成了另一个关键。具体而言，主体在将 MAC 作为一个整体考虑，即作为“工具”使用时，应遵循什么原则、采取什么方式、运用什么方法才能使 MAC 具有“它之所以为它”的合理性与合法性呢？第四篇章 MAC 应用法，我们将详细阐述以上这几个问题。

第四篇

MAC 应用法

MAC 方法论，作为一套立体、多元，由操作系统和创作“依托”“来源”系统组成的理论体系，既适用于业界不同类型、不同题材的创作实践，也适用于教学系统作为播音主持艺术专业教学方法论使用。通过前三篇，尤其是第三篇的阐释，这个“工具”算是锻造完成了。接下来，如何使用它，以期达到效用最大化、事半功倍的效果，同样关键。在 MAC 应用法里，我们将这个 MAC 方法论视为一个“工具”，分别论述应用原则、应用方式、应用方法等问题。这些问题的讨论连同第三篇的 MAC 原则性的方法论本体，共同构成了本书播音主持艺术 MAC 方法论的主体内容。

第一章 MAC 应用原则

本书的前言部分开宗明义地提到播音主义艺术语言特点的“时代感”问题，沿着这条思路，进而把“时代感”扩大为本书谋篇布局的重要依据和理论遵循。无论是对传统播音学理论体系进行框架范围内的“时代感”修补，进而形成 MAC 方法论中的 C 系统（对传统理论体系做少量“时代感”感召下的修补、调整后的理论体系）；还是具有“先锋性”的紧跟时代发展脉络，在互联网赋权背景下由人民大众“选择”出来的独具一格的，对 C 系统所指称的传统理论体系有一定程度上的“反拨”的 M 系统；甚至以厚重、广博、灵韵为表现特征的由知识体系和审美生活组成的 A 系统，都以“时代感”为出发点和落脚点。因此，我们把 MAC 方法论作为“工具”讨论它的“应用法”时，就自然而然地以“时代感”或“时代性”（“时代感”强调主体之“感”，“时代性”强调事物之属性，辩证统一）作为其应用原则。

对于“时代感”，“该当如何理解”是一个问题，为什么把“时代感”作为原则是另一个问题。

第一节　“时代感”的含义

MAC 方法论“时代感”应用原则，要求主体使用这一方法时，必须紧跟时代步伐、了解时代特点。如此，才能“生产”出符合社会发展需要的播音主持艺术“作品”。“生产”指的是播音员主持人的音声化、视像化创作，专业教师的教学活动，也包括学生的阶段性创作活动；“作品”指的是播音员主持人的播音主持艺术作品，教师培育的“学生”以及学生的阶段性学习“成果”（如汇报演出等实践活动）。从社会学的角度看，中国播音学作为一个社会子系统，只有与其他子系统及整个社会大系统进行全局性、全息性互动，才能真正显现出它的作用与本质，才能真正经得住时间的考验，也才能体现其“时代感”原则。具体而言，这个子系统应当：

1. 创作主体弘扬符合时代要求的专业主义精神；
2. 创作过程具备当代现代性；
3. 传播体制具有信息化社会属性；
4. 传播媒介与传媒技术体现第四次科技革命成果；
5. 用户群体的现代化审美观念充分建立；
6. 传、受双方现代性的互动关系保持；
7. 超越科学主义的学术理论引领；
8. 主体群体兼容并包的社会心理构建。

我们所构建的 MAC 方法论工具，在应用时至少要遵循上述八条具体的“时代感”应用原则，这其中的每一条都可以作为一个时代命题加以辨析和讨论，涉及创作主体、创作流程、传播体制、媒介发展、用户审美、学术“主义”等多个方面。毋庸置疑，这八条“时代感”

含义，是基于当前时代特征的。搞清这个问题，播音主持艺术创作与教学只要将其作为“起点”与旨归，就能获得更多、更贴切的“时代感”原则法条。

第二节 时代特征概说

时代特征，本身就是一个大话题，这里以 1949 年至今的当代社会为叙述对象。并且，我们跳过中间 50 年，直接从电信发展 1.0 阶段的 2000 年开始说起，接着是 2.0 时代的 2008 年，3.0 时代的 2014 年，4.0 时代的 2018 年以及 2018 年至今的 5.0 时代，即 5G 移动互联时代。传播学研究范式之一的多伦多学派提出的“技术决定论”以及其变体表达“传播环境学”，都突出强调技术发展对社会、文化的影响，甚至决定性作用。雷吉斯在《普通媒介学教程》中也提出逻各斯域、书写域、图像域三个不同的媒介域，三者分别诞生于人类发展的不同历史时期，又重叠、相伴而生。时至今日，这三种媒介域所折射出的文化结构、社会结构、人际交往方式等的改变和表现，集中体现在几次电信发展阶段的基础上而孕育新生的移动互联网。加之大数据、云计算、机器学习、传感器、全息投影、视觉增强或减弱技术、核聚变、新材料、3D 打印、人工智能等技术，共同塑造了 2018 年以后人类社会的全新形态与面貌。本书引言部分已对时代特征作了概括性总结，一共八个方面，这里再做一次强调。

1. 短、频、快：生活所需方便快捷，咫尺天涯仿若近邻；

2. 虚拟性：传统人际关系变成基于互联网为代表的隔屏交互；

3. 空虚化：个人心理与社会心理出现逆传统性的空虚感；

4. 主体性：互联网等技术赋权，带来用户更具象的“主体性”体验；

5. 数据化：基于大数据、算法等技术，人们的言行轨迹逐渐数据化；

6. 后现代性：技术导致的用户选择权，使得整个世界呈现去中心化特征；

7. 弱阶层化：互联网的强大信息对称功能，使得社会阶层感逐渐弱化；

8. 一体化：建立在数据化基础上，人们的实际生活已经逐渐被聚合为一体。

时代特征，是有叠加效应的，某一个时代的显性特征中一定包含有它以前时代的某些“延留性”特征。这又涉及历史、社会、文化、政治、经济等诸多方面的讨论，是一个庞大的客体。引言部分及以上复述的这八条时代特征，是基于“时代特征”对播音主持艺术创作与教学有直接影响之考虑而列举的。实际上，远远不止这八条。复述，代表着它的重要性，但考虑到我们讨论的主题，又不得不“浅尝辄止”、点到为止。

相对而言，“时代感”为何如此重要以至于我们必须对其紧追不舍、紧跟不放，是一个更值得讨论的问题。

第三节　为何紧跟“时代感”？

紧跟时代，是大部分行业和专业无法回避的话题，物竞天择、大浪淘沙。时代的大潮滚滚向前，从不会因为任何个体因素而停止它奋勇向前的脚步。不同行业对时代发展有不同的认识，在播音主持艺术领域，强调对“时代感”的紧紧跟随，有如下几方面的原因。

一、生存之必然

狭义的艺术，是有别于文学的，文学类型的诗赋、小说、文章、词曲都因揭示不同历史时期的人性与神性而历久弥新，无论社会形态如何变迁，人类的类群本质几乎不变或变化微渺。人性与神性永远是文学作品的主题与最高价值标准，用来衡量文学作品的品质高低、格调高下。艺术，虽然也和文学一样，有揭示价值、启迪生命的作用，但它的“形式”（类型）与创作技巧不像文学那样稳定。一个艺术门类，要想在历史的长河中永葆青春，就要合时宜地跟随时代发展的脚步，不合时宜者势必面临“自然选择”[①]。因此，历史的滚滚波涛里不知裹挟了多少艺术类型的残骸。

男高音歌唱家帕瓦罗蒂生活的年代，恰逢美声唱法的低谷期，他以及他的经纪人合时宜地改变传统演出形式和唱法，让美声走下高雅的“神坛”。流行音乐舞台、摇滚音乐会、小型演出现场，都有他嘹亮的歌声和阳光自信的笑容。这些都使得美声唱法走进生活，与普通百姓近距离接触，美声艺术因此而焕发了第二次青春。在帕瓦罗蒂之后的美声界，至今未曾有人建立如此之功，这也是不同时代背景下的必然和不必然。

电影《百鸟朝凤》，描写了中国传统唢呐艺术在遭遇新时代审美

---

① 自然选择，是以拉马克、华莱士、达尔文为代表的物种“还原论”的主张，认为物种是由低等到高等不断进化来的，“自然选择”扮演主导角色，与此相对的是“突现论”。这种自然选择的力量，在脱胎于自然的人类社会中同样生效，而艺术作为人类社会的一个子系统，也接受“自然选择”的冲洗。

冲击下的落魄窘境，观影之余留给我们深深的思考。我们是否可以进行一次逆时思维？如果当时的唢呐艺人们，不“非要如此”式地坚守传统的演出伦理，而是主动适应社会需要，改变心态、更新服饰、融入现代性元素，在面对西洋乐器冲击和挑战时，理性思考，放弃惯性排斥，学习和研究西洋乐器以及演出形式受到欢迎的原因，取长补短、扬长避短，唢呐艺术是否还会有其现实的艺术空间和市场空间呢？相较而言，“国粹”京剧，在面临与唢呐类似甚至更凶猛的命运考验时，境况却大不相同。国家层面的扶持是一方面，更重要的是新时代的京剧人转变思路，积极、主动地拥抱现代元素，适应市场需求，观照社会环境。女老生王珮瑜是这方面的代表，她通过参加综艺节目、担任专业赛事评委、与流行乐手和古典音乐艺术家合作，甚至从艺术上突破门类界限演唱流行歌曲，从而立体、多元、生动地塑造了一名京剧表演者的形象。并且，不仅仅是观众，其他艺术门类对她以及京剧的接受度也大大提高，京剧也时尚、国粹也现代，让京剧走出“慢”“老”“旧”的刻板印象。

相声演员郭德纲把相声重新带入“市场”，小剧场演出是他选择的方式，尽管一路走来非议不断，“俗”字一直伴随他以及“德云社”，但他的脚步似乎愈发坚定。消解相声的高雅性也好，“让其他相声演员没饭吃”（郭德纲戏谑语言）也罢，我们毕竟看到了相声真正走进了普通大众，给老百姓带去了欢声笑语。正如郭德纲在演出中所言：“相声嘛，没那么高尚、优雅，我一说，您一乐，就行了。”争论还在继续，其中的是非对错、恩怨得失，留给历史和后人评说吧。

播音主持艺术，如果从 1940 年开始算起，经历了几个表现各异的历史阶段，但都未曾动摇其“新闻性”的基本属性。今天，它的基本属性的“质”仍然未变，但它的“量”，即多大范围内被强调是个现实性问题。而它的重要属性的“艺术性”，与资本和市场对接后表现出的“商业性”，却出现井喷式的爆发与表达，所谓“声音经济时代”，正源于此。虽然播音主持艺术的“新闻性”仍旧是它的基本属性，但这和过去的“新闻性”有了很大不同，专业院校、媒体系统（尤其是传统媒体）和社会对它有不同的理解。由此，我们必须做出像今天京剧那样的选择和调整，在“新闻性”基本属性的基础上，大力扩充和丰富它的艺术性、商业性（艺术价值与商业价值），用此二者挣得的市场和口碑，回过头来发展它的新闻性，延续它的历史传统，发挥它的现实作用。

二、对“市场”的即时反应

播音主持艺术主体，有“时代感”的意识和理念，有利于及时地对未来播音主持艺术走势做出正确判断，走在时代前沿、立于不败之地。有了“时代感”，我们就会主动地观照生活中科技进步、传媒形态的改变以及受众的喜好，有利于增强知识体系的更新迭代和相关语言技巧的进阶。专业教师，在教学活动中，实时更新自己的教学方案，把最新鲜、最前沿的动态传授给学生，有利于增强学生走向社会后面对同侪挤压的竞争力。同时，这在无形中也把“时代感”精神传授给了学生，形成良性循环、良性互动、良性发展的永续性格局。

对“市场”做出即时反应，对播音员主持人来说，是永葆艺术生命的必由之路。播音面貌、主持风格等都要根据时代变迁而做出相应调整，切不可一成不变。纵观中国播音主持历史，真正能成为“艺术家”或撑得起“著名”二字的人，实际上并没有我们想象的那么多，更多的是一瞬而过的“流星”。导致这种现象的原因有很多，但主观上对“社会需求”变化没有及时地做出反应，对历史恋恋不舍、对过去念念不忘、对以往默默保守，是不容否认的。

三、记录“恰切”的播音历史

播音学理论很重要的一部分内容就是有关“播音史”的研究，包括实践史、教学史、学术史等。姚喜双教授在《中国播音学》中谈到“史”的研究时，表达了大有可为、大有文章可做的想法和判断，号召更多研究者进入“播音史”的研究。[①]2018 年，浙江传媒学院为此专门成立了中国播音主持史研究基地。广阔天地就在眼前，如果研究者没有“时代感”的敏锐洞察力，就不能记录下属于这个时代的最“鲜活”、最前沿、最能代表这一时代特色与属性的真正历史。无论是人文的还是科学的，它都可能是不切实际的，制“史”的意义，也会不甚明朗。

2021 年，中国传媒大学播音主持艺术学院曾志华教授主持的中国社会科学院的“口述史”项目，邀请了演播艺术家王刚，著名播音员陈醇、关山等进行他们记忆中的“播音史”的口述。我相信，各位专家都会依据他们的亲身经历、切身感受，丰富、立体地“再现”他们眼中的播音领域的“时代风云”。但设想，如果他们没有“时代感”的意识和认知（“恰好是那个时代的”才行，因为并不是每个从某一时代过来的人，都拥有有关那个时代的恰切的“记忆”），就不能确保他们的“口述”就是那个时代的真实情态，落后于时代或超前于时代，

---

① 张颂主编:《中国播音学》，中国传媒大学出版社，2003，导论。

都不能与“口述史”的真谛和意涵产生合辙押韵的互动。因此，所谓“最新鲜”，指的是那个时代的最恰到好处的方方面面的体现和表达，既是真实的，也是鲜活的，既不超前，也不滞后。

四、有利于主体关心世界事务

对“时代感”的强调，使我们主动地用心观察周遭和体验生活。正如播音主持艺术创作者经常说的“我们的创作依据，来源于生活，是对生活观察和体验的扩大化和艺术化运用”，教育者也常说“真听真看真感受”。这些都是建立在“时代感”素质的基础上的，“时代感”才是主体创作的原动力，忽略它或越过它，直接强调观察生活、感受社会，这些“金句”就会被作为字面义理解，折损其效用和威力。

“时代感”是个大前提，指引我们主动拥抱生活、聆听世界、关心他人，升华生命意义，是播音主持艺术优秀“作品”层出不穷的客观前提保障和主观意识投射。

第四节 “时代感”精神的获得

上一小节讨论了播音主持艺术主体为何要紧跟“时代感”的问题，除极少数的出世修行者外，几乎人人都要尽力调整自身以适应时代发展变化的需要，无论是主动的还是被动的，正所谓“一生社会化”（社会学用语）。这个问题确定后，具体怎么做才能跟上，或者说，主体如何才能获得“时代感”精神呢？

一、业界、学界常互动

播音主持艺术领域的业界和学界（教育界和专门学术机构）要常常联合或分别地召开研讨会、座谈会，交流心得，分享经验，互通有无。

业界人士间的互动，体现在新闻播音员、娱乐播音员、财经播报员、新闻主持人、综艺主持人、娱乐主持人等不同类型播音员、主持人间的经验分享和业务交流上。同时，我们不能局限在播音员主持人之间，还要拓展到相关的上下游“成员”。比如导演、编剧、音乐制作、录音师，甚至听众、观众，和他们进行真诚的对话，聆听他们的意见和建议，向他们虚心学习己所未有。这样，才能全面地帮助我们找准定位，及时做出调整。专业教师也要和教育主管部门以及电台、电视台、互联网等媒体，常走动、常交流，做到培养学生“有的放矢”，精准、精确、精致。

学界人士间的互动，可以借助他人智慧弥补自身知识盲区，无论它是发生在专门的学术机构还是教学组织，或者二者兼而有之。读书、总结、讨论，三个步骤共同构成完整的“读书”活动。学术交流会，正是对个体学者读书、总结后的检验，灵感迸发出的火花、群体动力激发的想象、“三人行必有吾师”的实践，都在学术研讨会上得到充分体现，是学识共进、多方共赢的理想选择。

此外，业界和学界也可进行跨界互动，业界的经验结合学界的理论，共同为播音主持艺术发展添砖加瓦。某种程度上，顶尖的业界专家和学界理论家（以专业院校教师群体中的兼顾学术的教师群体为主），能代表中国某个阶段播音主持艺术发展最高水平，二者的互动，就是对播音主持艺术领域发展成果的检验与升华。业界实践者，也有理论输出，出版专著或发表论文，而且多数是拥有行业前沿视角和独到观点的“经验性”研究，这对学界理论研究有重要的提示和参考价值。与此同时，学界实践者（以专业院校教师群体中的兼顾学术的教师群体为主）可以从理论、逻辑上推导出当下一个时期业界还尚未出现的，未来可能是潮流的“趋势”，这对业界从业者是重要的方向性提醒。二者就在这样的互动中，孕育了播音主持艺术主体“时代感”的精神内涵。

中国传媒大学曾志华教授和她的几位博士生创办的学术沙龙“播博汇”，不定期地邀请业界、学界、教育界、商界的代表，共同就播音主持艺术领域内热点话题展开多维度的讨论，共话未来，为学科建设出谋划策，提炼出了不少闪耀智慧火花的“好点子”。业界的业务交流也应借鉴这种做法，举办业务交流会，百家争鸣，各取所需，互相学习、共同进步。

此外，主体“时代感”精神的建立，也体现在基于“时代感”的对“时代”的创造上，通过业界和学界的互动，我们了解多类型实践样态，进而多角度考虑问题、多维度对比观察、多面向审视核验。这无形中建立了一个创新性平台，让我们可以精准地把握时代属性，运用必然性和偶然性规律去创造一个“时代”。而创造本身就是最好的“跟随”，或者说，“创造”才是最好的“时代感”主体精神的获得方式。

二、紧盯“市场”动态

包括播音主持艺术在内的所有艺术类型，最终都要接受社会的检验，这是艺术的一个重要属性以及永葆其合法性的必然步骤。否则，艺术也就不能称之为艺术了。相声演员对“艺术”二字的理解是：艺，是演员的能耐；术，是把这能耐卖出去。所谓“卖出去”就是接受市场的检验，市场需求便是一个要考虑的问题。播音主持艺术，虽然有“新闻性”作为它的基本属性存在，但即便是“播报新闻”也涉及大众接受度的问题。如果，因播报水平和播报方式不合时代需要而影响收听、收看，会在一定程度上影响国家大政方针政策的有效落实，也影响媒体的口碑和美誉度。

截至 2021 年，播音主持艺术的“市场”已经传递出明确的信号，可以总括性地表述为“弱”化。“弱”，或者我们说“去”，而“去”，是个极端的表达方式，实际上是不可能“去”掉的，用“弱”字，可能更贴切。相较于过去（的整体语言艺术属性），声音要弱一些，吐字要弱一点，情感要弱一些。我和新华社新媒体平台的一位纪录片编导交流时，她说“现在流行‘轻轻的’风格”。她的表述不是专业术语，但意思传递特别生动、恰切。从某种角度说，在一个灵妙的“轻轻的”[①] 一词的呼唤和感召下，播音主持艺术领域一个 M 系统就诞生了。

从喜马拉雅 FM、荔枝 FM、蜻蜓 FM、酷狗音乐等有声语言平台的作品来看，一种素人化、演员化、生活化的语言样态已经成型，并且成为这个市场的主流，动辄几百万、上千万，甚至过亿的点击量就是证明。我们不能走“唢呐艺人们”当年走过的路，而要像今天的新京剧人一样勇敢地拥抱“市场”、拥抱用户（Prouser），同时又不迎合，在两者间找到最佳平衡点，适时地找准、把握，进而引导播音主持艺术健康、有序地发展。

---

① 对“轻轻的”的感悟，就是一道进入播音主持艺术新时代技术操作系统的“法门”。

第二章 MAC 应用方式

方式，是说话或行事所采取的样式或套路，是较宏观的“样子”。对播音主持艺术主体来讲，MAC 方法论作为一个整体性的“工具”考虑，其应用方式是一个不得不谈的话题。

第一节 一而二，二而一

无论是播音还是主持，创作还是教学，都涉及“对象”这样一个“一”。上文中谈到，M 系统和 C 系统分别代表着主体对“时代感”不同反应、不同体现、不同传承的两个系统。这样，这个“对象”就原初性地面临两个“操作系统”（M 系统和 C 系统）的创造，是为“二”；此“二”者经过对题材、主题、目的、形式、传播平台、预期效果等综合考察之后，必然确定出一个“一”来，也就是用来“生产”这一对象的那个“一”（偏向 M 系统或 C 系统的状态 a、b、c……）。由此，MAC“一而二，二而一”的应用方式就从实际“创作”实践中被抽象出来，作为一个概念或理念指导播音主持艺术主体进行更有效、便捷的艺术创作活动。需要特别指出和说明的是，无论最后确定出来的是偏向 M 系统还是 C 系统，都是确定了一个创作系统、创作标准、创作方法。而我们的实际创作状态只能在"程度"上接近于 M 系统或 C 系统的"标准"和"要求"，在两个系统的"框架"体系下，进行能力所及的最佳创造活动。(见图 4–1)

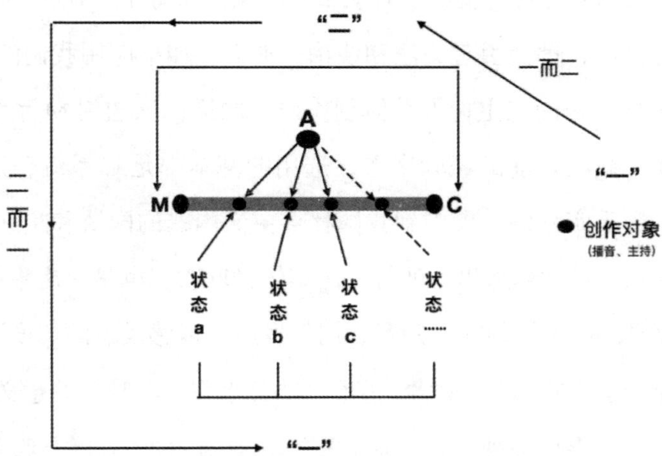

图 4–1

一年一度的央视春节联欢晚会，是亿万中国人的特殊"年夜饭"。它的预期观众应该是所有电视节目中最复杂多样的，节目样态也要尽量关涉全国所有观众群体。老年人、中年人、青年人、少年儿童，军人、护士、教师、记者、农民工，汉族、回族、藏族、蒙古族、傣族、鄂伦春族、白族等少数民族，大陆同胞、港澳台同胞、海外侨胞，以及经济、政治、文化、生态、社会、国防、军事、医疗、教育等各个领域，如此等等。复杂多样的受众群和节目内容所涵盖的诸多要素，要求内容生产者，即"春晚"创作团队必须具有大局、全局意识，超凡的统筹能力和艺术表现力，才能为全国人民奉献一台饱含浓浓亲情、友情、爱情的视听饕餮。

同时，“春晚”还是全国人民的一次大联欢，是对过去一年的总结，也是对来年万事兴旺的期盼和祝祷。因此，它是严肃、正式、认真的，也是温暖、祥和、热烈的。由此，“春晚”舞台上的主持人该以什么样的面貌出现，就成了万众瞩目的焦点，每年“春晚”节目主持人阵容公布，都会引起关注和谈论。那么，如果应用我们的 MAC 方法论来分析和确定主持人总体创作样态的话，该选用 M 系统还是 C 系统呢？截至目前的经验来看，选用的基本都是 C 系统，这是合情合理、合乎实际的。考虑到我国社会主义国家的国情和实际，“春晚”传导到人民大众那里，就是一次集体大联欢，也是一次集体主义的感官盛宴。C 系统的吐字归音、用气发声、情感表达的“度”等方面的特征，适应这样的“盛大”场面，能够承载“春晚”的意义传达。然而近年来，根据央视—索福瑞收视率调查显示，“春晚”收看人数呈下降趋势。一种解释是，更多人通过手机客户端观看“春晚”，分流了电视机作为接收终端的“收视率”；另一种解释是，“春晚”已经不合时宜了，如今的观众每天都看“春晚”（日常节目的精彩程度可与“春晚”媲美），“春晚”的收视率较小地受到“分流”的影响，更多的是自身内容主题与节目形式的问题。与其深究哪一种解释更有合理性，不如改变“春晚”重要组成要素之一的主持人的创作样态。比如，我们可以换一种思路，采用 M 系统作为“春晚”主持人的创作解决方案，毕竟主持人是“春晚”的门面和直观印象。主持人的言语样态、服装风格、肢体语言等都直接体现着，至少是一定程度上代表着“春晚”的整体面貌。

信息大爆炸的时代，要避免给人“刻意为之”或“硬要为之”的印象。我在解说北京大学成立 120 周年纪录片《与北大同行》时，就采用了 M 系统进行处理。片子的目的是告知人们北京大学走过的风风雨雨，“北大精神”一脉相承。但如果解说采用“规范感”的 C 系统进行创作就过于“正式”，人文感和灵动性不足。M 系统对“中庸”和“临界点”的强调，让解说直接以“学者”的角色和声音气质出现，像一位亲历北京大学 120 年发展的“老人”，不慌不忙、娓娓道来地讲述他的所见所闻所感，自然亲切，有代入感。

第二节　“三句义”属性

“三句义”是哲学概念，是对一种事物的三次连续描述，乍听起来互相矛盾，不知所云，但仔细分析，却蕴含深刻道理。它和辩证法否定之否定、青原行思禅师的“看山是山看水是水；看山不是山看水不是水；看山还是山看水还是水”、《道德经》里的“道，可道，非常道”等，异曲同工。复旦大学哲学系王德峰教授分享了他在学生婚礼上的证婚词：“如来说你们是夫妻，但你们不是夫妻，所以你们是夫妻。”初看起来，似乎有些云山雾绕、“精神失常”之感。仔细想来，确乎如此。第一句说的是，二人今日喜结连理、成就美满姻缘，是为“你们是夫妻”；第二句是说，二人日后的生活中，柴米油盐酱醋茶等日常琐碎带来的“烦恼”，会重新雕琢出一个“丈夫”和“妻子”来，彼时的夫妻已经不是今日婚礼殿堂上的夫妻，是为“你们不是夫妻”；然而，二人不是夫妻，又是什么呢？岁月的行吟带走了许多光阴的故事，但二人的关系没有改变，还是受法律保护的夫妻，是为“你们是夫妻”。

我们知道，理念与概念的区别是“一而多，多而一”的，简单地说，就是一个理念散射出多个“现象”，多个“现象”抽离出一个概念。MAC 方法论作为“工具”而言的“一而二,二而一”的应用方式，也具有类似这样的特点。（参见图 4–1）按顺序讲是“一而二，二而一”，反过来进行逆向思维，按倒序讲，其形制依旧是“一而二，二而一”，只不过它的“所指”进行了一次反向显现。即先考虑 M 系统或 C 系统之间的某个“状态”这个“一”，再平行考虑 M 系统和 C 系统“二”，此“二”者倒退到“对象”的“一”。毋庸置疑，“一而二,二而一”的方式在实际应用中，会被不同播音主持艺术主体根据具体的创作“对象”赋予不同的含义，这无数的“个体性”含义组成的那个“一而二,二而一”的应用方式，已经不是原来理念阶段的“一而二,二而一”了。然而，它又被叫作“一而二,二而一”并非其他事物，符合原初的一切设定标准。因此，它还是它，只是历了岁月、经了风华，被涂染上不同的色调，但本色不变。这样，顺序的和倒序的，前后相继发生，“一而二,二而一”就有了哲学上的“三句义”意义。是为：第一句，此为“一而二,二而一”者；第二句，此非“一而二，二而一”者；第三句，此仍为“一而二,二而一”者。

其“三句义”属性的应用方式，昭示了 MAC 方法论的哲学意义与深刻内涵。

第三章　MAC 应用方法

方法，种类繁多、形态多样，是为达到某种目的而采取的途径、步骤、手段。在 MAC 方法论作为“工具”考虑的应用法中，建立在“一而二,二而一”这个应用方式基础上，在其形制内有机运转的方法问题，是需要更进一步讨论的问题。方法，分为一般方法和具体方法。沿着这样的思路，我们将分别阐述“井”字交叉法的一般方法和“十五条路径”（为代表）的具体方法。

第一节　“井字交叉法”：一般方法

两横两纵四条线，构成一个“井”字。在播音主持艺术 MAC 方法论应用过程中也有“两横两纵”之四者，构成 MAC 应用法的一般性方法。两横为 M 系统和 C 系统；两纵为有稿播音和无稿播音。

各有渊源的“四者”交叉成一个独一无二的井字形“存在者”，形成一种关联播音主持艺术全系统，继而连通宇宙的“大气象”。在张世英哲学中，如果以人作比，这一“存在者”相当于人格中的“自我”，那“大气象”就是宇宙本体，类似于人格中的“本我”，与佛家讲的“自本心”“自本性”接近。因此，这一“井字形”一般方法就与万物相合，与万有连通，天人（播音主持艺术主体）合一。在此基础上，根据“对象”（稿件、主持项目、学生、播音主持艺术作品等）的属性、题材、主题、目的、诉求等，确定用来操作的技术性 M 系统或 C 系统，在确定的那一框架内，进行播音主持艺术创作（包括教学活动）。

两横两纵四条线组成的“井”字，是播音主持艺术主体实际操作的M系统、C系统以及播音与主持两类形态的组合，但要想赋予“作品”更多的内涵与意义，使其更有历史厚度、科学精度、人文广度，就还需要 MAC 中 A 系统的参与和加持。“丼”字，为古汉字，古代同“井”，日语的发音为丼（どん）。在两横两纵的井字中间的“口”上，点一“点”，寓意画龙点睛、肚中有“货”，不虚空，而这一“点”恰恰是 A 系统的位置。（见图 4–2）

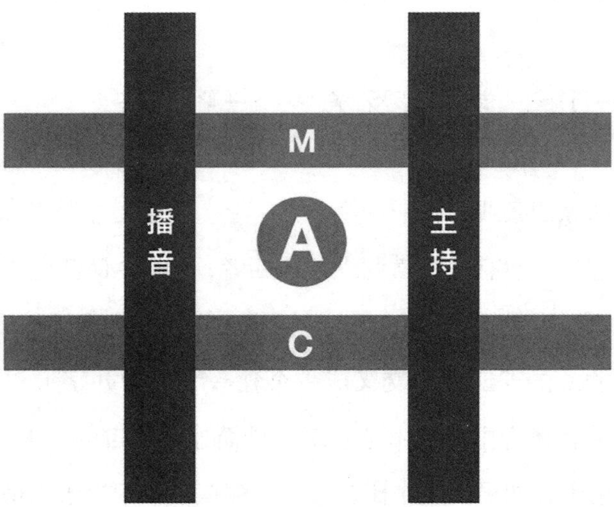

图 4–2

缘分到此，本和播音主持艺术基本无关的文字“井”，却从此刻起，从本书开始，进入播音主持艺术理论系统中。它是 MAC 方法论工具之 M、A、C 三者应用于播音、主持二者，或与二者结合的抽象化显现“井”字交叉法。

一、“井字交叉法”的含义

如果我们偏重于对 M 系统和 C 系统的操作性、技巧性的训练，可以得到极具魅力的“形貌”，好听的声音、精准的吐字、大方得体的播音主持体态、一般性表达等。然而，如果从社会大系统考量，即便上述几项素质为代表的技能综合运用，其总体“效果”也总给人一种“飘”和“薄”的印象，一种确定中的不确定感。事实也确实如此，就播音而言，一个小小的细节足以说明只有“声音”或播音的“样子”是不够的。比如，当我们阅读的文稿中出现“神祇”这个词时，多数人会读成 shendi（二声）或 shenzhi（三声），较少人会正确地读出它的读音 shenqi（二声），读错音会给人不可靠之感。实际播音工作中，不是任何时候都有足够的时间用来查字典的。这只是 A 系统支持不力的一个常见而简单的例子，涉及更深刻的历史、哲学、文学或其他各门学科知识时，没有 A 系统的强力支持，就更显捉襟见肘了。本书写作时，正值中国共产党成立 100 周年的 2021 年，因此在我一边撰写书稿，一边进行有声语言创作时，深切体会到：没有对中国近代史的充分认识和理解，是无法在文字作者的字里行间揣摩到“字缝”里的意思的，也自然无法传达文稿的内在深层精神气韵，从而丧失文字语言转化成有声语言的必要性，也就无法表达出沧桑百年的历史风云。

我们朗读《从前慢》这首诗时，首先要明确的是，全诗的主题是对从前日子的怀念、向往、感慨，隐含着对当前日子的遗憾、不满和埋怨。科技飞速发展带来的快节奏生活，让人们逐渐远离生命的本源意义和人类共同的精神家园，“初心”已然模糊不清，变得熟悉又陌生。因此，朗诵“从前的锁，也好看，你锁了，人家就懂了”这一句时，应该同时带有对现世的某种批判和对过去的某些怀想，既有贬斥又有褒扬，既有浪漫情调，又有现实观照。“从前的锁，也好看”，是感官上的好看吗？肯定不是，科技美学赋予锁各种各样的花纹、图案、形状、功能，比从前的锁好看很多。这里所说的“好看”，是借代从前的生活。“你锁了，人家就懂了”，懂什么了呢？家里没人，改日再来。今天我们看到“门上锁了”也会懂，但意义不同，也会知道家里没人，但似乎有一种“与己无关”的潜意识在引导主体想些什么、做些什么，或不想些什么、不做些什么。较之从前的“懂”似乎多了很多“意思”，但又不知道这“意思”具体是些什么。如此这般的荒诞不经、怪异茫然、不知所措、模棱两可，不管如何评价，这就是现代人对“锁”的主体意识反应。看似简单的一句话，背后隐藏着文章作者设计的前后两个世界的对比，播讲主体也要心领神会，以有声语言的方式将这些“精气神”传达出来。

这就是“井”字中间那一“点”（丼）的重要性，没有它，我们的语言或苍白无力，或无病呻吟，或停留于声音形式美，苛求声音本身的象征意义（当然，这绝非有什么不好）。中国播音学传统理论，同样强调“内容”的重要性，它不是简单的“内容”，而是主体 A 系统加持、孕育下的“内容”，是对“内容”的真正挖掘，也才能在 C 系统框架内最大限度地吸引人、感召人。

二、“强调”各有侧重

通过上文叙述，我们知道了“井”字交叉法实际上包含了五个方面的内容，各有表述，各有侧重。张颂先生把播音分为有稿播音和无稿播音，也有人认为播音就是播音，和主持有严格的区划。前者的“播音”，指的是传播声音，那自然播音也好主持也罢，就都是传播声音。后者也有道理，主持确实不仅是传播声音，还要求肢体、形貌、智慧、临场应变等素质。

如果我们按照播音和主持的划分来讨论 MAC 方法论的话，就播音来讲，突出强调 M 系统和 C 系统的技术性操作系统功能，A 系统在“备稿六步”阶段发挥作用；就主持来讲，则相反，它突出强调 A 系统的作用，M 系统和 C 系统提供技术支持，主持人需要具备全局性的现场掌控能力，而 M 系统和 C 系统是加分项，不是核心竞争力。我们看到很多专家型、记者型、学者型主持人，M 系统和 C 系统的素质都不算高，有的甚至比较弱，但强大的 A 系统遮住或消解了这些不足，他们可被称为“功能性”主持人。人们衡量这一类主持人的标准与衡量“职业性”主持人不同，更关注他们的思想、智慧、观点、态度、看法等，并把他作为认识和了解世界的一扇窗，或作为一种“声音”与自己对话。

三、A 系统支持的差异性

A 系统在支持 C 系统和 M 系统创作范式下的播音和主持时，程度、广度、深度都有所不同。支持播音时，由于有撰稿人的第一度创作，播音员 A 系统素质所发挥的作用相对较小，就像为影视剧配音的配音演员一样，是在“火柴盒里”跳舞，要尊重演员的第一度创作，在此基础上贴合、超越。播音员播讲文字稿件亦是同样道理，必须充分尊重文字作者的写作初衷、中心意图、创作目的等，在此基础上加以“还原—转化—表达”的有声语言创作；A 系统在支持主持活动时，作为创作团队成员，主持人在导演的引导下进行第一度创作，这区别于播音创作的“二度性”，A 系统发挥更多、更大作用。因此说，A 系统虽然相对稳定，随着时间的推移和主体主观情状的变化而变化，但对同样是主体情感和思维等外化的播音和主持的支持，是很不相同的。

四、“线段”MC

M 系统和 C 系统，是播音主持艺术主体的两个操作系统。播音员主持人在创作时，创作“状态”总是处于 M 系统和 C 系统构成的“线段”（一种形象化的表述）中间，永远不可能到达 M 或 C 系统，并且永远有 A 系统的参与和支持。“永远不可能”的意思是，MAC 是几何概念体系的“形而上的‘三角形’”式的存在，是理想型、理念化的，即使现实生活中没有三角形事物，也不影响几何学家对“三角形”的研究，也绝不影响几何学家对“三角形”存在的信仰。在播音主持艺术领域，MAC 方法论形制就像那“三角形”，不管实践中有多少人达到这一“标准”，或者即便没有一个人可以达到这一“标准”，也不影响 MAC 方法论存在的合理性与合法性。它是纯粹的，百分百的。因此，MAC 方法论形制，就有了可被信仰的属性，所有的播音主持艺术创作“状态”都在它的操作系统 M 和 C 之间“滑动”，即便是李易先生教科书式的播音状态，也只是截至目前最大限度地接近 C 系统的种种要求。相比较而言，M 系统的“李易”还在成长当中，也就是 M 系统下的经典播音样态（M 系统的本质是追求和创造经典，这和 C 系统一致）。当我们经过一番思索和分析后，决定采用 M 系统或者 C 系统进行创作时，实际上是确定了一个创作方向，尽量向其靠拢，达到它的“要求”，听从它的“指挥”，服从它的“审核”。对此，我们要有充分的认识和思想准备，放松心态、理清思路，享受创作的快乐与美好。（见图 3–2）

五、“井”字的实践追求：多专多能

如果强调井，而不是“井”，我们也会成为播音员、主持人，只不过是浅表层面的，或者“术”的层面的，专业教师也是同样道理。然而有了 A 系统的这一“点”的加入，打开的却是播音主持艺术主体的视野和对 C 系统和 M 系统更高品质追求的全新宽广格局。A 系统加入后，尤其是逐渐强壮后，主体对 M 和 C 系统的“术”的“专攻”，会变成扩展性的“多攻”。创作活动中，能播音，也能主持；能驾驭严肃、庄重的场面，也能玩转轻松娱乐的节目样态；能挥洒“高端大气上档次”的殿堂之声，也能流露“时尚动感小清新”的情调之音；能体现播音主持艺术传统“专业”之功，也能有素人、平民一样的朴素声音之力。教学活动中，教师可以教播音，也可以教主持；可以教“术”，也可以教“学”和“道”。

因此，MAC 三个系统与播音、主持二者共同构成的五个笔画组成的“井”字交叉法的出现，就是在提倡主体“多专多能”，以更好地适应社会发展对播音主持艺术的新要求和新期待。

六、为业者提供“可落实性”理论支持

上文提到，播音主持艺术主体的创作“状态”都处于 M 系统和

C 系统之间，优秀者无限接近二者中的一个，更优秀者可以在两者间自由转换（长期看，追求 M），表现为播音员听起来“不像同一个人”。比如，康辉在播《新闻联播》和主持“春晚”以及其他节目时，“状态”的变化就比较明显。主持人语感、表情、语言样态、肢体动作、态度等变化大，优秀的电视节目主持人，主持娱乐节目和主持大型晚会时的状态区别很大。

除此之外，“非专业”播音主持艺术主体，也都处于 M 系统和 C 系统之间的某一个“状态”中，只是他们没有明显的 M 系统或 C 系统的“痕迹”或“样子”而被表述为“非专业”。经过不断努力，终有一天也会成为“专业的样子”，或者根据当下的传播环境和艺术审美取向，他们的“状态”无须专业化也能被接受，甚至接受的缘由就是因为某种“非专业”要素（这种现象可能是短暂的，一过性的）。因此，从这个角度看，每位有声语言艺术从业者，都是不同程度的“职业”选手，是否“专业”，要看参考标准是什么。百家争鸣、百花齐放，专业领域的规格、标准之外，还应该充分考虑和尊重市场与社会的选择。毕竟，最终播音主持艺术要与“用户”（Prouser）对话，和社会对接，不能孤芳自赏、高居庙堂。

在标准、规则和追求“经典”的前提下，MAC 方法论，为每一位“从业者”提供支持，为每一位“从业者”鼓与呼。“我们”都处于 M 系统和 C 系统之间的不同“状态”，没有绝对的对与错。当然，这绝不是主张一种后现代主义先锋性的“什么都是艺术，人人都是艺术家”，我们的主张还是有“门槛”、有“标准”的，只不过这“门槛”和“标准”既不是泛化也不是滥觞化，而是缘于对市场和社会选择的充分尊重，向外扩维一些，相对更宽泛一点。若非如此，一个行业、一门专业、一个学科，很容易落入虚空与荒芜的境地。

第二节 十五条路径：具体方法

一般方法，贯穿于 MAC 应用的全过程，是统括性和指导性的。播音主持艺术主体在面对创作“对象”时，经过“一而二,二而一”的方式以及“井”字交叉法的一般方法观照后，就确定了如何应用 M 系统、C 系统进行播音主持创作和教学活动。在教学活动中，要把 MAC 作为一个教学理念整体考虑，润物无声地、有的放矢地、恰到好处地糅入教学活动中。这就涉及“具体方法”的问题，在教学活动中，就是教学法的问题。在创作活动中，就是如何具体地将文稿“音声化”和如何驾驭“场面”的问题。这里，我想从 15 个方面进行阐述，实际应用中的“具体方法”绝不限于这 15 个方面，更丰富也更多样，并且随着时间的推移、社会的变迁，一直在更新、迭代。

要特殊说明的是，这部分由于其复杂性和系统性，我只列举、讨论一些常见的具体方法，不作全面铺展。此处（第二节）结尾，我会作进一步说明。

一、目的导向

按照一条原则画出的一切几何图形，本身都显示出某种多样化的、常常是令人惊叹的客观合目的性，也就是按照唯一原则来解决许多问题，也许还以无限种不同的方式来解决这些问题中的每一个问题的那种适应性。合目的性在这里显然是客观的和智性的，而不单是主观的和感性（审美）的。[①] 世界上的每个“存在者”都是合目的性的存在，都是为某样“存在”提供目的层面的解决方案而出现。《播音主持艺术 MAC 方法论》的出现，是因为在这之前有了一个召唤性的“存在”，可能是“播音主持艺术学科理论大厦尚不健全”，目的是获得更广泛的社会合法性、合理性。主观和感性上，是克服困难达成目的的意志；客观和智性上，MAC 方法论的出现，恰恰达成了这个“目的”。这是 MAC 方法论第一个层面的“目的”，另一个层面的目的是试图解决当前社会对播音主持艺术作品的需求与内容生产方的矛盾。第三个目的，是使播音主持艺术有方法论层面的观照。

广告播音中，可以通过播音员的声音演绎，达到让更多人购买某个品牌的产品，进而达到扩大经济效益的目的。过去中央电视台的《综艺大观》《正大综艺》《曲苑杂坛》，现在的《朗读者》《开讲啦》等栏目，都有为广大人民群众提供丰富文化知识和娱乐消遣、传播社会正能量的目的；播音主持艺术教师通过形式多样的教学法的施行，有把自己的所学、所思、所想分享给学生，为社会培养人才、为国家挺立栋梁的目的。因此，当我们面对一个“对象”时，首先要想到的，并且贯穿始终的就是“目的”，所谓目的导向，正是此意。没有“目的”，再高超的技巧、再深厚的功底都事倍功半，甚至徒劳无功；没有“目的”，就像一个人没有人生方向，随波逐流、随风飘荡；没有目的，主体也就失去了创作动力和趣味，不知为何而为时，自然就不想为了。同时，“目的”是否达成，和多大程度上达成，也是检验和评价一个“作品”的标准。“目的”没达成或没有很大程度地达

① ［德］康德，邓晓芒译：《三大批判合集》，人民出版社，2009，第 224 页。

成，即使“过程”有意义，也无法代替初衷。

播音主持艺术教师以培养出全国知名的、广受人民群众爱戴的播音员、主持人为己任，这是教师的最主要的教学目的。但如果这个“目的”没有达成，会直接影响教师的自信、自尊和在教师群体中的地位。进而言之，如果整个专业教师队伍中多数人都没有达成这样的“目的”，无论什么原因，都是无法言语自恰、自圆其说的。同时，这也会极大影响学科自身的社会美誉度和影响力，以及教师群体的社会地位甚至存在合法性。进而，也会影响整个学院、学校的良好口碑。因此，“目的”是牵一发而动全身的，教师在教学活动中重视“目的”的理由，既充分，也必要。

另外，作为教师，尤其是服务于同一所院校的教师，要打破个人教学的“目的”局限，建立全体、整体的教学“目的”。以“目的”为导向提高教育水平和教学质量，竭力建设和维护播音主持艺术教师群体的荣誉。如此，“前途是光明的，道路是曲折的”才不仅仅是一句激励人心的口号。

与此同时，播音主持专业的学生，应该，也必然以成为优秀播音员主持人作为学习“目的”。这样，在学习过程中就会内生动力、助力学业，与教师良好互动，为学科的社会声誉和社会地位贡献力量。这样，也能很大程度上避免学生毕业后被迫转行，尽管对此问题有专家、学者持赞赏意见，认为是学科逐渐壮大的表现，不管如何，就业了就说明对社会有用。但这是建立在既有事实无法改变的基础上的“打哪儿，指哪儿”的话术，毕竟如果有机会成为播音员主持人，没人愿意改行，否则当初选择播音主持专业的初衷就值得商榷了。另外，学生毕业后不从事本专业工作，也是一种教育资源浪费。竞争日趋激烈的社会背景下，做出一个选择往往是深思熟虑的，并且基本是在家长等各方共同参与下的综合分析后做出的，极少存在“冲动填报志愿”的情况。

道家，奉“真实，自由”为最高境界。真实，就是事物本来的样子；自由，就是按其本来的样子发展。播音主持艺术的教师和学生，双方的“目的”具有一致性。这是二者共同的“真实”，共同的目的，他们的“自由”也是自然而然的，教师的教学资格和学生的学习权利受到法律最庄严的保护，二者又有着共同的目的。由此，无论是教师还是学生，便会，也应该一心一意了。

二、多重方案

我们在运用 MAC 方法论面对“对象”（按照主客二分的方式讲）时，不要只提供一种解决方案。教师要通过多种教学方法，结合 MAC 方法论特点，达到教学目的；播音员（配音员、解说员等）要提供不同声音样式表达，最后确定一个与画面、音乐、音效、宗旨、诉求等匹配度最高的；主持人在主持节目时，不能只采用 M 系统或 C 系统，而要结合 A 系统，C 系统和 M 系统融合、并用，找到最佳解决方案。这不仅能保证主持人全方位驾驭不同类型的节目，还能在同一现场的不同环节表现出超凡的才华。比如，M 系统和 C 系统关于发声的各自主张，就对歌唱方法和类型有不同的启发，在主持人形象不变的前提下，运用不同声线和声音形式讲说或演唱与节目有关的内容，势必感性加分、理性加分、情感加分。这也是优秀主持人现场魅力的具体体现。

对播音主持艺术专业教师而言，在充分理解 MAC 方法论的基础上，可以采用理论叙述、实例剖析的方法，让学生理解和感知 MAC 的本质、核心。同时，最好身体力行地示范 M 系统和 C 系统的声音及主持样态，做到教学生动又具体。还可以请学生个人展示，找出更趋近 M 系统或 C 系统的学生代表，用实际案例说明系统 M 和系统 C 的内涵和区别。教学法，能提供给教师更多的教学灵感和心理依据，根据具体情况，设计符合实际、切实可行的教学方案。学生在学习时，也要采取多种方案，积极主动地与教师对接。课堂之外，还可以与同学互动，参加社会实践，请教校外业界专家，对比、鉴别、判断，达到“学有所成”的目的。

主持人主持节目，尤其是综艺节目，对素质的综合性要求很高。这不仅体现在 A 系统的强大支持力上，也体现在对 M 系统和 C 系统的综合运用上。主持人，在舞台上要干什么像什么，如果一档节目有来自不同行业的多位嘉宾轮流出场接受访谈，对主持人 A 系统的要求就是全方位的，不能总是聊外行话和进行一般性的“提问”，要问“专业”的问题，勾连情感才能真正走进嘉宾的内心，让他愿意打开心扉，见到“本心”，采访的效果才能达到最佳。一位女主持人访谈一位商界富豪时问：“您这几百亿都是太太打理吗？”对方惊讶错愕地看着她回答：“你以为是在过家家吗？”非常尴尬，但凡对商业领域有一点了解，也不会问出这样自讨没趣的问题。中央电视台《朗读者》节目，有嘉宾朗读的环节，主持人有时也以朗读的面貌诉说心声。主持的语体和朗读的语体是有区别的，而“走心”型的朗读，往往采用的是 M 创作系统。如果节目中还涉及主持人唱歌，就要对 M 系统或 C 系统关于发声部分的主张做详细的了解，并掌握核心技巧加以练习。如果是通俗歌曲演唱，基本是在 M 系统的基础上进行气息和共鸣位置的调整，把共鸣位置由口腔为主调整到以鼻腔共鸣为主，气息采用横膈膜及周围肌肉群向下与丹田处肌肉群形成“拮抗”的方式，这与播音主持的方式不同。如果是美声或民族唱法，根据这类声乐的特点，采用 C 系统，在此基础上，夸大鼻腔共鸣和增加气息量。当然，我们不必一定要进行专业的声乐训练，在对播音主持 M 系统或 C 系统发声原理研究的基础上进行“调整”，就可以获得不同声乐类型的用气发声技巧。

配音，是有声语言艺术领域比较特殊的一个。它又被区分为两个领域：基本归属于播音主持艺术领域的广告、专题、纪录片、媒体声音包装配音员和基本归属于表演的影视剧配音员。“基本”二字是为了说明两者的非泾渭分明属性，理论上和一部分现实中，两者可以互通。前者，注重对声音本身的艺术化追求，后者更关注生活化的表达；前者有天然的媒体、新闻属性，后者有明显的商业属性。然而现实却是，前者的商业属性更明显，后者的艺术性更突出。因此，二者有不同，也有关联，一言两语，不能概其全貌。

朗诵徐志摩的名篇《再别康桥》，建立在对全篇文字声音感、节奏、韵律、情趣、思想基础上的创作路径，至少有三条。一条是，根据传统范式的创作流程，对徐志摩进行较为全面的了解。比如，历史背景、创作目的、彼时心境、创作缘由、思脉与心流，分析作品的段落、层次、重点、基调等，于是我们能呈现一种基于此的声音朗诵作品。第二条是，另辟蹊径，不做上述分析，直接感受文字本身带来的冲击。充分利用直觉、灵感、想象、领悟以及潜意识的作用，跟着“感觉”走，绕过原创因素的“干扰”，生成一个独属于创作者本人的“独一无二”的《再别康桥》音声作品。它也许和徐志摩创作时的心境有某些相近，也许完全不同，但没关系，从阐释学的角度看，经典作品就是在历史长河中被不断地进行时代性的理解和诠释才成就“经典”的。这样的创作方式，无形中应和了艺术的人文性，对个体生命情态的关注和展现，更具艺术价值，也更有人文关怀、人本意义。再者，我们还可以换一种思路，即第三条创作路径，走出播音主持艺术领域的创作模式，借鉴和学习表演的创作传统，就像可以归属于表演的配音演员的创作方式一样。一方面，根据对文稿相关情况的具体了解，以及对徐志摩本人性格、情感、家境等的研究，尽量揣摩和感受徐志摩当时的心境，以第一人称的口吻“说”出全诗，在语言样式上区别于“朗诵”，一种“角色感”的《再别康桥》从创作主体的生命中缓缓流出，悠悠扬扬、意境绵长、引人沉思。

教学、播音、主持，我们都不能只提供一种方案，要有平行、等价的其他方案同时存在，两相对比、多方比较，才能发现最佳方案。这是我们面对“对象”的实际需要，也正是 MAC 方法论所专注和倡导的。

三、媒介属性

人类传递信息的载体——媒介，经历了符号和信号、语言、文字、印刷、电子、数字等几个阶段。当下，我们正处于“声画”传播时代，可以理解为声画 2.0 时代。它区别于广播电视时代的声画 1.0，在互联网这个有人称其为第四媒体织就的巨大网络里，又随着互联网技术不断升级传导出的强调互动性和体验感的“新声画时代”的到来，正在创造着一个崭新的人类世界。

互联网新媒体融合了符号、文字、声音、图片等多种媒介，集

“万千宠爱”于一身。加上手机用户端的小屏接收方式和移动互联技术的加持，人际关系和社会结构已然发生了区别于以往任何一个人类历史时期的巨变：远隔千里，仿若近在眼前；近邻、对门，又仿若远在天边。这就是我们生活的时代，喜也好，厌也罢，它就鲜活又淡定地站在那里，不悲不喜、不焦不躁。

既然媒介这个“通道”“出口”如此丰富、多元，至关重要，那么播音主持艺术主体在创作活动中，就必须考虑媒介属性。比如，是中央台，还是卫视台；是广播电视台，还是互联网声画平台；教师讲课是学术讲坛，还是教学讲台，是大课堂还是小课组。

湖南卫视《声临其境》节目，通过演员和配音演员现场展示配音能力的方式，获得观众广泛好评。湖南卫视的目标受众是年轻人，主持人王凯，从把控力、声音魅力、幽默感等诸多方面都出色地完成了主持工作。但我们还是听到了一些不同的声音，原因何在呢？媒介属性，或称平台属性使然。王凯的声音充满磁性、饱含能量，给人踏实、信任感，但这恰恰不是平台长久以来培养出来的观众所期待和愿意接受的“样子”。换个角度讲，如果主持人创作采用 M 系统，发声上，不那么“实”而“有力”；气息上，不那么饱满而铿锵；语气上，不那么“正统”而老道，会不会有更好的效果呢？这里所说的“不那么”，是相对于主持人原来整体状态而言的，并且是不做是非判断的，只考虑如何更合适。

在喜马拉雅 FM、荔枝 FM、抖音、快手等互联网平台上，“大众化”三个字常常成为“作品”的隐形标签。有人会说，广播电视时代，就不“大众化”吗？不能说不！然而，此时之“大众化”已非彼时之“大众化”。互联网赋权下，此时的大众有了对声画内容的选择权，甚至某种决定权。此外，快节奏的生活、工作，让人们更愿意选择轻松、惬意的“内容”，大众传媒的娱乐功能被空前提倡，信息、教育、监督等功能被历史性地弱化（是否是阶段性的，另需讨论）。在这种情况下，播音主持内容如果还是秉持某种唯一标准，就不符合互联网平台的媒介属性和互联网传播规律。有人认为，这是一种文化倒退，不能市场要什么，我们就给什么，正如当年传播学界拉扎斯菲尔德和阿多诺关于广播音乐节目所选曲目类型是否应该应和听众的需求所引发的历史性争论一样。然而，如此僵持，经济发展，至少在“声音经济”环节，就会陷入尴尬，停滞不前，而对任何一个社会，经济发展都是重中之重。我们要调整好心态，每当人们感觉烟雾弥漫、步履维艰的时候，就是“尘埃尚未落定”之时，要坚定信心，拥抱更好的未来。

当一种新生事物来临时，我们不能过于保守，而且基于互联网的智能传播已然不是什么新鲜事物了。因此，播音主持艺术主体在把互联网当作“内容”传播平台时，要尽量采用 M 系统进行创作。它更符合和适应这个媒介的属性要求，能收到更好的传播效果，达成预期目标。同时，根据前文中阐述的 M 系统的具体要素和运行机制，它虽具有“素人化”“生活化”等特征，但又严格区别于“素人”“生活”本身，它是“专业”的，能创造经典的。只不过，它与我们理解的传统意义上的“专业”在表现形态上区别甚大，然而我们的理想和追求坚定有力，即在播音主持艺术领域，创造“魏晋风度、盛唐气象”式的时代回响。

四、预期效果

艺术创作或艺术教学都会有阶段性和长期性的预期效果设定，它有别于“目的”。前者是对某一操作的“客体”的反应，后者是一个结果。设置预期效果，会让我们的手段和方法更加具体、细腻，及时做出调整。比如，生活中男生向女生求爱。目的，当然是希望女生答应求爱，一起组成幸福家庭；效果，是希望出现女生眼含热泪、泪中带笑的幸福场景。那么，男生就要想尽各种办法，越细腻，效果可能就越好。

对于纪录片解说，我们是想让观众记得我们的声音树立个人影响力和知名度，还是追求一种把解说融入整部纪录片中，让观众没有察觉解说存在的情况下完成创作呢？这是主观上的“提问”。客观上，也关系到解说员音色、表达习惯、吐字方式等较难发生质变的问题。我们暂且搁置后者，讨论前者。纪录片，是个多工种配合、长耗时制作的艺术体裁，它的周期往往是以“年”计的，又考虑到纪录片播放时长等因素，解说一般追求“陪伴性”的创作状态。这也是尊重创作团队其他成员劳动的体现，让观众有时间和精力关注导演、撰稿人、摄像、音乐制作等幕后英雄，毕竟荣誉是集体的。

对播音主持艺术专业教师来说，如果将一堂课的预期效果定为“热烈的课堂讨论”，就要先调整自己的精神状态，积极、主动、幽默，可以将学生分组、分角色，然后互换、互动、讨论，完成课堂内容。倘若没有达到预期效果，要反思。比如，如果教师积极、主动的教学热情并没有感染学生换来同样的热情，就要更多地从教师主体本身查找原因，是教学内容脱离实际，还是“度”的把握不够精准或者有什么其他客观原因。总之，不要把原因都归咎于学生，认为是特定时代下的特定学生群体的“退化性”的共有属性。作为人民教师，就要研究这个时代是什么时代，有什么特点，有什么表现，形成这一特定时代的原因和背景是什么。进而，总结班里的这群“特定学生群体”有什么一般性的和个别性的特征，如何与他们产生共鸣，等等。例如，当下 00 后群体中流行“二次元”文化，教师就应该有所研究和了解，不然与学生产生“代沟”，不用说无法完成教学任务，就是起码的人际沟通都可能出现问题。

互联网语境下的信息公开、信息共享，导致年轻一代消费关注点从过去的注重“性价比”变成现在的“兴（趣）价比”，不管消费品的性质、性能、属性，只看是不是我感兴趣的，即“兴趣”导向型消费。当然，这是个时代命题，深究起来，篇幅宏大。一代人有一代人的文化，一代人有一代人的追求，一代人有一代人的生活，切不可因为年轻一代与自己带着“个人历史”和“时代背景”所理解的年轻人该有的样子不一致就长吁短叹，那样不仅是徒劳的，还影响正常教学活动。跟上时代的脚步，拥抱新时代，热爱本职岗位，爱护学生，就是对教师职业的最大尊重，也是自身价值最大化的必由之路。耳熟能详的话语仍在耳畔回响，“世界是你们的，也是我们的，但是归根结底是你们的。你们青年人朝气蓬勃，好像早晨八九点钟的太阳。中国的前途是你们的，世界的前途是你们的，希望寄托在你们身上。”没有这样的认识，不了解年轻人，如何为未来社会培养人才呢？还记得互联网上热传的那位“换脸”教师吗？[①]

① 某学校教学楼走廊监控视频拍到一位教师满脸疲惫地走向教室，在进入教室之前，他对自己的整体状态尤其是表情做了调整和管理，笑意盈盈地走进教室，开始上课。这是人民教师的基本素养和爱岗敬业的表现，也是伟大人格与人文性的体现。它反映出的本质与核心要义值得我们细细品味。

五、潜在“受众”[①]

我们发现，MOOC（慕课）系统中，不同教师有不同的讲授方式和话语风格，有的慷慨激昂，有的知性大方，有的逻辑严密。这些都是形式特征，如果讲授内容过于艰涩深奥，势必影响传播，也与 MOOC 的初衷背道而驰。在学校线下授课过程中，可以遵循学术严谨的原则，表述精准、到位。但在扩大课程影响力为目的的 MOOC 课程传播中，学员阶段性水准和理解能力不尽相同，教师的语言表达样态就和课程传播效果直接挂钩。考虑到潜在“受众”，就要尽量少地使用学科专业术语，不得不使用时也要用通俗易懂的语言解释清楚。肢体语言也要轻松、自然，表情和蔼、亲切，即便隔着屏幕也要尽量创造“不拘谨”的学习氛围，散发教师个人魅力。语言表达尽量生动、有趣、生活化，有对专业知识的驾驭感，让学员信任。

主持人是否要追求文化气质、知性特征呢？我认为，不要。尽管这样能得到知识分子阶层的喜爱，但更广大的收视群体并非知识分子。当他们面对温文尔雅、“之乎者也”的主持人时，会有“遥不可及”“庙堂之高”的距离感。这样违背了贴近群众、贴近生活的要求，也违背传播规律。相反，有的主持人以亲切、平民、朴实、富有同情心、喜欢拉家常等形象，成为大众心中喜爱的主持人。观众喜欢，是因为主持人虽然身处拥有话语权的媒体，但说的都是百姓说的话、做的都是百姓做的事、动的是百姓动的情。比如，有的主持人，他说的话，百姓明白；百姓的感受，他也了然。然而，我们不能说这类主

---

① “受众”二字加引号，意思是区别于被动、消极接受的听众和观众，实际上是转换了身份后的既能生产也能接受的用户（Prouser）。但是，人文艺术领域使用商业词汇，总觉违和，综合考虑，我还是选用了“受众”加引号的字样，读者明白此意即可。

持人不是“知识型”主持人，只是她的学识没有通过语言外化出来。还有的主持人，深受百姓喜爱的原因是，他的语言平实、直白，不绕弯子，往往能一语中的，直达问题核心，即便是没有多少文化知识的人，也一听就明白。主持人是连接政府和人民群众桥梁的媒体中的特殊一环，直接面对观众，直接和观众对话，某种程度上，他们能“代表”媒体的形象。设置目标“受众”时，要充分考虑潜在受众群体。与传统媒体不同的是，互联网媒体上出现了许多“百姓型”主持人，他们也许只是“功能性”的，非“专业性”的，然而他们敏锐、细腻、深邃，但不咬文嚼字、故作深沉，而是像生活中的“大白话”那样去提问、去回答、去思考、去表述。即便有些问题较为复杂，但用户群中一定有越来越多的人愿意一起这样想，这样做。所谓“关系大于一切”，欲想他人听我们说话，首先要让他人接受和喜欢我们，继而才可能愿意接受我们的观点、态度。

六、画面节奏

这是针对配音（播音）讲的，当配音员为一条广告或者纪录片、专题片配音时，一般会先看片子，导演也会表达他的创作目的、意图、风格、诉求等（电台、电视台提供栏目或全面声音包装时，也要考虑频道定位、目标人群、节目种类、比重分析等问题）。那么，看片子时配音员都看什么呢？画面的节奏是关键，它是剪辑师的第一度创作，从第一秒到最后一秒，严格遵循稳定的一种节奏。并且，配音员看片时，很多时候并没有音乐和音效，画面节奏就成了参考的重点。配音工作完成后，音乐、音效等的叠入，也都是按照之前画面的节奏进行的。播音理论中，节奏指的是源于稿件的播音员思想情感的高低起伏、抑扬顿挫的循环往复。我们可以根据这个定义，配合画面节奏，让二者有机结合。人声配音，是服务于整部片子的，关注画面节奏，也就确定了播音节奏，利于播音创作，从而为全片创作添彩。

七、音乐启迪

这部分主要谈播音主持艺术创作，无论是朗诵、现场主持，还是配音、解说，音乐的作用从来都是人声创作的重要灵感来源和风格定位根据。音乐确定了，人声部分也就确定了。任何人处理，都不会脱离某个由音乐确定的大框架、大感觉，区别只在个体理解和表达的有限范围内。

对朗诵来说，音乐往往起着引领朗诵者进入情境的作用。激昂的、舒缓的、轻柔的、有力的、活泼的、跳跃的，都首先给予朗诵者感官上的直接刺激，指引创作方向。

主持人主持节目时，开场音乐能起到烘托气氛、激发主持人热情和创作欲望的作用。节目中穿插的音乐，有补充主持人无法用语言表达的“内容”，加强主持人话语分量和与节目各组成部分串联、过渡、沟通的作用。主持人通过对音乐的把握，能更高效地掌控节目。

配音和解说时，音乐的作用大体和朗诵相同。

那么，我们该如何充分、有效地发挥音乐的关键性功能呢？播音员主持人、专业教师，要养成平时听音乐的习惯，一来陶冶性情，正如尼采所言“唯一能拯救人类的，只有音乐”。当然，这是出于对人类命运处在历史关键节点时期的哲学性、思想性判断。二来，听音乐可以在创作和教学过程中，帮助播音主持艺术主体准确、灵动地感受和发现音乐之美、音乐之魅，提升艺术创造质量。我们听音乐，要尽量类型多样，覆盖不同时间段的不同风格流派的音乐。巴洛克音乐，体现社会发展的华丽、繁复的时代特征；古典音乐，给我们庄重、大气、严肃、正式、神圣之感；浪漫主义音乐，或者向过去找寻“理想化”的影子，或者向未来寄托幻美的“希望”，旋律和编曲充满想象；现代主义音乐，丰富多样，表达了工业时代背景下的“人”的力量的崛起。中国传统音乐的高山流水、山高水长，大漠孤烟、长河落日，小桥流水、亭台楼榭，浩浩汤汤、隽永绵长、壮怀激烈、侬音依依，古今兴亡多少事，都付笑谈中。华夏文明数千年的历史，在传统音乐中都能找到不同时间段的“影子”与灵韵。日积月累，时光流转中，我们不知不觉已经对音乐产生了割舍不掉的情意，潜移默化地与音乐融为一体。在创作和教学中，无意间，我们就会受到音乐的灵感启发，使创作一气呵成、妙不可言。加上我们平时对不同风格音乐的鉴赏获得的音乐素养，单凭音乐的启发，创作的热情和灵感就已经被“点燃”了，之后会以燎原之势“燃”遍整个创作过程。所到之处，皆是情，皆是意，皆是创造，皆是美。

八、创作背景

关于创作背景，中国播音学理论“备稿六步”中有所涉及和阐述。这里，我想从文稿创作背景和播音主持创作背景二者对比的角度，再补充些个人的思考。

结合创作背景的有声语言创作，一般不会引起有关创作依据的异议和讨论，是比较常规的创作路径。考虑背景的声音创作，相当于语言学和修辞学中有关“语境”或传播学中关于传播环境的探讨一样，意义非常。我们以梁启超先生的《少年中国说》为例，分析文稿创作背景和有声创作背景二者的关系，以及由二者之不同所导引出来的创作方式的差异。梁启超所处的时代是中国近代以来半殖民地半封建社会的末期，也是民族和国家生死存亡的关键时期。康、梁二人主张的“戊戌变法”虽惨遭失败，但留下的“以国家生死为己任”的爱国精神却成为宝贵财富，一直传承到今天。他深刻地体会到，中国之未来，在于中国之少年，年轻人什么样，未来的国家就什么样。不应该是外国人言必称之为“老大帝国”之国家，应该是像年轻人一样的“少年之中国”。命悬一线、草木皆兵、牵一发而动全身，是《少年中国说》创作历史背景的毫不夸张的真实写照。如果，我们能穿越历史回到那个谁也不愿重来的彼时彼地，播音主持艺术观照下的文字有声化创作，该当如何表现这篇扣动心弦、荡气回肠的篇章呢？我想，诵读者一定是饱含深情、热泪盈眶、铿锵有力、鼓舞人心、斗志昂扬、青春激荡，同时又愤慨悲痛、无奈伤感的，情感深刻程度远超今天。对比昔日，经历了辛亥革命、北洋政府时期、民国时期、抗日战争和解放战争，革命先辈和共产党人已经完成了中国近代以来反封建反剥削反压迫的民族独立、人民解放的历史任务。今天的社会背景已经和梁启超那时大为不同，已经不是“老大帝国”，改革开放使这个千年文明古国焕发勃勃生机。因此，我们处理这篇稿件时，就不能太过慷慨激昂，引人深思、发人深省、居安思危即可，否则“过犹不及”，与当下社会时代背景不相符。

同一篇稿件，在不同历史时期、不同社会背景下进行有声语言的二度创作，会在处理方式和创作手法等方面有很大不同。其根据，就是源于对两个创作背景的对比、判断与分析。

在教学活动中，教师也要考虑他的创作背景，即教学活动的时间流动性。比如，20 年前，我们拿《春》或者《麻雀》等名篇作为教学经典案例进行分析、练习，能收到极好的效果。然而 20 年后，如果我们还是拿这两篇文章做范例，就有些欠妥。虽然，这两篇文章都为播音“情景再现”教学提供丰富、生动的素材。但快节奏的生活，城市化进程的推进、现代化水平的提高，生活在这个时代的新生代，观察和认识世界的视角和视野都变了。新一代的播音主持艺术学子们已经对“麻雀”不那么熟悉了，对“春”的感受也没那么具体了。取而代之，他们对多元文化对比、与众不同的主体性塑造和个性养成等更感兴趣，并且把这种“兴趣”作为选择和从事某项工作的驱动力。或者，他们由于信息大爆炸而被迫对什么都感兴趣的同时，也就对什么都不那么感兴趣。个性化更突出，群体性特征相对就少，这也给社会科学研究者带来巨大挑战，这个社会（阶段）似乎比以往任何时候都复杂、难懂。因此，我们应该尽早找到和当下这个历史时期特征更匹配的文字资料或更有效的教学方式，去更好地建立和年轻人的具有新时代特征的教、受关系。如果说教师传道授业、答疑解惑，也是一种“创作”的话，那么以上所述，就是在充分考虑和衡量“创作背景”。

九、教学方针

教学方针的制定和调整，是一个学校或者教育主管部门对教学的总体性、方向性、战略性考虑。如果一所高校在学校层面调整了教学方针，比如主张“通识教育”，那么在这样的背景下，播音主持艺术教育理念就应该在原有教学体系设置的基础上，做适时、适宜的调整，以更好地适应新的教学方针。播音主持艺术 MAC 方法论的全面性、具体性和实用性，也是充分考虑这一新情况所做的理论探索。当然，这是个顶层设计的大课题，这里谨略谈几句。

十、因材施教

这个话题，尽管是老生常谈，但如何实施却是关键！因材，首先要做到了解学生是“什么材”，因了这个“材”，才能考虑如何施这个“教”。学生本人往往不能客观地认识自己是什么“材”，教师就成了在教学活动中发现学生是何“材”的关键因变量。经过用心观察和分析后，无论学生适合朝着 M 系统还是 C 系统发展，都要制定针对不同学生个体的不同方案，并按此方案逐步实施，这是因材施教的基础前提。教师还要主动创造机会和鼓励学生多与业界专家接触，向他们请教，进一步确定此前对学生“材”的判断，精准定位。对学生而言，要“别裁伪体亲风雅，转益多师是汝师”，扬长补短，取各家之长补自家之短，扬自家之长育自家之短。此时，教师与学生是站在同一位置上的“亲密战友”。

由此看来，因材施教不仅是教师的责任，也是学生的义务。二者合作，共同发现“材”，然后继续合作完成“教”与“学”。

由于当前播音主持艺术专业院校正处于历史转型期，一个无须讳言的事实是：传统的教学形制已不能完全满足社会日益发展对播音主持艺术人才的需要。MAC 方法论，尤其是其中的 M 系统，这个成长于“市场”的创作操作系统，就是充分考虑这一情况后深思熟虑的理论创造。

十一、寓教于乐

寓教于乐，是古罗马诗人贺拉斯提出来的，实际上是美育和德育的统一。这里的“乐”，不仅指代快乐、愉悦，还指代“有趣”，产生趋之若鹜之效。古今中外之卓越大学者，无不强调“寓教于乐”的重要性。它能培养学生的审美情操、乐观的人生态度、主动改造世界的性情。若有效行之，事半功倍。

播音主持艺术教学活动中，如何运用和体现这种“乐”呢？以发声课为例，首先借鉴表演中“解放天性”的手段，让同学们体会轻松、自在，模仿自己在家或宿舍的样子。场面自然是五花八门、各式各样，然后将学生分为两组，一组用科学的发声方法发声，另一组用“扭曲”的发声方法发声，然后两组同学互换发声方法。当两组同学同时发声时，会产生强烈对比下的滑稽效果。这样有些关于艺术起源“游戏说”性质的实践活动，会让学生兴致盎然、乐此不疲。“正确的”和“错误的”，两相对比，比只提供一种发声方式效果要好。毕竟，所谓正确和错误，是在对比中产生的。正如善，是在与“恶”的对比或在“恶”的衬托下才显现的一样。

在影视剧配音课上，可以分角色练习，并且让学生带着这种“角色”一整天。课堂之上，校园之中，食堂就餐，领取快递，回到宿舍，每分每秒都以那个“角色”该有的样子去做，那样走路、那样说话、那样思考。不知不觉中，学生就会观察或想起之前他的经验中出现的和现在的“角色”相同或相近的人的种种表现。进一步思考、消化、吸收之后，将思考的“结果”揉入“角色”中，会收到很好的效果。而且，这是学生主动的思考，来自心灵深处的动力。他的“角色”可能是另一位同学“角色”的父亲，在嬉戏、打趣中就锻炼了神秘的“角色”感知力。对表演来说，“角色感”是灵魂，就像语言中“语感”和“规则”一样，语感好可以很大程度地代替对“规则”的学习，在语感的基础上加以规范，事半功倍，因为这是一种带有“灵魂”的规范。主持课也是一样，可以模拟不同主持场景，新闻、娱乐、晚会、拍卖会、酒会、DJ 秀、综艺、音乐、电视购物、婚礼、丧葬、脱口秀、游戏现场解说，等等。学生轮流上台，既有趣又真正锻炼了学生主持能力，尽管走上工作岗位后有些主持场景可能永远不会出现，但在此过程中学生理解、领悟了主持人的职业真谛、丰富内涵。而这一切，都源于表现各异、千变万化的“寓教于乐”式的教学方法。

十二、实践、理论“同一性”

无论是实践检验理论，还是理论指导实践，都是片面的表达。理想状态应该是，理论与实践统一于一个主体，作整体、一体性考虑。人作为一个主体，是既可以投身实践又可以建设理论的。这听起来毫无争议的表述，在实际生活中却是另外一番景象，尤其是近代以来，西方的科学以及科学式思维进入中国这片古老的土地，为这里带来现代文明，带来翻天覆地变化的同时，“天人合一”“万物一体”的传统思想也受到了极大影响和冲击。比如，实践与理论之“分”。二者本为一体，为了科学研究才被划分为两个独立的“个体”以及分属于这两个个体的两类从业群体。西方思想传统“主客二分”科学式的分析，导致这两个群体之间，似乎隔着一道永远也无法填平的沟壑。

现状基本是这样的（均为相对而言）：业界从业者缺乏理论建设，即便有，也不如学者来得深刻（总体而言，术业有专攻），而且更多是经验性研究。当然，业界绝对不缺有高水平之理论者。同时，学界和教育界，有众多高深理论造诣者，但专业实践水平相对较弱。同前者一样，群体中也有高水准实践能力者，但相对比重较小（总体而言，术业有专攻)。这样的状况存在，且可能继续存在，这似乎陷入了一个僵局：你是你，我是我。二者虽有关联，有互动，但很难还原出那个原初的“一”。

我们的工作，正是想方设法地还原出那个“一”。有了这个“一”，无论是业界创作还是教育界教学，就都会朝着教学而非培训的方向发展。张颂先生生前在一次视频采访中，对“培训”和“教育”的区别也表达了明确的态度，倡导教师群体要往“教育”的方向努力，避免走上技能“培训”之途。

如果用 MAC 理论衡量，业界人士更多的是对 M 系统和 C 系统，或在 M 系统和 C 系统的框架内钻研、思考。加之学术理论训练以及时间和精力所限，不会有专业从事学术和教育人士的理论水平宏观、系统。然而，这样的表述本身也不那么严谨，业者（播音员、主持人）从事创作，当真是没有时间和精力接受理论知识和学术思维的训练吗？教师也当真没有时间和潜能去再提高（精进）自身的专业实践能力吗？答案都是否定的。之所以有这样的认识和理所当然、习以为常，就是因为“科学”二字带给我们的“分化性”思维在作怪。凡事都讲“分析”，最多在分析的基础上“综合”一下，已经忘却了事物本为一体的天然本性。无论是业者还是学者、教育者，不是“能不能”的问题，而是“想不想”的问题。达·芬奇的人生堪称传奇，他思想深邃、学识渊博，擅长绘画、雕刻、发明、建筑，通晓数学、生物学、物理学、天文学、地质学等众多学科。如此这般，称其为“大师”，应该没什么争议。而所谓“大师”并不是少数人的专利，本就是我们的本色，人人可为，只是科学带给我们眼花缭乱的世界的同时限制了我们的想象，束缚了我们的思维，遏止了我们的“可能”。有人会问，科学不是开发大脑，让思维驰骋的吗？怎么会“束缚”人呢？诚然，科学是我们打开世界、认识周遭的目前为止最有效的手段。但它是至高无上的吗？在它之上再无其他更高明的“存在”吗？比如，人心。科学究竟是手段，还是目的呢？因此，我们不该视其为能主宰一切的力量。在充分、有效的科学素养下行为万物的同时，别忘了我们出发时的“初心”。一头扎进“科学”的世界不愿醒来，是可怕的。毕竟，科学的理论和人文的实践本就是“一”。

以上所言，也仅是理论与实践关系在播音主持艺术一个领域中的体现，也只是纵向贯通一下，尚未涉及横向拓展。广博一点讲，古今中外，像达·芬奇这样的“神”一样的人并非凤毛麟角。为何到了播音主持艺术这里，就显得异常艰难了呢？况且，这种“贯通”或称“跨界”，已经被“窄化”到一个领域中了。请相信自己，我们既可以是优秀的创作者，也可以是卓越的学术人。潜能是无限的，只要我们愿意去激发，去发现和挖掘；“可能”是一直都在的，只要我们愿意去寻求，去追逐和创造；时间是有的，只要我们愿意去“挤”，去规划和挑战。

十三、沟通之道

这部分讲“沟通”，下文第十五条谈“反馈”。沟通，是有目的性的，是手段和过程，人们通常不会为了沟通而沟通。反馈，是目的和结果，人们通常都对其有所期待。二者都源自主体的精神世界。

播音主持艺术教学活动中，学习者要勇敢地向不同教师请教、学习，不要因害羞而错失进步的机会。当一位教师对某一问题的回答没有得到你的共鸣和理解时，不要轻易对这名教师下“行”或“不行”

的结论，或对所问的问题置之不理，不了了之。人与人之间的沟通最为“神圣”，也最为困难、微妙，似乎摸不着边际。对一个问题的感受、分析和理解以及解答方式，“甲老师”也许不能明白你的心意，解决你的迷惑，“乙老师”的回答却可能让你豁然开朗、醍醐灌顶。然而，这并不能说明“甲老师”不及“乙老师”优秀，每个人都有知识盲区，也许你问的问题恰巧处在“甲老师”的知识盲区内。也许你和他的思维方式不同，他的思路、他的角度、他的观点不能被你立刻捕捉，但其他同学也许对“甲老师”有和你截然相反的感受和评价。换位思考，同情、同理，我们会发现世界比我们想象的更广博，更美好。

沟通，都沟通什么？通过什么沟通？一为理性，二为情感，三为道德。理性层面的沟通，涉及语言逻各斯的问题，本书前半部分已经有所阐述，这里先谈谈情感沟通。教师与学生的关系，是这个世界上最神圣的关系之一。没有血缘关系，此前也不相识，因为教与学走到了一起，开始了一段缘分。因此，双方都应该珍惜，努力维护这份珍贵的“缘”。除了传授和学习专业知识之外，情感的沟通能使双方心聚得更近，情变得更浓。教师在教学活动之外，应该主动了解学生的具体生活情况，关心他们的精神心理世界。学生遇到困难应该主动伸出援手，争得学生同意后给予帮助，以心换心、以情换情，守望相助、教学相长。道德的沟通，体现为双方对师生关系的确认与互相认同的行为规范。突破传统的“三纲五常”，同时也要避免越过“界限”，发生“质”的变化。师生之间如果没有“界限”，师生关系也就随之消失。

播音员主持人如何与“用户”（Prouser）进行沟通呢？广播电视时代，通过信件或节目中阅读来信的方式。互联网时代，更加方便、高效、快捷，通过平台设置的“留言”功能，播音员主持人可以直接在留言板“跟帖”，传、受（用户）双方的沟通更及时、高效。播音员主持人要放平心态，心中常有“我的播讲和主持您喜欢吗？”“哪里可以调整？”对“用户”（Prouser）充分尊重，才能获得真实、具体的反馈。

说回教学活动，教者在面对学生提问时，也不要轻易地对学生提的问题做“好”或“差”的评价，善于发现问题并敢于提出问题的学生是优秀学生的基本素质。教师在鼓励学生提问的同时，要努力揣测学生想要了解的问题的实质与核心。有时候，学生的提问不一定能完整地表述出他有疑问的内容，教师要帮助学生理清思路，找到问题的“关键”。同时，在回答学生问题时，由于个人性格与思维差异，一种方式解释不通或学生理解不畅时，不要轻易下结论，多尝试不同的表达方式和思路，以达到和学生顺畅沟通之目的。这样的“教”，因为有耐心，所以有质量，对老师本人也是一次“学习”和升华的机会，如此良性循环，教学业绩必定节节攀升；这样的“学”，因为有教师希冀“青出于蓝胜于蓝”的爱，所以充满勃勃的生机、融融的暖意。二者沟通、互动，教学相长，事半功倍。

这里，有必要讨论一个前提性的，并且贯穿“沟通”全过程的“人性”问题——尊重。在互相尊重的前提下，师生双方容易进行良好的沟通，有利于互相理解，形成“闭环效应”，使教学成果最佳化。上文所说“教学相长”，也有此意。当前，师生关系紧张问题，已经成了高校一个亟须解决的棘手问题。导致“紧张”的原因是多方面的，高速发展的社会、快节奏的生活、微少的社会试错机会、巨大的同侪压力，等等。在学校层面的表现，就可能涉及师生之间“互相尊重”

的实践问题。如果学生尊重师长，教师也同样尊重学生，彼此理解、平等相待，是不易出现教学过程关系“紧张”的局面的。一位高校教师坦言，他最怕听到学生说“压抑”二字，一旦听到，就对学生言听计从、谨言慎行。这不是人民教师遇到问题时应该采取的积极态度和处理方法，是消极应付、逃避责任的表现。学生“压抑”的根源是什么？搞清这个问题，继而对学生施以爱的援助，才能从根本上避免和解决此类问题，不给“压抑”情绪滋生的空间。

沟通之道，博大精深。人之所以为人，正是因为可以彼此进行高级别的、有别于动物本能的沟通。沟通，也生成了文明，传承着人类生生不息的火种；沟通，还赋予人类神圣、美好的生存意义。语言，是人类沟通的第一媒介，对播音主持艺术这个以语言为主要沟通媒介的行业而言，尤是如此。

十四、心理建设

心理建设，说到底就是“自信心”的建设，这又涉及唯物主义和唯心主义两个框架内不同主张的问题。究竟是唯心主义的“无条件”自信，还是唯物主义的建立在一定物质基础上的“有条件”自信呢？事实上，我们常常错把“他信”当作自信。严格来讲，在唯物主义框架下，是不真正地存在“自信”的，这种所谓的“自信”是源于系统可靠的知识体系、多元的信息来源渠道、对比不同子系统对同一问题的不同结论、鉴别过程中的是非真假，最后做出有别于他人的独立性思考后的判断。总之，“自信”是有前提和条件的，不是无缘无故的。它要依托某事、某物，或者某人，这是获得自信的第一个途径。第二，是在“第一”这个大的背景和前提下的“充分准备”。所谓“有备无患”“胸有成竹”，能使主体自信满满。第三，有巨大影响力的家族背景带来的自豪感，也能通过对优秀基因的认同带来自信。第四，由于公认的对某一项技能，比如播音，有超强的实践能力和理解能力，也带来自信。总之，获得自信的方式有很多，尽管在唯物主义框架下，自信的实质是变了形态的“他信”，尽管我们平时都反对“他信”提倡“自信”，但生活中我们更关注效果而非原因的事实，毋庸置疑。

理性主义代表人物斯宾诺莎认为，生命的本体是“思维”，而思维又是意识的本质，是“神”的属性之一。“神”的另一属性是万事万物背后的本质、规律、真理等所形成的或一般性的或形而上的“存在”。由此，我们得知：当思维和另一个属性对接时，“神”就出现了，人也就变成了“神”。当然，斯宾诺莎并不是一个“神创论”（或称“突现论”“涌现论”）支持者，他所说的“神”也不是神学中探讨和信仰的“神”。现象学和存在主义代表人物海德格尔，把生命解释为“向死而生”的过程。人的生命，是靠每一次的“表达”和“现身”而获得的。比如，喜怒哀乐、感知觉、理性、人际互动、关爱他人、关心社会等不同层面的一一“现身”。死亡，是生命的最后一次“现身”，当它来临时，意味着生命完全绽放，并且获得了新生，以别样形态进入新的循环。这就给主体的“人”一个不得不，非此不可的“自信”，否则生命的意义就是苍白的、荒谬的、矮小的、可有可无的。与其如此，何不怒放呢？在西方哲学史上，特别是唯心主义大本营，这样的生命观、人生观、价值观，还在被不断地赋予新的意义。比如，基督教文化后的“主观文化”（Subjective Culture）思潮。当然，争论也未曾有过一分一秒的停歇。但这景象是好的，证明人类的思绪在流动，心神不倦怠。

“自信心”的心理建设，可分为一般性的和个别性的。“一般性”的，统领和决定“个别性”的；个别性，要从“一般性”那里获得能量和加冕。同时，“个别性”的，要做到具体问题具体分析。比如，我们在某一个领域获得了超强的自信心，这是“个别性”的。换一个领域或者一个场合，比如粉丝无数、蜚声海内外的超级巨星出现在学术名家云集的研讨会上并发言，他便没有自信的理由和依据。因为，场景变了、领域变了，自信的源头被阻断，无法出现并发挥作用了。

播音主持艺术领域也一样，同样都是从业者，新闻播音员主持综艺节目，或者访谈类节目主持人去做新闻播报员，都需要一个心理建设和适应过程。对此，“只说我知道的，并尽力说好”可能是个不错的方法，这样可以自信地面对所有自己不知道、不擅长、不明了的事物。但一定要在这种心态之外，加强学习，温故知新，逐渐丰富自己，万不可停留在这个获得自信的方法本身沾沾自喜。

播音主持艺术专业教师的心理建设，应该如何把握呢？我认为，要加强自我意识训练并摆脱一种误区：处处以“教者”的姿态示人。“职业病”是要避免的，这和播音员主持人的“职业病”类似，二者都是通过语言表达的方式工作，容易和日常语言、日常交流方式、处事习惯等混淆。对教师而言，“好为人师”的职业病，相当于舞蹈家在菜场用舞姿与商贩砍价；钢琴家用弹奏乐曲的方式与自己孩子的任课教师沟通教育问题；书法家用书写的方式与医生沟通病情，等等。这些事之所以听起来滑稽、可笑，是因为这些艺术形式和日常生活有明显的差别，而教师“教”的属性相对隐蔽，不易察觉。隐蔽，不等于不存在，处处以“教”的姿态示人，也同样会出现上述不和谐的场面。自我意识，从而自我认识，是良好心理建设的基础。播音主持艺术教师对理论体系的掌握，有利于学科进一步发展以及自身合理性、合法性的彰显，功不可没。但众所周知，播音学的理论是科学的，也就是一般性的、规律性的，同时也就必然地缺失个体性关怀。自然科学的研究方法，被引用到社会和“人”的层面，必然会出现规律性和本质性与活泼泼的人性之间的矛盾问题。对此，我们应该有清晰地认识，理性看待由理性创造的理论，就像哲学中怀疑一切的“怀疑论者”的怀疑行为本身也值得怀疑一样。

播音泰斗齐越先生提出的“播音三戒”（戒千篇一律、戒自我表现、戒随心所欲）和张颂教授早年对“千人一声、千人一面”等现象的批判，都是从实践角度对理论“同质化”倾向的纠正（尽管它们本身就是理论）。理论，是学科建设的需要，也是为了满足人类天性中对“理论”无条件向往与探究的需要。然而，我们要谨遵以齐越和张颂两位先生为代表的前辈们的经验和教诲，万不可唯理论是从，忽略和丢失孕育它的沃土——实践场。MAC 方法论中的 C 系统正是在尊重前人智慧基础上的源于“时代感”的创造，它承传传统理论体系，并用历史的眼光看待其中“不合时宜”的部分。

诚然，纵使学富五车、才华横溢、博学强识，没有良好的心理建设，也无法有效地将其一一展现，像被施了魔法似的，有意表不出，有话言不明。央视《新闻联播》播音员李修平，在中国传媒大学播音主持艺术学院 2017 级硕士研究生论文答辩会上，谈到一名在央视做实习播音员的应届毕业生时说：“她平时播得很好，一上直播，就发挥不出平时的水平。”何故？缺乏心理建设使然！

十五、注重反馈

传播学传统研究范式，特别重视传播效果，而传播效果往往是通过形式多样的“反馈”体现出来的。所谓反馈，原意是指控制系统中将输出回输到原系统中。传播学认为，反馈就是受传者在接受信息后作出的各种反应。[①]如果我们把播音主持艺术放在传播学范式中，作为其中一个环节或要素来考察，就必然涉及对播音主持效果的考量，也就涉及“反馈”。播音主持艺术作品的传播，需要了解“用户”感受与评价，专业教师也需要了解学生对所学内容的掌握情况。

反馈是通过有关一个系统过去行为的信息来控制这个系统的未来。在一个传播系统中，反馈是一个接受者对信源（传播者）的回应，表明它的效果。[②]艺术作品，获得反馈较为容易，互联网提供了内容生产者与鉴赏者、接受者直接对话的机会，真实、直接。一套有声书作品、一部纪录片、一篇朗诵作品、一档节目，在任何一家互联网平台播放，都能第一时间并且实时地查看浏览次数（点击量），平台设置的留言功能也能及时获得来自“用户”（Prouser）对节目内容的评价、意见、建议。另外，平台基于大数据和算法技术，能科学、系统、全面地对“作品”进行评估，依托对“用户”（Prouser）所在地区、职业、年龄、性别、学历、浏览次数、停留时间等的信息数据抓取和处理，对节目效果作综合性判断和反馈，并作为下一轮投放策略的重要依据。也就是说，依托多种传媒技术，所谓“反馈”在形式上已然超越了维纳时代的受者反馈，有了系统自身的“自反馈”或“内反馈”功能。

---

① 胡正荣、段鹏、张磊：《传播学总论》，中国传媒大学出版社，2008，第 127 页。

② ［美］E.M. 罗杰斯，殷晓蓉译：《传播学史》，上海译文出版社，2012，第 410 页。

相比之下，教师想要获得关于教学成果的反馈，就不那么容易了。首先，没有这样一个平台提供互动交流的机会；其次，即使有，学生往往为了“情面”或者其他原因，会自觉不自觉地隐藏自己的真实感受和想法。教育系统，应该自上而下地建立一套“教师评价机制”，请学生为教师打分，做到教师与学生“平等”对话，打破教师通过论文把关签字权、教师共同体资源等，单方面判定学生品学状况，学生只能被动接受，无法、无力，也不能提出异议“反驳”的不平衡局面。当然，在当前社会体制尚在完善中，高校普遍施行的教师“非升即走”的生态下，单方面提出学生对教师的“考核”是有待进一步商榷的。这是一个复杂的系统工程，教师应该充分利用这种空窗期和过渡期的“主动权”打提前量，积极与学生建立平等、和谐的师生关系，创建独属自己的“内部评价机制”，形成闭环，良性互动，提高教师成就感和职业幸福感。

从整个链条出发并思考，不拘泥于其中任何一个环节，目的导向，培养出优秀的播音员主持人，要求教师主体必须重视“反馈”。正如上文所言，获得反馈的方法有很多，只要是源于对学生“真实”的爱，为学生“自由”全面发展服务，就都值得提倡。这不但不会影响教师的威望，反而会受到学生的热烈欢迎，成为“德高望重”之士。纵观教育领域中深受学生爱戴的教师，都做到了与学生亲切互动，爱人如己，对学生关怀备至，继而得到了最真实“反馈”。作为教师，不仅要主动获得学生的反馈，还要获得同事、领导的“反馈”。同时，要主动拥抱生活，大胆检视自己的“学问”是否经得住市场的考验，不要单单享受象牙塔的荣耀。“真实”的反馈能让我们认识真正的自己，再接再厉、扬长补短。如此这般，我们会获得在象牙塔里无法获得的成就感、畅快感、愉悦感。近些年，我们看到，包括清华、北大、复旦等一流高等学府在内的一批教授，活跃在互联网的大千世界里，每日转发和评论有关研究领域以及社会性的新闻或代表性事件。他们积极参加学术会议、行业论坛、发布会，与学界思想交锋，与业界实践互动。无论他们的初衷是采用“互联网民族志”的研究方法做学问，还是热爱生活、拥抱生活的本性使然，都达到了教学子系统和整个社会大系统的有效对接与融通，获得了最直接和最真实的“反馈”。这种实实在在的“反馈”，会让他们面对前方坦途时，更坚定、更稳健、更踏实，信心满怀。这是“合格的人民教师”题中应有之义，也是合格的人民教师的本体素养。

在阐述 MAC 方法论（Itself）应用法之“具体方法”的最后，我想说五句话，以表明我的心意。

1. 以上十五条具体方法，或简述或详谈。看起来，它们似乎司空见惯，实际上，要想真正理解透彻，触及真谛，实非易事。这十五条，要么体现主体对 M 系统的理解和领悟，比如第七条和第十一条；要么是主体对 A 系统素养的实践，比如第八条、第十条和第十四条；要么是创作者对 C 系统操作的应用，比如第一条、第五条和第六条；要么干脆就是体现 MAC 作为一个整体的表现，比如第二条。总之，这十五条具体方法，都是主体头脑里、心目中存有 MAC 方法论的具体体现。

2. 具体方法千差万别、千姿百态，且随着时空变换、岁月流转，不断生成。以上十五条仅仅是随意而动、信手拈来，且未作详细论述，浅尝辄止。实际上，每一条都是一个大课题，绝非短小篇幅可以承载。

3. 具体方法，在教学中，涉及教学法问题，这方面我尚未进行有效研究，乏善可陈。在科研中，涉及科研方法的问题，这应该是学术权威的工作。在创作中，涉及“各显神通”的创作法问题。对此，我有深刻体会和可供参考的实践经验，有机会另做展示。

4. 对主体 A 系统如何提升、M 系统如何显明、C 系统如何凸显时代性等问题、MAC 如何深入师生和创作者的内心等，也实实在在地体现在具体方法中。这都是基于 MAC 方法论，又超越其自身的方法体系问题。

5. 希望钻研教学法、科研方法以及实践操作方法的同仁补充、丰满这部分内容。未来，我们要在教学、创作、科研三个层面，进行具体方法的搜集、整理工作，以丰富和美化中国播音学这座理论大厦。

以上工作，不是一个人、几个人，甚至一群人、一代人可以完成的。它需要我们一代又一代人孜孜不倦地努力，在传承与发展中，将此事一直持续下去。如此，方能显示其意义、见诸“我们”的本心。这也应该是包括实践史、教学史、学术史在内的，中国播音主持艺术史研究的重要组成部分。有条件的个人、组织、机构，可以开展此项意义重大的工作。这里，我仅从方法论层面显明这一“框架”，建议一个行进的方向。

第五篇

MAC 如何可能、如何可行

MAC 方法论，是在播音主持艺术领域内容生产形态与社会需求产生矛盾的时代背景下，为解决这一矛盾而作的理论探索。那么，MAC 本身（Itself）是如何必然性地产生和存在的，它如何成就了它自己，如何必然性地外显了它自身呢？换言之，它如何可能呢？另外，面对这样一个时代性矛盾，MAC 方法论为何能行之有效、解决问题，它的合法性和合理性是什么？换言之，它如何可行呢？本篇着重论述这两个问题。

第一章 在对“在……中”的追问中

如何可能的问题，就是解决某物如何成为某物的规定性和必然性的问题，或者说某物怎么就是某物的逻辑问题，又或者有哪些条件、要素孕育了某样事物。MAC 方法论（Itself）的“可能性”，是在对“在……中”这一命题样式的追问中获得的。

一、在对科学主义的反思中

在科学主义感召下，分科、分门别类、分析、分化等“分”字的推广与应用，造成社会对“一专多能”型人才的追捧。实际上，“一专”成分更多，“多能”成分较少。并且，时至今日，“一专多能”已经不能完全适应和满足社会发展需要了。我们可以回归人类原初的起点，追求本属一体的“多专多能”的那个全面而具体的“一”，以此赢得更广阔的物质世界和更富足的精神宇宙。

在播音主持艺术领域，我们通常将播音员分为新闻播音员、娱乐播报员、财经类播音员等。将主持人分为综艺主持人、新闻主持人、娱乐主持人、婚庆主持人等。说到配音员（指代为作品配上声音，尤指人声的专业有声语言工作者）时，有广告配音员、纪录片配音员、影视剧配音员、解说型配音员等。谈到专业教师，往往是发声课老师、创作基础老师、口语表达老师、现场报道老师、综艺节目主持老师等。回溯历史，无论西东，总不乏集万千才华于一身的“大家”“大师”，他们在不同领域都有非凡造诣，名垂史册。究竟是什么造成了这一古今对比强烈的现象呢？科学，继而科学主义赋予人类“能改造一切”的自我认识，沿着这条思脉，上天入海，无所不能。

这种科学主义基因传导到播音主持艺术领域，就表现为主体技能的“窄化”，只“擅长”驾驭一种或一类节目或课程，只能搞理论研究或只能进行实践创作（总体上讲）。科学，尤其是科学主义盛行后，带给我们理性思考的同时，也让我们遇事习惯性地“分析”“综合”，较少从一个“一”的原初整体性出发去把握人、事、物。于是，我们的潜能被扼杀，我们的生命能量被消解，我们对自己的认识片面化。

对这样一系列问题构成的现象和现状的反思，使得从一个本源的“一”的整体性出发而生成的MAC方法论，成为可能。

我在河海大学作业务交流时，有位女生和她的同学悄悄地说：“这位老师只擅长配音。”虽然她被同学打趣地“出卖”了，但她本人并无恶意，只是在固有科学式的“分”的思维中徘徊过多、过久，尚不习惯从原初性的整体全面地看待问题。但没关系，人，尤其是年轻人总有无限可能。换言之，也只有这样才是年轻人。一时一地、一事一物的判断，无关“质”的规定。社会学告诉我们，人的一生都在“社会化”。

二、在对“问题”提问者的提问中

当我们面对社会对播音主持艺术人才的需求不能得到满足的现

象时，会顺势进行多种思考，提出多种问题，并试图分析、解决。但我们是否再抽离出一层意识问过，我们“怎么”以及“为什么”会提出这一系列的问题？我们怎么看待正在提问的“我们”自己？是否可以把正在提问的“我们”当作那个“一”继续提问呢？17 世纪西方哲学认识论转向给我们提供了灵感，此刻，我们应该就此站定并反观自身，认识我们的“认识”活动。如果我们这样做了，一个我们也许从未发现的完整的“一”就奇妙地显现了。“它”正在勤奋地一一提问，逐项排查，各个盘点，但就是从不把“自己”当作对象考察。现在我们开始这样做了，得到的答案，便是对问题提出者为何提问等一系列问题的回答。我们本身就是那整体的“一”，却一直视而不见，苦苦追寻近在眼前的答案，拆解问题的同时也拆分和消解这“一”的生命。

MAC 方法论，作为一种对原初的整体性“一”的考察的综合结果的理论化提炼，顺势而成、水到渠成。原来，不是社会需求有欠妥，也不是我们不够勤勉，更不是我们缺乏潜力与灵感，而是我们对自身该有的全能型素质，以及与社会需求如何对接的综合评估认识尚不足，理解尚不深，觉悟尚不够。

三、在对第四次技术浪潮的回应中

第四次技术浪潮，建立在第二次科学革命的基础上。目前为止，我们最感同身受的就是人工智能的运用。我在 2019 年发表于《视听》杂志上的《“智媒”时代下播音主持艺术“新观”》一文中，较为详细地论述了人工智能对播音主持艺术的影响以及应对策略等问题。人工智能对播音主持艺术的冲击和影响是必然的、势不可当的，机械式播报，缺乏情感、没有创造性的播音员主持人以及缺乏职业素养的专业教师，面临淘汰。这样，主张本源一体的 M 创作系统应运而生。MAC 方法论，作为一个整体，也顺势成为可能。

如此回应，是否意味着传统播音主持艺术创作方式、审美取向、艺术主张的消失呢？绝非如此！MAC 方法论中 C 系统的出现，就是在对传统理论的批判性继承中产生的，是在原系统的基础上所做的语言“时代感”属性部分地修补与优化（随着时间的推移，渐次展开）。至于 A 系统，古往今来无不强调它的重要性，甚至根本性。面对技术浪潮的冲击，它一方面像个朝气蓬勃的小伙子，勤勉好学，始终站在科技发展最前沿；另一方面，又像饱经沧桑的老者，借助科技的手段丰富着一世又一世的生命体验，曾经沧海、日落月升，巫山云雨、斗转星移。它品鉴岁月芳华，历久弥新、源远流长。

四、在对专业群体“能量”被稀释的应对中

据不完全统计，截至 2021 年，全国有 360 多所院校开设播音主持艺术专业，每年有数量庞大的毕业生走向社会。同时，伴随着“声音经济”的到来，资本驱动的产业链不断完善，有声书平台打造出的大流量主播群体，吸引更多专业、非专业人员进入行业“淘金”。竞争人数的增加，对原来“专业”群体的人气、地位、经济收入等都产生很大影响。播音主持艺术的技术性“看家本领”（如内三外四、吐字发声），不能像从前那样获得较高的社会地位，已不能“看家”了。该如何应对？根本上还是要提升自身综合实力，就是要让原有的“看家本领”更全面、更丰富、更具体，与时俱进。MAC 方法论，正是在对这样的问题和现象的分析与观照中成为可能的。

五、在对“矛盾”的回应中

本书开篇开宗明义，写作的直接目的是为解决当下播音主持艺术领域供需矛盾，逻辑起点也是“矛盾”存在的这一事实。MAC 方法论，正是在对这一“矛盾”的回应中形成，成为可能的，是达成这一目的和顺延这一逻辑起点的理论成果。

第二章　“十性”保障

一种方法，如何能达到既定目标和解决实际问题，需要逻辑论证或者实践检验。理论上，证明其可能性是第一位的，对一套方法论理论更是如此；实践上，需要理论证明和业者检验，互动、融合。那么，MAC 方法论有哪些面向，可以支撑其面对“矛盾”时的可行性呢？

一、方法属性

对播音主持艺术主体而言，MAC 是具有方法性的。它的 M 系统和 C 系统就像雕塑家脑中关于刻刀的“雕刻法”，根据主体的感受、思维、目的、情感等（A 系统支持的），将“原材料”在主体精神世界里进行融合多种要素的综合意象后，外显出来。也像影视剧创作中关于摄像机的操作方法，姜文在《十三邀》节目的一次采访中说：“导演就是把自己脑子中的东西，呈现出来。”脑子中的东西，就是 A 系统支持下的意象阶段的艺术创造，接下来通过诸如资金、美工、化妆、场务、演员等如何将这“意象”形象化的过程，依靠的是各种技术操作，也就是 MAC 方法论中的 M 系统和 C 系统，只不过在电影行业，它们另有所指。但是没有关于摄像机的具体“拍摄法”，不知怎么拍（比如镜头的推、拉、摇、移、跟的具体操作法等），势必事倍功半，甚至徒劳无功。导演是用摄像机来讲故事的，对导演来说，懂得如何使用摄像机，把“软实力”（A 系统）通过摄像机工具表达出来，是影视作品的本体属性与特征。

对播音主持艺术主体而言，面对创作“对象”时，无论是播音员主持人还是专业教师，MAC 方法论，尤其是其中的 M 系统和 C 系统，就像“刻刀”“摄像机”的各种操作方法体系，帮助播音主持艺术主体完成创作。同时，MAC 方法论作为一个整体，也是一个方法，自然也具有方法属性。我们要知晓这工具的性能、使用方法、传承章法，进一步要专注于打磨它、保养它，使它愈加锋芒毕露，光芒四射。

二、指导性

孙中山先生曾说：“人生不如意，十之八九。”在播音主持艺术创作、教学活动中也是这样，常常遇到违背本来心意的情况。比如，播音员主持人会遇到嗓音不好、创作状态不佳等情况。李易先生在 2009 年配音大师班上说：“一个月中，嗓子处于最佳状态的不过两三天，其余的都是平平，所以要学会用技术控制。”这里，所谓的“技术控制”就需要 MAC 方法论作为指导。当我们和一个创作团队商讨如何定调播音或主持风格时，我们可以用 MAC 作为指导原则，给导演以及创作团队建议。它的“指导性”让我们在创作过程中遇到“不确定”时，确定这个“不确定”。专业教师讲课时，也会不同程度地受到生活中各种事物的影响。比如家中老人身体有恙、孩子求学之路遇坎坷、职称评定不顺利等，都会影响课程预设内容的正常铺陈。此时，我们需要MAC方法论的指导，要对MAC有清晰、全面的认识，明白我们正在做的事是MAC体系的哪个部分在发挥作用，我们正处于体系的哪个阶段，表现如何。我们还要对A系统提供的对学生“高瞻远瞩”式的教师职业性凝望以及M系统和C系统提供的高悬的明灯般的技术性守望，有足够的把握和认识，这样会最大限度地降低与创作无关因素的影响。不如意之事十之八九，但关键是如何面对这“不如意”。我们要让它朝着有利于我们的方向，至少是对我们没有太多负面影响的方向发展，让这种“影响”在外界看来是微乎其微，甚至不存在的。

三、有机性

MAC方法论，作为其自身来讲，是一个有机运行着的由三个系统要素组成的有机体。M系统、A系统、C系统三者不是机械性存在的，它们互相影响，互相制约，互相转化。M和C作为两个操作系统，不是绝对对立的，而是作为两个“界限点”存在。我们平日里听到和看到的播音主持艺术作品，都是M系统和C系统中间游走的某一个创作“状态”创作的产品，没有人能够完全见到、拥有和使用M系统和C系统的纯粹状态。再优秀者，也只能是无限接近C系统或M系统的各项指标。或者这样说，M系统和C系统就像一条线段的两端，播音员主持人以及专业教师心中播音员主持人的“样子”，都处在M系统和C系统中间某一“点”（一个点，就是一个气象）上。M系统的创作状态可以经过多个维度的调整，变成C系统的“样子”，反之亦然。毕竟，二者是统一于“人”这个主体的。至于A系统，不同人有不同的表现形态，或博大宽广，或小巧灵动，它是一个“面”或

“体”的层面的问题，表现为主体的底蕴与境界等。从 M 系统或 C 系统出发，对 A 系统提出不同的要求，从播音主持“艺术性”角度说，M 系统在“去传统”特征表现下，对主体 A 系统的人文能力要求较多，也较高；相对地，C 系统对主体的认知水平及认知体系要求较高，也较多。张颂先生曾言，本科在校生以及青年教师要读中国通史、文学史和鲁迅文集，一通下来，主体的谈吐、气质会有很大提升。这说的正是 MAC 方法论 A 系统的独立外在表现，也正是 A 系统对 M 系统和 C 系统的支持作用。如果 M 系统和 C 系统是线段的两端，那么 A 系统就决定着两者之间“点”的位置和质量，这个“点”也会随着 A 系统层次和位阶的不断改变而变化。整体而言，MAC 自身的运行机制和实际应用是有机的，非机械的。

四、稳定性

MAC 方法论内部运行机制和应用法，有“有机性”的一面，同时也具稳定性。正像即便找不到“三角形”的具体存在物，也毫不影响几何学家对“三角形”的研究和信仰一样，虽然播音主持艺术工作中不会有一个纯粹的 MAC 所指向的状态出现，但丝毫不会影响我们对它的追求和信仰。从这个角度讲，它具有形而上的纯粹的稳定性，正如康德心中的“物自体世界”、柏拉图的“理想国”、基督徒信仰的“彼岸世界”、佛陀的极乐世界等，它们都不是依靠感官、印象、观念和理性、知性来认识的，而是运用我们的意志、信仰和道德来把握的。当然，这些比喻也许不十分恰切，但用它们来说明 MAC 的“稳定性”存在，是言之凿凿、掷地有声的。

五、总括性

这里的总括性，可以理解为一般性、普遍性、规律性或者提炼性。科学理论，就是一段可供证明的描述，或者系统的可靠的直觉。①凡称理论，都有这样的特征。根据奥卡姆剃刀原理，能达到同样效果的理论，越简单就越接近真理。MAC 三个字母（三个系统）的极简性，彰显了它的真理性。

对播音主持艺术领域社会需求和供应的矛盾的思考，最后形成了表现为三个字母的 MAC 方法论，它的读音类似“麦克”，重音在“麦”字上，“克”是轻声。同时，它的读音和 Micphone 的缩写 MIC 麦克接近（从音位学角度看，中文里，这两个“字”处于同一个音位），而无论是播音、主持还是授课都离不开麦克，麦克已经是我们的行业标志。当我第一次发现这个现象时，深感“缘分”的美妙与奇幻。一方面，MAC 提供了基于 A 系统作为支撑的两套操作系统；另一方面，运用 M 系统和 C 系统，都可以进行播音（有稿播音）和主持（无稿播音）创作。M 系统的“吐字”临界点、“声音”临界点、“发力”临界点、“情感”临界点，C 系统在吐字、发声、创作表达、文体业务等方面所做的源于“时代感”的补充，层层抽丝剥茧，从树叶到树枝，从树枝到支干，支干再到主干，最后达到树根，都是关乎全局的。

整体观之，概而括之，形成总括性的 MAC 方法论。

六、简洁性

总括性，不代表简洁性，有时，总括也较为繁琐。正如上文所言，

---

①　[美]埃姆·格里芬，展江译：《初识传播学》，北京联合出版公司，2016，第 3 页。

MAC 三个字母，极其简洁。简洁，就意味着易被接受，解释起来也易于理解，但细究起来，又内涵丰富，隽永绵长。MAC，随口就说、随意讨论、随心使用，皆因它的简洁性。

七、可操作性

理论与实践之间，似乎永远隔着一道很难逾越的“鸿沟”。实践，总有待于升华为理论，尽管往往不能照顾到“个体性”；而理论永远追求对实践的指导，尽管它常常滞后于实践。于是，当我们评价一个理论时，会关注它的“可落实性”有多大，对播音主持这样的实践性学科，尤其如此。

A 系统可以通过日常阅读和对日常生活的审美性体验来获得和提高，这是个贯穿一生的长跑，正所谓“活到老，学到老”。C 系统的可落实性，已经被 1958 年开设的北京广播学院以及到如今的 360 多家院校开设的播音主持艺术专业，和一代又一代播音员主持人生动、活泼地诠释和证明了。只是，我们需要对其进行“时代感”的观照、思考和调整。学界和业界的经验，是我们最宝贵的财富，也证明着它的可操作性。M 系统的“落实性”正在被，而且会继续被社会呼唤、证明和发展，生于斯，长于斯。它提倡的“临界点”不仅有物理学的学理性，而且可以被人文化、人本化地“觉知”到。毕竟，引导人从“不说话”到“说话”，然后让其体会两者间的“临界点”绝不是困难的。有了“它”，我们就走进了 M 系统的大门，至于接下来进一步“专业”的学习和训练，就成了接续发生、自然而然之事。

八、模型性

MAC不仅有上述七个属性，来保证它面对供需矛盾时的合理性、合法性。同时，它还是一个“模型”。传播学研究中，经常通过模型（Model），对各种传播现象、传播理论和各种理论假设进行简洁的描述，它是理论的一种简化形式。[①]MAC方法论也具有这种模型属性，具有构造、解释、启发等多种功能。移动互联、智能传媒时代，M、A、C的“所指”正是本书阐述和论证的“内容”，而我们回望着的“过去”与展望着的“未来”，它们的“所指”会有匹配彼时彼地区别于“当前”的时代性的表现。只是MAC这个“字样”作为一个“能指”是永恒不变的。或者说，这个MAC的“形式”是不变的，“内容”是一直处于变化之中的。也可以理解为，MAC三个字母的字样是老庄哲学中“有”（朱熹的“气”）的层面的表达，不同时代的语言学意义上的“所指”或存在主义哲学意义上的“存在者”，是“无”（朱熹的“理”）的层面的表达。

关于“模型”，第七篇会有进一步阐述。

九、全局性

面对21世纪中国社会对播音主持艺术作品的需求与内容生产方的矛盾，MAC方法论作为解决之道，是基于对学科之古今、社会发展之脉络、科学技术与人类思想的历史逻辑等审时度势后的精练总结，它是全局性的，非局部性的。如果你还记得上文中那个被重新发现的作为原初性整体性的那个“一”，就会理解MAC方法论全局性

---

① 柯惠新、王锡苓、王宁编著：《传播研究方法》，中国传媒大学出版社，2010，第23页。

的一面，这里就不赘述了。

十、思想工具性

在播音主持艺术创作与教学活动中，主体可以始终秉持 MAC 方法论理念，去面对和处理创作与教学“对象”。它是主体的思想武器，是一种工具，思想性工具。MAC，就像思想导演，主体在创作过程中，思想形态处于一种“自导自演”式的模式中。第一条“方法性”，说的是MAC提供给主体具体的操作方法，主要指的是M系统和C系统。这里所讲的“思想工具性”，偏向于 A 系统。在主体的头脑和整个生命中，MAC 就像一套工具，给主体提供工作所需的自信、洒脱、感觉、理性、提炼、分析、综合、监督、自反馈、追问、思索、怀疑、断定、概念、推理、逻辑等一整套思想，就像一个“工具箱”。同时，在生活中，MAC 也带给主体积极、乐观、反思、交往、认同、调节、纠错、表扬、假装、指责、自责、埋怨等连接情感和道德的思想工具。

总之，无论工作还是生活，MAC 都为播音主持艺术主体提供一种思想工具，连通感知、情感、道德、意志等，还原出活活泼泼的“一”源生命体，继而解决矛盾与问题。这是我们的期望，我们的道路，我们的未来，我们的来自本源的“爱”的倡议，是我们的鼓与呼。因为，我们就是“我们”。

第六篇

MAC 应用的延展性

本书建立的 MAC 方法论，不仅适用于播音主持艺术领域这一社会子系统，在音乐、绘画、雕塑、书法、舞蹈、电影、表演等其他艺术领域也同样有效，只是由于各个艺术门类的自身特点而略有差异。这里以音乐和表演为例，说明 MAC 方法论应用的延展性。

第一章 以音乐为例

中央音乐学院周海宏教授在他的《音乐何需懂》一书中，表达了他对音乐的基本态度。他认为，音乐不需要所谓的“懂”，比如对曲式、调式、旋律行进规则、节奏型以及视唱练耳、声乐基础、音乐历史等的认识和了解。人们天生就懂音乐，他指出：音乐的非视觉性（非造型性）和非语义性（非逻辑性），让人们面对音乐，尤其是严肃音乐时，不知所措。加之伯牙、子期“高山流水”的典故，人们有意无意地把自己安放在“不是子期”的位置上。因此，在欣赏音乐方面天然地、习以为常地、又理所应当地失去自信，随之失去了音乐带来的幸福感和对心灵的慰藉。同时，众多的乐评人，在人们不敢“赏乐”方面起到了推波助澜的作用。人们对某个乐曲有了些许“感觉”，但和“专家”一对照，完全不一样，立刻判定自己的“感觉”是“不正确”的。正是这几点原因，造成了今天人们普遍达成的“我不懂音乐”的共识。包括音乐在内的艺术，本就没有“正确”与否的选项。只有对不同个体、不同心境、不同场合下的相对的“好与不好”“合适与合适”之分（这里讲的是“普遍性”，不做特殊例子讨论），这也是 MAC 方法论的主张。

音乐起源于人们的日常生活，无论是模仿说、游戏说、巫术说、劳动说还是表现说，都不是专属于某个群体的，而是大众的。周海宏教授是想重塑音乐审美观念，把大众的还给大众，让人民群众的生活中重新出现音乐，重新充盈音乐带来的快乐。他介绍了人欣赏音乐，是通过人人都有的、本能的“联觉”能力。比如，一段欢快的弦乐，给人一种红色的、甜甜的感觉；一段深沉缓慢的大提琴，给人一种灰色的、苦味的感觉；一段慵懒闲适的钢琴曲，给人一种蓝色的、咸味的感觉。这就是联觉，十分简单，人人都有。

本书在写作时，张艺谋导演的电影《悬崖之上》正在院线热播，并获得广泛好评。其中的声音制作，出自这部电影的声音指导、混录师，毕业于北京电影学院的杨江。他在接受采访时表示，受到了周海宏教授《音乐何需懂》一书的启发和鼓励，结合多年赋予电影“声音”魅力的感悟、经验和对生活的理解，他也打算投身音乐创作，打破自己不“懂”音乐的藩篱。

如果我们以这样的方式打开音乐世界的大门，那么基于这种对音乐的先天“感知”能力的音乐创作和音乐欣赏，就是 MAC 中的“M”，区别于传统的各种专业性“主张”，各种“必须懂”的条条框框。就此，我们也可以说：播音主持何需“懂”。

根据 WeChat 公共账号 Sony Pro 发布的对杨江的采访视频中的内容，作为电影人，他从北京电影学院毕业后从事专业的“声音”工作，源于热爱，执着前行。但他也表达了对电影院线媒介未来的担忧。他坦言，不知道院线还能存在多久，以后会以什么样的“样子”继续存在。诚然如是！我想，那会是当下人们呼唤的或者已经萌芽的“M”系统的艺术创作与艺术接受，对电影有深入研究的人，自然有这方面的发言权。播音主持艺术呢？

第二章　以表演作比

表演方面，“M”系统的体现也很突出。生活化，避免出现“表演”的痕迹。过去的表演范式的“C”系统，因为受到戏曲的影响，比较“夸张”，表情夸张、动作夸张、语言也夸张。电影、电视出现后，其家庭客户端属性和高度的“模仿生活”的媒介特征，要求演员“放下来”，也应和媒介模仿生活的属性而逐渐“生活化”。如果说，这种“生活化”还处在“化”的阶段，当下“M”创作系统就要求基本等同于“生活”，是在“生活化”的基础上更进一步（但永远和生活有一定的距离，否则，艺术便不存在）。为影视剧配音的配音演员，本质上还是表演，无论是港台的配音演员，还是大陆年轻一代的配音演员，都和我们生活中的亲朋好友说起话来“差不多”，这样给更多喜爱这个行业的年轻人以信心和勇气进入这个行业。“声音经济”的出现正说明了这一点，但未来会怎样，还会出现有别于当下“M”系统的新“M”系统吗？这需要表演系统的业者和学者，共同运用源自阅读、思考和生活体验练就的 A 系统，做出合情合理的分析和研判。他们能做到吗？当然！演员不只是一名表演者，不只是某个商业实体，他更是诗意和真理的持有者。①

MAC 的故事在各个艺术领域，甚至很多行业继续上演。它是有关“新与旧”的故事，“新”是未来的“旧”，“旧”是过去的“新”，新旧交替互动，成就大千世界的美好。它在历史长河中穿梭、流转，本色不变、初心不改。遵循“缘起而聚，缘灭而散”的法则，洋洋洒洒、来去自如，不知行走了多少岁月，经历了几多离愁别绪，看惯了几番秋月春风。它的目标和追求是：通过“播音主持艺术”这一途径，达到主体的心理幸福与精神永恒的人生境界。那该是柏拉图的理念王国，康德的“物自体”世界，基督徒的彼岸王国，也是在禅宗五祖点拨下，慧能禅师有关“空空”的至高境界的“自本心”的觉悟。但也许，它什么也不是，只不过万古长空中的“一朝风月”而已。空与色，皆是空，空空、无无，是为本性。

① [美]斯特拉·阿德勒，李浩译：《表演的艺术》，北京联合出版公司，2014，第306页。

第七篇

MAC 模型化属性

王国维在《人间词话》里说道：

四言敝而有《楚辞》,《楚辞》敝而有五言，五言敝而有七言，古诗敝而有律绝，律绝敝而有词。盖文体通行既久，染指遂多，自成习套。豪杰之士，亦难于其中自出新意，故遁而作他体，以自解脱。一切文体所以始盛终衰者，皆由于此。

静安先生的意思是，一种文体通行久了，应用的人也就多了，也就变得形式化、套路化了。四言诗到《楚辞》,《楚辞》到五言诗，五言诗到七言诗，到了唐代，又从古体诗中孕育出律诗、绝句之新体诗以及鼎盛于宋代的“诗余”一词，都是如此。不仅文体是这样，其他艺术类型，甚至文化系统，都在这看似无规律的发展中，暗合着某种规律。MAC 方法论中的 M 和 C，代表的正是这种新旧交替规律中的“新”与“旧”，A 系统也一样，也有“新”“旧”之分，只是它的样子看起来没有变化，还是“A”。MAC 就是“新旧”迭代、交错发展规律的模型化表达。

我们在阐述 MAC 含义时，提到它在不同时代有不同所指，就像“时空穿梭机”一样，纵贯古今、连通未来。虽沾染岁月风尘、镌刻时代烙印，但都潇洒地一一拜别，不曾有半分眷恋，大踏步继续向前，直到自己消隐于“万古长空”。诚然，那本就是它“一朝风月”的宿命。

前面六个篇章，阐述了 MAC 的当代存在状态以及如何才能使其行之有效，形成生产力。接下来我们要回到过去，探寻 MAC 在那时那地的蛛丝马迹，发掘具体表象下所蕴藏的关于过去的“未来”，即“现在”的影子。同时，我们也会立足当下、瞭望未来，推测 MAC 的未来走势。两相对比中，准确把握 MAC 所指的“隐”与“秀”[1]，以及 MAC 本身（Itself）的形态、比例变化（见图 7–1）。

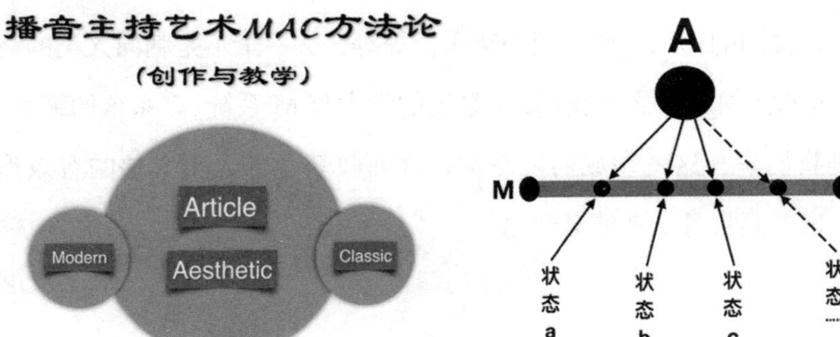

图 7–1

仔细观看左侧图示，对比图 3–1，我们会发现，A 的大小、比重变大了，M 和 C 的变小了。缘何如此呢？首先，M 和 C 是操作系统、

[1] 隐秀，是南朝梁时刘勰在其《文心雕龙》著作中提出的，是中国传统美学审美范畴，古诗词尤其擅长表现它的内涵。如王维的“空山不见人，但闻人语响。返景入深林，复照青苔上。”空山、人语、月光、青苔是外在的“秀”；静与空，是遮蔽的“隐”。张世英先生在他的《哲学导论》一书中，也提到过“隐秀”。

技术系统，对主体而言，它们是情趣、思想外化的工具，具有技巧性，也具形式审美性。然而，它们在主体整个生命情态中的比例，本身的色彩、调性，形式美法则维度，会随着人们物质生活的逐渐丰富，精神世界逐渐丰足而逐渐弱化。其次，说得更具体些，播音员主持人要想行稳致远，必须逐渐强化 A 系统、弱化 M 系统和 C 系统。年轻时，我们可以用漂亮的声音、美好的样子，轻松获得幸福。可当我们不再楚楚动人，不再潇洒俊朗，靠什么维持这份迷人的幸福呢？而这幸福，正是人类千方百计苦苦追寻的。哲学家是这样，思想者也如此，艺术家更如是，历史风云人物的心中都萦绕这般理想。“克己复礼”“坐忘”“心斋”“小国寡民”“兼爱非攻”“老死不相往来”“万古长空，一朝风月”，巴库斯的迷醉、梵人合一、希伯来文明分化之争、柏拉图的理想、黑非洲的舞乐，等等，哪一个不是朝向人类的终极幸福呢？如今，之于我们，A 系统的膨大与 M 系统、C 系统的缩小，既是我们享有这一领域内之幸福，继而收获全部人生幸福的有效途径，也是其自身发展的必然趋势。

第一章　古今对望

新中国广播事业肇始于 1940 年，延安新华广播。从本书建立的播音主持艺术 MAC 方法论分析，无论是刚成立时对国民党“假和平，真内战”的批判，还是后来抗日战争、解放战争、探索时期等几个阶段，播音在用声方面都表现为“高”“脆”“亮”，且是“横”着的，突出口腔、鼻腔共鸣，弱化胸腔共鸣。总之，声音基本是在喉腔以上的，高频较多。尽管各时期有些不同，但基本都符合这样的特点，加上录音设备的相对落后，今天听来，辨识度极高，无论专业与否，一听便知是有关那个时代的历史性声音。这一切，都是被客观规律和社会现实决定了的，不是人们自由选择的，一如改革开放之后播音风格大转变也是被决定了的一样。

从 1978 年开始，对内改革、对外开放的政策，让这个近代以来饱经沧桑的民族又一次历史性地与世界联结，重新以一个主权独立的国家（开始于 1949 年）屹立于世界民族之林。中国社会从那时起发生翻天覆地的变化，人们的思想得到解放，经济得到空前发展，“多元化、立体化”成为这个时期中国社会的主要特征。在播音主持领域，开始出现有别于改革开放前的声音样态，在朝气蓬勃、奔向新时代的人们的期待和祝福声中，以“膛音”著称的新中国第一位男主持人赵忠祥登上历史舞台。此后的倪萍、周涛、王雪纯等，声乐界的阎维文、佟铁鑫、戴玉强、廖昌永、殷秀梅等，播音员陈醇、铁成、关山以及配音演员李易、孙悦斌、李野墨、徐涛等，[①] 这些分属不同行业的“人声”艺术家，在用声方面都体现了改革开放之后社会样态变迁后的“立体”感与“多元”性。他们的声音普遍融入了胸腔共鸣，使声音“竖起来”、立体化，表现出对“技巧”的极致追求，吐字饱满、发声位置“统一”、情感浓郁。

和一个漫长的历史时期相比，在当下这个令人精神焕发，对未来充满希望的时代下，播音主持艺术的这种“新样态”，可称之为那个时代的“M”系统下的产物。随着时间的推移，公元 2000 年前后，发生在中国大地上的互联网革命，又一次改变了中国社会。科技的力量，势如破竹、不由分说地改造着人们的社会生活。习惯报纸、广播、电视等媒体的人们，还不知道这个 21 世纪的新鲜事物将会给他们带来什么。经过快速的互联网代际发展，结合移动互联技术以及大数据、云计算、人工智能等，被技术赋权的人们，通过互联网这个融合多种媒介的新媒体，充分表达着他们对播音员主持人的评价与评判标准。这极大改变了过去电台、电视台播什么听众观众就听什么看什么的局面。互动，成为这个时期传媒的主旋律，甚至出现了“应和”听众、观众的情况。变成了用户需要什么，内容提供方就播什么。比如，当下最热门的传播媒介“短视频”，它的逻辑是建立在对用户群体充分尊重的基础上，继而又考虑他们的“浅尝辄止”属性、时间成

① 所列人名，为各艺术领域之代表，时代中每个领域的恢宏气象，都是众人之合力效应。

本消耗容忍度、追求“兴”（趣）价比等接受特征的。这个局面的开启，和几十年前的改革开放一样，至少在某个层面、某些领域决定着播音主持艺术的基本形态。一种轻松、自然、不做作的播音主持形态，在这片土地上孕育而生，它是广大人民群众的自主“选择”。从此，一个新的“M”系统诞生了，过去的“M”系统成了今天的“C”系统。虽然昔日“立体”“多元”式的播音主持形态（C 系统下的“作品”形态）还有广泛的市场，但在互联网平台上，人们更青睐与自己日常生活相似、相近的，接受起来轻松惬意的音视频样式。浏览互联网几大声画平台，我们会发现点击量大、排名靠前、深受人们喜爱的“作品”多是当下 M 系统下创作的“产物”。虽然，创作者自身也许对“M”并无了解，也没有研究，但他们每天就是这样想，这样做，这样创造着的。

MAC 方法论，不是在为播音主持艺术大众化鼓与呼。且不说它的 C 系统就是经典播音理论体系的新时代表现，仅仅说，M 系统是为新时期生长在大地上的播音样态的理论升华与主张，正如当年播音理论的渐趋成型并最终问世一样，就能凸显出它对专业和经典的追求和向往，彰显浓浓的人文情怀与烈烈的赤子之心。毕竟，MAC 中一个叫“M”的理论层面的创造，人们是渴望的、欢迎的。他们的创作，他们的作品，他们的“专业”需要被“证明”、被加冕、被认可、被看见、被尊重。M 系统诞生之前，他们的“专业”还没有在理论上被认定为“专业”，M 系统的当下意义也正在于此。当然，以 M 系统衡量，他们还尚未做到周全，只是若用 C 系统考察，他们也许就直接被归为“非专业”“爱好者”“学习者”。历史教给我们的一个本事，用不拘泥于任何一个时期的眼光看问题，仰观世界、俯察现象。

到 2021 年，全国推广普通话已历 65 年，设立普通话推广周也已 23 年。总的来看，全国各地区普通话水平有了量和质的双重提高，尤其是年轻一代的普通话水平，普遍高于他们的父辈和祖辈。据新华社 2020 年 9 月 14 日和 2021 年 6 月 2 日两次报道。截至 2020 年，我国全国范围内普通话普及率达 80.72%，比 2000 年的 53.06% 提高了 27.66 个百分点。这样，播音员主持人标志性的“普通话标准”的优势，渐渐变小。随着音频、视频技术的发展，美化声音、优化视像的应用软件随处可寻，且操作方便、效果极佳，这又使得播音员主持人的另一优势“嗓音好、形象佳”，渐趋削弱。那么，播音员主持人的核心竞争力还有什么，应该在哪呢？发达国家媒体中，广播电视播音员主持人的样态表现可以给我们提供参考。有一个现象值得注意，当我们收听收看这些播音员主持人的节目时，既听不出也看不出主持人和嘉宾在形式上有十分明显的区别，有时嘉宾似乎还优于主持人。那么，他们靠什么呢？仔细观察我们会发现，这些播音员主持人的知识都比较渊博，思维都比较敏捷，视角都比较独特，提问都比较深刻。对！就是这些源于 A 系统的大力支持，铸就了他们的核心竞争力，嗓音、形象、技巧等已退居其次。

这是 MAC 的古与今，这是我们当前要思考的，关乎我们过去的。而我们的未来，又会如何呢？让我们乘着想象的翅膀，来一次漫无边际的畅游吧！

第二章　未来畅游

北宋文豪苏子瞻《定风波》有云：

莫听穿林打叶声，何妨吟啸且徐行。竹杖芒鞋轻胜马，谁怕？一蓑烟雨任平生。

料峭春风吹酒醒，微冷，山头斜照却相迎。回首向来萧瑟处，归去，也无风雨也无晴。

东坡先生潇洒豪放、俯仰天地，洞悉众生相，又得来平常心，实在令人敬佩、艳羡，心向往之。这种豁达、通透，又“难得糊涂”的悠游自在，实在是该当传承之德道观念。21 世纪的我们，深得人类物种数千年集中、精粹文明发展之恩泽，手持智慧火种，脚踏科技巨轮，怀揣祖先锦囊。然而面对未来，我们的脚步却有些踌躇，小大不一、深浅不定，甚至有些茫然与迷惘。前路漫漫，何不边走边唱，有收有放，即便我一无所有，也难得一身轻松，“一蓑烟雨”了此一生，落得个畅快淋漓。“后之视今，亦犹今之视昔。悲夫！”站在未来看现在，就像站在现在看过去一样，如此循环，真够可悲的！人类该如何，或者是否可以摆脱这宿命般的生命循环，获得自由与幸福呢？东坡先生用他的生命之音和智慧之想，传来了历史的消息。当今中国播音主持艺术所面临的困境，也只是我们人生中、悠悠历史里的一处萧瑟、一丝风雨。有朝一日，我们立于未来某处回首时，定难免感叹：那曾经的悠悠愁愁，竟也云淡风轻、朦胧迷离。放下众生相、捡拾虚空无，寻找纯粹的来时路，阳光、自信、善良、勇敢、豁达、热情、友好、包容、认真地品悦生活的色与味。

此刻，邀请读者（你）和我一起来一次思想和心绪的双重漫游，插上想象的翅膀，感受生命的律动，明觉思绪的流淌。“桃花依旧笑春风，春风十里不如你。”你，才是这天地间的可爱精灵；你，才是一切理念的孕育者；你，才是这浩瀚寰宇之本。

2021 年 6 月 18 日，星期三，上午 10：00，晴

35 岁的主持人、教授梁小柠今天休息，她正和几位好友悠闲地享受着和煦的阳光。天上的朵朵白云不停地变换着造型，诉说着它们过往的点滴情话；微风拂面，携来邻城一对儿情侣象征着爱情玫瑰的馨香，又随着一阵微风向更远处传递着喜悦的消息。梁小柠的一位朋友叶子讲述着她 3 个月的欧洲旅居故事，有在意大利的街头演唱歌剧《图兰朵》片段的艺术家；有法国巴黎香榭丽舍大街香氛的迷人味调；有英国乡村美丽的田园风景；也有苏黎世郊外让人流连忘返的山水美色；还有北欧人“断舍离”的生活哲学以及希腊故事中蕴藏的厚重历史与人文。她们说着、笑着，品尝着亲手调制的咖啡。来自埃塞俄比亚的咖啡豆，完成脱壳去皮处理后，通过公路和铁路运往港口，工人们小心呵护，避免豆子间过多的碰撞和摩擦，而影响最终饮用口感。

然而意外还是发生了，卡车侧翻在了 715 号公路，咖啡豆大面积地散落在裹挟些许细沙和尘土的路面，经过 3 个小时的紧张“施救”，所有豆子都被重新装车。同时被装入的还有路面上的沙土、颗粒以及工人们忙碌时滴落的汗水，然后继续驶向码头。咖啡豆被码头工人装入大型集装箱，执行此次运输任务的负责人 Dawit 的眼神里充满了对这批豆子的期待，希望能给远方的朋友带去欢欣和愉悦。在海上颠簸了几天几夜后，这批咖啡豆终于到达目的地，并通过陆路送入烘焙加工厂，经过精心的炒制和专业处理后，又被送入咖啡超市，梁小柠和她的朋友们此刻正在享用。她们当然品尝到了种植园主的辛勤劳作，看到了他抬头望天被太阳照耀的脸，感受到了吉布提港海岸的风，以及海水分子淡淡的咸。

“逝者如斯夫，不舍昼夜。”伴随心情的漫游，时间一分一秒地溜走。梁小柠脚下的那只已经与她朝夕相伴了 12 年的“地中海棉花糖”比熊犬，将不会看到明天照常升起的太阳。3 天前，这只被唤作“淘淘”的比熊犬，开始咳嗽并伴有呼吸急促症状，但吃喝正常。她本想可能是感冒，过几天就会好转。不幸的是，第二天凌晨 4: 40，淘淘走了。前后 3 天的时间里，它并没有表现出一丝一毫的痛苦，眼睛炯炯有神地看着它的主人，舍不得睡去，两天两夜不合眼。它是要把这世界看遍、看穿、看明白，它是多么留恋这 12 年与主人的情意。往昔光景历历在目，来家里的第一天它不小心把沙发尿湿了，主人笑着摸了摸它的头表示原谅。那之后的日子里，梁小柠给它买了一大堆玩具，好看的衣服、鞋子，在它生日时为它准备了可口的蛋糕和带有年龄数字的蜡烛。被邻居狗狗追咬后主人的疼爱、生病时主人对它无微不至的照料、无数次与主人默契的眼神交流……“无声胜有声”，彼此心领神会。所有这一切，在它知道没有任何力量可以让自己继续留下来的最后两天，一点不多、一点不少地又重新“过”了一遍。梁小柠陷入极度的悲伤之中，她把淘淘安葬在一处风景秀美的花园里，周围开满鲜花，郁郁葱葱的苗木、绿油油的小草环绕四周。

转眼一年过去了，梁小柠再一次来到淘淘长眠的地方。阳光有些刺眼，站在参天大树撑开的斑驳树影下，梁小柠发现今年的花开得格外耀眼，树木也粗壮了一圈，长高了不少。她知道，这些都是关于淘淘的消息，就在那些红得发紫的花瓣里，绿得发亮的树叶上，青翠欲滴的小草中。一条青虫正在享用它的绿叶大餐，一只强壮的麻雀同时也发现了这只肥硕的猎物，晚餐不愁了。饱食一顿的麻雀飞过京杭大运河，排泄掉了那只大绿虫的被吸收营养后的“残渣”，顺着河水一直奔流，去到无边无际的远方。

一年了，虽然梁小柠时常想起淘淘，但比起一年前，心情算是好多了，这也要感谢淘淘的兄弟“跳跳”的安慰。她又开始像往常一样，约请她的朋友们共度下午时光。一切都仿佛和一年前一样，一样的微风、一样的云朵、一样的咖啡。但似乎一切又都不一样，所有的一切都上演着有关淘淘的消息，就在那一缕轻风吹过淘淘长眠之地带来的花的芳香里，就在那片云朵变幻的造型中，还在那只麻雀排泄物经由运河流入大海，又神奇地融入咖啡豆里的分子颗粒中。梁小柠知道，一切又都没变，淘淘也从未离开，只是以不同的方式继续存在着，继续陪伴着她。

梁小柠的故事，饱含她的深情、她的感性、她的源于生命本源的人性温热。而这，正是生活在这个时代的人们所推崇、呵护的生活，是对科技高度发达的人文升华，人们对此喜闻乐见，习以为常。当然，他们时常讨论着 100 年前的人们对科学的追逐和神圣化等话题，此时的科学是为透射人性光辉而采取的必要手段，已与“主义”无关。

今天，作为主持人的梁小柠，打算把这一切分享给她的听众和观众们，这也是她作为播音员主持人的惯常工作方式和话题来源。梁小柠继承了她爷爷的优秀基因，长相秀美、知性大方、性格开朗、嗓音动听。因此，她获得了众多粉丝的支持与追捧。她并没有像爷爷那样经过专业“训练”，经过吐字、发声、创作技巧、表达训练、文体分析，在一套“标准”体系下成为“职业”的播音员主持人。取而代之的是，知识体系与审美生活引导下的有关播音主持艺术的观念、认知和体悟。梁小柠的同行们都和她一样，带着对未来的憧憬和对历史的尊崇，看待爷爷的“专业”，守望爷爷的历史以及先辈们那个时代。节目结束后，梁小柠还要到一所大学教书，这里正是爷爷当年学习的地方。清晨的朗朗之音，结合了对风吹、雨落、鸟鸣、虫吟的审美觉知；关于唇舌的活力，升腾出了道家“真实、自由”的妙境；正襟危坐，融合了源于播报内容的头、手、躯体以及生命本体的自由、自然摆动；洋溢着青春笑脸发出的承载厚重历史的诗文，是由“曾经沧海”的长者娓娓道出的；百年前因为不合“标准”而被取消参赛资格在角落偷偷落泪的女生，永久地定格在历史的刻度里。此时的“标准”，多元共生，海纳百川。

梁小柠教授博雅课上的同学，都是热爱播音主持的新时代青年，他们的课程系统涉及众多人文社会科学知识。祖辈们留下的伟大创造《中国播音学》，播音哲学、播音心理学、播音说服学、播音美学、播音修辞学，还有语言学与应用语言学、传播学、修辞学、社会学、心理学、社会心理学、文化学、哲学、政治学、逻辑学、中国通史、世界通史、中国文学史、世界文学史等。梁小柠教授不是所有这些学科的专家，她通过触类旁通，以点及面，“以专求通”等方法，最终实现了“通识”“博雅”的理想。她深深地知道：从一个侧面讲，所谓通识之所以“不通”，是由于不“专”，真正“专”了，自然就“通”了。这并非所有人的路，但确是一条路。她熟知爷爷那个时代播音主持的情况，并仔细研读了爷爷的书稿和文章。于是，才具备了获得“通识教授”职位的能力，她也毫无保留地将这些体悟传授给她的学生。而学生们，也会以同样的方式参与到社会发展和国家建设中去，用新时代传媒人的“样态”传播新时代的“声音”。美学，成了这个时期最受欢迎和最能让人们获得幸福的学问，结合着中国传统的“天人合一”思想和西方文明脉络里哲学智慧的“主客二分”，人类已经超越“第二阶段”（黑格尔称其为“好无限”），在“第三阶段”里幸福地生活了。祖辈们倡导的观察生活然后用于创作，被今天的人们一丝不苟地贯彻执行着。人们已经见到了中国古代哲人“本能地找到了宇宙旋律的秘密”[①]，生活就是审美，审美就是生活。费孝通先生的“各美其美，美人之美，美美与共，天下大同”的世界，已经实现。

此刻，我仍心心念念地想与你共勉：

回首向来萧瑟处，也无风雨也无晴。

① 宗白华：《美学的境界》，文化发展出版社，2018，第 32 页。

附录

关于纪录片解说创作的几点讨论

附录文章就纪录片解说的创作流程、创作模式和主体素养三个问题，铺陈了一些我的思考。实际上，对这三个问题的讨论还可继续拓展、延伸。放置此处，是为本书 MAC 方法论之附录，谨供参阅。

一、选题缘由及“三者”关联

2011 年 1 月 1 日，中央电视台纪录频道开播；2012 年 5 月 14 日，一部受到观众普遍欢迎的纪录片《舌尖上的中国》开播；2018 年 1 月 22 日，由 AI 技术合成已故著名配音员李易的声音担任解说的纪录片《创新中国》在中央电视台纪录频道首播。这些昭示着纪录片这一艺术形式开始走入普罗大众的审美视野。作为纪录片创作主体与构成要素之一的“解说”也随之受到广大观众、听众的欢迎和追捧，比如《舌尖上的中国》解说李立宏，已成为一种现象与符号，家喻户晓。

改革开放后，从《话说长江》解说陈铎以及同时期的方明、虹云、赵忠祥、雅坤等为代表的播音前辈，到以《再说长江》解说李易以及徐涛、任志宏、李立宏、孙悦斌、姚科、苏扬等为代表的配音专家。

处于不同历史时期的纪录片解说人创作出了具有典范意义和历史、艺术、人文价值的有声语言作品，彪炳史册。他们在创作的同时，也总结、提炼出有关纪录片解说的创作规律、播读方法与心得体会，通过开办培训班、专题讲座、经验交流等形式传“术”布“道”，讲“经”说“法”。

笔者作为从事十余年纪录片、广告片、专题片、宣传片等配音工作的新一代解说员，对纪录片解说的实际操作流程、规范标准等有了直接的理解和认识。纪录片解说，涉及风格、技巧、与团队的合作、创作模式、创作流程、解说员的专业素养等一系列问题，结合实践工作经验与文献资料，笔者欲就其中的创作模式、创作流程与解说员的专业素养作进一步研究。

（一）解说员的经验较少以理论文字形式输出

笔者在刚接触纪录片解说时，非常渴望了解纪录片解说的创作模式、创作流程以及成为一名优秀的纪录片解说员应该具备哪些专业素养。笔者在入行的前几年，就是因为对以这三方面为代表的纪录片解说常识了解不足，致使创作实践与专业学习，步履维艰。如前文所述，纪录片解说员会在创作之余发扬“传帮带”精神，为年轻一代指点迷津。然而，解说员前辈们往往通过私下谈话或举办培训班的形式传授经验，较少形成理论文字。三言两语、一场谈话或专题讲座，都是解说员们对包括有关纪录片解说创作模式、创作流程、解说员的专业素养在内的切身感受的直观表达，是纪录片解说行业的宝贵经验。将其整理成文字、上升为理论，能更好地指导实践。

（二）有助于创作团队与解说员沟通

纪录片创作，是各工种间通过协同合作才能完成的一项艺术创作活动。其中，解说员与编导、撰稿人之间要达成文字、音乐、画面等方面的共识。如果编导、撰稿人、制片人等了解解说员具体的创作流程，有意识地提供适合转化成有声语言的文字，以及尽可能全面的参考素材，就能降低这些外在因素对解说员创作的干扰。与此同时，解说员的专业素养也才能在语言表达中得到最大限度的发挥。但实际情况，往往事与愿违。举例来说，如果编导提供的解说参考只是文稿脚本，以此为起点，解说员就开启一种依靠想象去创作的模式。其结果，可能与该片最初的策划案南辕北辙，给后期制作增加难度。

（三）创作模式与创作流程关系紧密

创作模式影响创作流程，创作流程寓于创作模式之中。不同的创作模式就像不同的房间一样，创作流程受不同“房间”条件影响。无论在哪种创作模式中，创作流程都按照前期沟通、备稿、录制、反馈依次展开。

（四）专业素养对创作模式与创作流程形成反作用力

创作模式与创作流程是解说创作的外部条件和环境，是解说员完成解说工作的方式、流程、步骤，解说员的专业素养能帮助解说员弱化创作模式与创作流程中遇到的问题。张颂先生在《中国播音学》中对此现象有一个解释：“一些有经验的老播音员，由于根底深厚，广义备稿基础好，理解稿件，具体感受这两个过程在瞬间完成。”[①] 因此，对纪录片解说员专业素养的研究是必要的。

通过对大量有关纪录片解说研究理论文献的整理与分析，笔者发现有关创作模式、创作流程的理论研究非常少。笔者结合自己十余

① 张颂：《中国播音学》，中国传媒大学出版社，2003，第38页。

年的解说经验，分别对二者做了基于实践创作的总结归纳。另外，在《中国播音学》既有播音员专业素养的基础上，提出纪录片解说员还应该具备的专业素养。以上两点可视为本文的创新之处。

对创作模式、创作流程与解说员专业素养进行研究的意义在于：

（1）能帮助新一代解说员更快地进入解说创作；

（2）有利于团队成员高效协作；

（3）更系统地指导实践创作；

（4）提高纪录片创作工作效率。

二、文献综述

（一）纪录片解说理论研究

《社会科学大词典》中说，纪录片是直接记录现实生活或重现过去历史中的真人真事的影片。它以真实生活为创作素材，以真人真事为表现对象，并对其进行艺术的加工与展现，以展现真实为本质，并用真实引发人们思考的电影或电视艺术形式。是一种用言简意明的文字，把事物的形状、性质、特征、成因、关系、功能等解释清楚的表述法。《宣传舆论学大辞典》中说，解说是在广播、电视、电影中所作的必要说明，是对解说词的朗读。据此，纪录片解说应该是将文字语言通过还原、转化、表达的方法生成有声语言的工作过程或工种名称。在中国知网键入“纪录片解说”或“纪录片配音”，共得到 140 条结果。对其进行分析，具体内容主要集中在如下几个方面。

1. 关于风格

播音风格，从广义上讲，包括播音创作中所体现出来的时代风格、民族风格、阶级风格、节目和稿件风格、播音员的风格。[①] 播音风格，是播音员和播音作品能为受众直观获得的感性要素，是播音创作主体的个性标签之一。陆荣盛的《电视纪录片解说者应具备的素养及风格的形成》一文认为，纪录片解说风格的形成不是一蹴而就，而是一个日积月累、循序渐进的过程。他用“武功”作比，学习武功者从低级到高级分四个阶段，分别对应着解说风格。卞丽敏在《电视纪录片配音的风格化探讨》一文中，通过对《舌尖上的中国》《茶，一片树叶的故事》《净土喀纳斯》等几部经典纪录片的分析，得出纪录片解说风格与外部语言技巧和内部情感表达有关的结论。《舌尖上的中国》解说李立宏与《净土喀纳斯》的解说李易，有浑厚深沉、丝丝入扣与浑厚刚毅、气势磅礴的风格差异。此外，邢梦莹的《中国电视纪录片解说发展历程之成长期》一文，以《话说长江》为例，提炼出“话说”“柔中带刚”“张弛有度”“目中无人”的风格特征。

2. 关于技巧、方法

纪录片解说的技巧和方法直接关系到有声语言的质量，在各专业院校的课程设置中，也把语言技巧与吐字发声方法列为重点。彭晓燕在《试析电视纪录片解说的创作技巧》一文中，以《地球脉动》为例，提出了角色定位（“引领者”和“解疑者”）是纪录片解说的重要表达技巧的观点。毋庸置疑，“引领者”给人一种积极诉说的强烈感受，“解疑者”为观众答疑解惑，解说语气渲染悬念，而后层层揭开。许康宁在《电视纪录片配音技巧浅析》一文中认为，纪录片解说的技巧还是要从基本的“内三外四”着手。而张晶武在《纪录片创作中解说

① 张颂：《广播电视语言艺术》，北京广播学院出版社，2001，第 162 页。

的作用及配音技巧分析》一文中认为，纪录片解说风格没有定论，要根据纪录片类型的不同，合理运用与之相适应的技巧，具体问题具体分析。

3. 关于协同、合作

传播学“关系辩证法”理论[①]，将人和人之间的关系看作是多组矛盾的辩证统一。一个要素紧张，其他要素随之紧张，关系便对立。平衡消解矛盾，人和人的关系便和谐、融洽。对于纪录片，解说员能否处理好与其他要素的关系，关乎纪录片的整体质量。农必全在《论纪录片解说的创作路径》一文中，以央视系列纪录片为例，认为“纪录片就好比是一部合奏交响乐，而交响乐的核心在于配合。好的解说就好比是一把好琴，总能与周围的丝竹配合奏出美妙的乐章。唯有如此，才能真正实现纪录片解说中的‘琴瑟和谐’。”[②]李明坤在《纪录片解说与声画要素的关系》一文中强调，纪录片解说要与声画要素相互配合，“解说、音乐、音响、同期声的融会贯通，渲染丰富了纪录片的画面语言。”[③]游渊在《如何把握电视纪录片解说与其他创作元素的配合》一文也提到，解说员应该主动承担起和其他各要素的配合责任。罗京在《谈电视播音中画面与解说的关系》中提出“以画面来反映形象的部分，而以解说来反映抽象的部分，使两者的长处充分发挥”[④]的观点。此外，张利在《浅论纪录片创作中解说的作用及配音方法》中提出纪录片解说要与画面完美契合。孟旭舒在《纪录片解说

① [美]埃姆·格里芬，展江译：《初识传播学》，北京联合出版社，2016，第166—174页。

② 农必全：《论纪录片解说的创作路径》，《西部广播电视》，2017。

③ 李明坤：《纪录片解说与声画要素的关系》，《视听》，2016。

④ 罗京：《谈电视播音中画面与解说的关系》，载《广播电视播音与节目主持人》，辽宁人民出版社，1991，第239页。

的语境要素分析》一文中谈到，纪录片解说要与画面、同期声、音乐、音响有机协同。认为“电视纪录片有声解说是在多层次、多方位立体综合语境条件下完成的信息传播活动”[①]。总之，关注纪录片解说过程中，各要素协同、配合的理论文字精彩纷呈，凸显“合作”这一观察视角的重要性。

4. 关于创作模式

创作模式，指的是纪录片解说员在面临不同的配音素材所采用的不同工作方式。对解说员来说，明晰模式种类和基本特点是必要的。

潘涛在他的《聆听世博之声——谈电视纪录片〈百年世博梦〉的前期解说创作》一文中提到，“在《百年世博梦》中占 70% 内容的珍贵影像资料还常直接改变着创作文稿和架构，影响着解说”“促使康建宁导演特别要求增加解说内容。”无论是影像资料对文稿的改变，还是解说内容的增加、减少，都常常发生在正在进行的解说创作过程中。这就直接导致纪录片解说员原有的工作模式的改变，比如临时增加的文字内容并没有现成的影像资料作参考，甚至文字脚本说明也没有，导致解说员只能凭借想象力和语言基本功完成解说工作。另外，文章还提到，纪录片解说创作往往在文本创作之后，在缺失画面、音乐、音效等重要参考素材的情况下，先行完成有声语言创作，后期根据解说搭建起来的框架、节奏、基调以及语速、情感等作进一步完善。他认为，这打破了传统的正常纪录片解说创作流程，违背了有声语言的创作原则。实际上，在应有创作模式被打破的情况下，就无形中生成了“非正常”创作模式，也许反而成为“非正常”的常态。

---

① 孟旭舒:《纪录片解说的语境要素分析》,《今传媒》, 2016。

王霖在《真情引得活水来——百集口述历史文献片〈为了可爱的中国〉解说创作谈》一文中说："在条件不允许的情况下，我就充分调动想象力，自己当导演，依据创作团队的风格，设想片子里可能会出现的画面。"王霖所说的"条件不允许"和潘涛所说的创作文稿改变和解说内容增加，实际上归属于同一问题，即不能按照传统模式进行解说创作。

与纪录片解说相关的，马继霞、许雄、覃朝晖撰写的文章《教育电视片的解说创作与声画效果》中提道："一些编导在拍摄、编辑以及解说词写作上狠下功夫，却忽视了解说这一重要环节，尤其是有些教育电视片的编导，往往是让解说员拿着稿子一念了之。"三位作者说的虽然不是纪录片解说创作，但情况在纪录片领域同样如此，这实际上也是打破了正常的解说创作模式。关于纪录片解说创作的传统模式，或称正常模式，指的是到解说创作环节，前面所有创作成果都能作为解说员的创作依据，这里就不一一列举了。以上三例，是为了说明在纪录片解说创作中，"非正常"模式是时有发生的，并且是以不同形态出现的。

5. 关于创作流程

创作流程，指的是纪录片解说创作的先后顺序。上文中提到的马继霞、许雄、覃朝晖撰写的文章《教育电视片的解说创作与声画效果》中有这样的阐述，"认真备稿、感受画面、酝酿感情、确定基调，是解说前必须做好的几项准备工作。"三位作者的阐述涉及的是解说创作流程问题，是正式创作开始前的准备，包括字词发音、专业术语、符号、公式等的确定。另外，文章还谈到，"编导要向解说员阐明自己的意图和要创作的特殊效果，使解说员能够充分发挥主观能动性，进行成功的二度创作。”这是在备稿前，解说员与主创团队成员沟通过程中的重要一环。概言之，文章阐述的是创作流程中沟通和备稿两方面问题。

此外，农必全在《论纪录片解说的创作路径——以央视系列纪录片为例》一文中也谈到涉及解说创作流程方面的问题，他认为：“在前期，要根据编导所提供的信息进行创作准备，确定解说风格的大方向；在解说中，一边进行创作，一边根据编导的意见进行修正；后期，要根据编导的要求对解说进行最后的修改。”[①]

尽管两篇文章中都提到了有关纪录片解说创作流程方面的问题，但都不够全面，仅从创作流程中的某一个或两个环节入手，没有涉及从头到尾的“全流程”。对“全流程”的聚焦应该是研究纪录片解说创作流程的题中应有之义。

6. 关于素养

解说员的专业素养不同，语言样态会大相径庭。同一部纪录片，选择不同的解说员，视听感受可能迥异。陆荣盛在他的《电视纪录片解说者应具备的素养及风格的形成》一文认为，解说员应该具备好的嗓音条件和语言技巧、文化修养、传播媒介的相关知识以及“视像感”四种能力。刘孟熊在《当前媒体环境下电视纪录片解说员的综合能力》一文中，对纪录片解说员提出了知识内涵和语言功力的素质要求。两篇文章，都提出了语言层面和文化知识的素质要求，加之“视像感”，亦即情景再现，可以得出这样的结论：两位作者对播音员基本专业素养普遍关注。邢梦莹在《纪录片解说的人才培养与未来展

---

① 农必全：《论纪录片解说的创作路径——以央视系列纪录片为例》，《西部广播电视》，2017。

望》提出了纪录片人才培养要从人格、专业和敏锐的视角三个方面入手，实际上这也是对解说员能力、素质的要求。类似的是，她也是从内、外部技巧两方面强调解说员基本素质的重要性。

三、研究方法

本文在研究过程中，主要采用了案例分析法、话语分析法等研究方法。

（一）案例分析法

论述“创作流程”时，通过对多个笔者亲历的实践案例以及同业者的经典案例进行简要分析，帮助纪录片解说员认识在创作流程中所遇到的多种问题。

另外，本文还通过对解说案例《THE LION》的分析，阐明了在纪录片解说创作过程中，由于主观或客观原因造成的“卡顿”现象，是如何在实际工作中体现的。揭示了造成“卡顿”的原因，以及案例中解说员应对“卡顿”的具体措施。既帮助解说员了解创作无法顺利进行的原因，又为解说员遇到此类状况应采取什么样的措施提供了参考。

（二）话语分析法

在《THE LION》中，同时采用话语分析法，对解说员、录音师的话语进行解读。体现了处在同一话语语境下，因不同的立场，表现出不同的话语样态。解说过程中，录音师说话谨慎，是为极力调和双方的分歧与矛盾；解说员最后的“表演”，则表现出他对专业的自信。

第一章　纪录片解说的创作模式与创作流程

第一节　纪录片解说的创作模式

纪录片创作是一个需要各工种协同、配合的集体性创作活动。通常情况下，继策划、拍摄、撰稿、分镜脚本、剪辑、配乐、合成之后，纪录片解说创作面临的阶段性“准成品”，由于“纪录片制作团队由以电视台及所辖集团公司为代表的国有制片主体和数量有限的大型民间传媒公司以及众多中小型民间传媒公司构成”[①]，因此纪录片的创作模式就并非单一的。比如，某些原创型纪录片的解说，一般只有脚本参考。在笔者解说的《闽南望族》《与北大同行》纪录片的解说创作中就是这种情况，后期音乐与画面是参考解说的节奏、情感处理进一步制作的。

关于模式,《邓小平理论辞典》中的解释是:“模式，又称‘范型’，原指制造器物的模型，一般指可以当作模范、榜样加以仿效的范本、模本。”《外国文学大辞典》中说:“模式，指可供‘模仿’或比较的一个标准或范例。”《当代汉语词典》中说:“模式是某种事物的标准形

① 綦馨:《当代中国电视纪录片制片方式研究》，山东艺术学院，2014。

式。”由此，笔者尝试提出纪录片解说的“创作模式”：在纪录片创作中，由于制作周期、编导的创作习惯、创作主张、个人喜好等的不同，到了解说创作环节，解说员能够参考的创作素材形态各异，并由此展开工作所形成的“范型”。根据解说员面对的解说创作参考素材的不同（音频、画面、音效、脚本、导演诉求等全要素完备的，或者缺少其中一个或几个要素的），可以将创作模式大体分为完整型、缺失型、毛坯型、贴片型四种[①]。由于四种创作模式的形成，起始于参考素材的不同表现形式，因此它们也根据表现形式的最显著特征（参考要素齐全与否）来命名。

一、完整型

完整型，对解说员来说是最理想的形式。各工种的劳动成果——直观的画面、富有感染力的音乐、精准的分镜脚本、明确的导演诉求等全面呈现，为解说员提供最直观的全方位感受。它们帮助解说员生发抑之不能的表达欲望，为解说员提供具体可靠的创作基础和依据。解说员可以据此确定有声语言表达的总基调，作有关语速、节奏、情感、声线等的全方位、整体性艺术把握。完整型创作模式表现为：

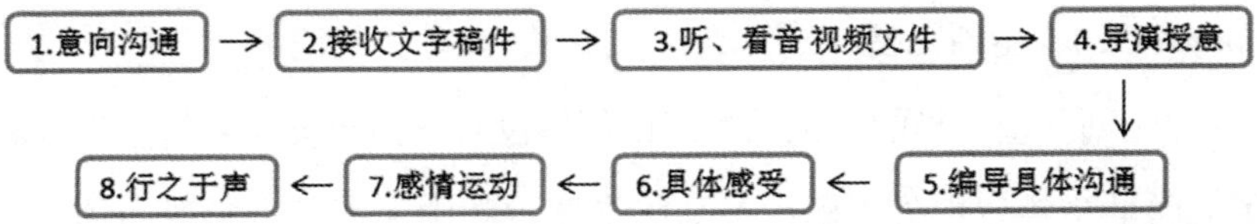

图附 –1

① 此四种类型为笔者根据工作经验首次提出，仅代表笔者个人观点。

二、缺失型

因时间表、导演审美理想、艺术主张、创作倾向、创作流程等要素的影响，解说员面对的可能是残缺不全的参考信息。一方面，这增加了解说员的创作难度；另一方面，也拓宽了解说员的艺术想象空间，使纪录片有声语言多样化成为可能。随着纪录片创作流程的日益成熟和专业化程度的逐渐提高，“缺失型”会逐渐向“完整型”靠拢，最终并入“完整型”成为一体。但就目前实际创作情况而言，“缺失型”仍旧是一种解说员不得不面对的情况，它可分为以下三种子类型①。

（一）“半哑剧”型

有时，纪录片有声语言创作处于一种“半哑剧”境况之中：视觉信息完整无缺，声音元素忽隐忽现、时有时无。由于前期对声音元素的初步处理，编导将一些干扰信息重新编辑，需要后期配音或特殊处理的部分暂时静音。同时，确定采用的音乐、音效与画面同步相随，有待商榷的暂时空置。如此，解说员便处于“哑剧”和“有声剧”之间的尴尬状态，对有声语言创作的引导和启发、参照极其有限，有时甚至“适得其反”。“半哑剧”型和完整型相比，各参考信息一应俱全，只是在听看音、视频文件过程中，质量出现了问题。也正因如此，其效用也许不如完全意义上的“哑剧”型。

（二）“哑剧”型

“哑剧”型，指的是纪录片解说创作没有任何声音元素作参考，除了完整的文字资料外，解说员只能参照视频中无声的色彩斑斓的“大千世界”，就像身处一个被剥夺听觉能力的人的别样世界。此时，解说

① 此三种子类型为笔者根据工作经验首次提出，仅代表笔者个人观点。

员需要凭借以往的创作和生活经验想象出一个与画面匹配的声音世界，继而欲求与“人声”相辅相成、琴瑟和鸣。这要求解说员具备丰富的艺术想象力和准确的审美判断力，要既能根据画面的演进节奏，比如特写、近景、远景、全景、空镜头、长镜头的频率设置和切换规律等，预判后期音乐的大概类型，又能将之与解说文本有机匹配。毋庸置疑，这是一种冒险行为，其结果有二：（1）后期音乐制作师能高明地感知到解说员的研判继而选择恰到好处的贴片音乐；（2）与结果（1）相反，两个空间的节奏各异、速度不一的人声和音乐被生拉硬拽到一起，形成莫名其妙的“混乱交响”。和“半哑剧”型相比，问题仍然在音、视频听看环节，音频完全消失，视觉信息上演“独角戏”。

（三）“音频”型

这一类型，解说员能参考的是文稿和导演、编导统领全片基调的音乐，在依靠音乐激发创作灵感的纪录片导演的创作中常有体现。有些解说员对此亦津津乐道，音乐的节奏感、旋律走势、配器方式等能极大地激发创作欲望，从而与整个纪录片音频要素相合相生。然而，这并非是所有解说员的创作共识，对音乐之于灵感的拨动力和敏感性稍显薄弱的解说员便会捉襟见肘，他们对画面演绎或导演启发等表现出高度的应和力。因此，二者并无优劣之分。“音频”型与“哑剧”型恰恰相反，只闻其声，不见其“面”。

三、毛坯型

毛坯型，虽然画面、音乐、音效、同期声等信息全面、具体，但是被无序地混杂在一起，未做均衡、渲染处理，音乐与同期声“双雄争霸”。表现为：音乐与同期声并行相悖，缺少压限处理的音效的炸裂性效果令人烦躁不安，画面信息处于“毛坯”状态。总之，乱作一团，就像宇宙之初的混沌状态。如此，解说员便无所适从，只能把创作热情投射到对文字稿件或分镜头脚本的分析、理解和想象中，由此开启了又一种创作模式。如果完整型的要素流程是一条珍珠项链的话，那么混沌型犹如多股麻线被凌乱编织在一起的粗糙绳索，头绪难理。“毛坯型”和“缺失型”一样，也是一种纪录片创作流程的过渡模式，最终也会并入“完整型”。

四、贴片型

贴片型，源于国外纪录片引进后的中文译制配音。创作时，解说员听到一个外语配音同步行进，解说员的声音必须与原解说尽可能同步，包括语速、音高、情绪等都要尽量匹配。贴片型纪录片解说留给解说员的创作空间有限，外文解说是原创作团队精心揣摩、反复雕琢后的结果，锦上添花并非易事，需要高超的专业水准、非凡的艺术创造力和无畏的创新精神，否则可能事倍功半、弄巧成拙。严格来说，根据创作要素构成，贴片型也应归属于完整型，但由于音画与配音同步行进的特点而被单独划为一类。基于贴片型纪录片的这一特点，它的创作要素链条被缩短，其创作模式表现为：

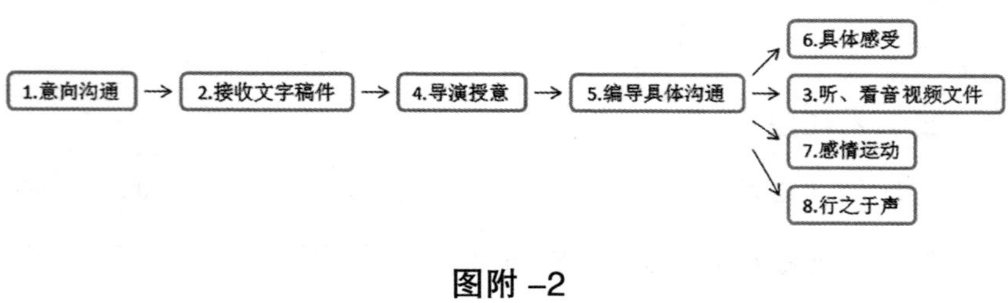

图附 –2

如图附 –2 所示，具体感受、感情运动、行之于声与“听、看音视频文件”同步进行。

以上介绍了解说员创作时，由于解说员基于解说创作时所面临的“环境”，即前面所有纪录片创作工作凝结成的“准成品”的不同样态，而开启不同创作模式。

上文中提到创作模式与创作流程是解说员创作的外部条件、外部环境。事实上，每一种创作模式都像一个“房间”，创作流程在这里展开，解说员的专业素养也在这里展现。下面我们对创作流程加以阐述。

第二节　纪录片解说的创作流程

流程，在《现代汉语新词语词典》中的解释是，产生某一结果的一系列操作或处理。纪录片解说创作流程正是为了产生有声语言作品这一结果而进行的一系列操作或处理，基本可分为前期沟通、备稿、录制、反馈四个步骤。前期沟通，可以理解为解说工作的“序幕”，预示着工作即将开始。备稿、录制和反馈相当于音乐中奏鸣曲式的呈示部、展开部、再现部。备稿，需要划分文章的层次、主题、背景、目的、重点、基调，理清文章结构、逻辑关系，确定生僻字和地方性读法的字音，提炼中心思想等，它对应“呈示部”；录制，在备稿的基础上，对文稿作进一步处理，全面展开工作，它对应“展开部”；反馈，是指解说员观看纪录片成品时对解说工作的自我评判，是在脑海中全面回顾的过程，它对应奏鸣曲式的“再现部”。

一、创作初始 准备就“序”

纪录片解说创作的准备过程，指前期沟通。在音乐领域，“序曲”除音乐属性外，功能属性表现为正式演出前的“预热”，预示着演出即将开始，或作为“过门”放在主体乐曲的开头，起到过渡和交代剧情梗概的作用。纪录片解说创作的沟通环节与大型乐章即将启幕的“序曲”异曲同工。解说员与主创团队就纪录片的属性、类别、特征、诉求、风格定位、审美取向等进行沟通，达成初步合作意向。

在笔者为纪录片《与北大同行》担任解说的前期沟通中，编导交代了该片是为纪念北京大学成立 120 周年所作的献礼片。全片共分六集，分别为“担当”“坚守”“风景”“创新”“青春”“情怀”。每集都有不同的侧重，比如“担当”的分集编导希望在第一集开篇解说能够显得大气、厚重，语速适中。“风景”篇编导建议解说风格清新、自然。“青春”篇，由于文字量较大，编导建议语速略快。一部纪录片无论由几集构成，一定要有统一的风格定位，包括解说的风格。在每集编导要求不同的情况下，确定一个相对的固定风格、语速、节奏极为重要。于是，笔者与总导演进行沟通，对纪录片全局把握、创作背景的理解、创作思路的梳理、播出目的的判断等作进一步确认。

此后，解说员会收到纪录片解说的文稿素材和音视频等素材，解说工作由此进入备稿环节。

二、相融互恰 要素“呈示”

纪录片解说的备稿环节，相当于奏鸣曲式的“呈示部”，主题依次在各声部作最初的陈述。解说员带着有声语言创作的任务，根据文字稿件、分镜头脚本、音视频、导演的诉求等，对整个纪录片作全局性的把握，力求人声部分的陈述方式与其他各要素相融相合。解说员要根据编导确认的文稿作基于“备稿六步”的详细分析。仍以《与北大同行》为例，由于六集各自都有不同的主题、背景、目的、重点、基调，这导致笔者在按照前期沟通中确认的解说风格制作“小样”时，遭遇了挑战。多次尝试后，终于制作出了“小样”。但反馈回来的意见是，希望解说风格能再自然些、质朴些。根据多年的解说经验，综合考虑每集主题、背景、目的不同，导致基调有些许差异，多次与编导方沟通，最终采纳了笔者的解说方案。

类似的情况，还发生在笔者为纪录片《天下华人》担任解说的过程中。由于制作工期紧，分集编导撰稿时间有限，导致笔者在备稿环节发现，文稿层次不够清晰、目的不够明确、一些语句不够通顺，使得录制欲望与效率降低。但还是决定对此问题与总导演沟通，当得知制作工期短、经费紧张等现实情况后，决定尽量高质量地完成解说工作。

解说员不仅需要对文稿的行文结构、故事梗概、逻辑链条、中心思想等作全面把握，还要对纪录片本身的创作背景、传播目的、属性特征等做整体了解，更要在浏览过程中对文章的层次、主题、目的、重点、基调等作更为具体的细部分析。解说员还可能会遇到如下问题。

（一）不宜转化成有声语言的书面语言或生僻字

逶迤绵延的青山绿水孕育出梵音袅袅的姑篾古国，莘畈溪、厚大溪，双溪汇聚和着禅意的云，聆听“下坞攀竹垂翠海，风尘尽扫俗尘忧”的意境。

（二）涉及专业领域的专业术语

北京协和医院神经外科脑脊液细菌流行病学及耐药分析。

（三）文言文

邹孟轲母，号孟母。其舍近墓。孟子之少时，嬉游为墓间之事。孟母曰："此非吾所以处吾子也。"

以上三种情况会影响解说员在正式录制过程中的进度、热情，需要解说员耐心查找、熟悉生僻字的读音。同时，还要搜索文稿的故事背景、分析传播目的等，与撰稿人沟通语法、语句、书面语言过多等问题。

三、捋顺"卡顿"渐次"展开"

和奏鸣曲式的"展开部"一样，纪录片解说正式录制阶段是对备稿环节的全面、具体的铺陈和落实。这个过程中有诸多要素直接或间接地影响解说员的创作水准和热情。卡顿[①]，是这个环节的主要特征。来看一个例子：

互联网上流传这样一部名叫《THE LION》的视频作品，生动地呈现了一名解说员的录音实况，包括与录音师、客户沟通、交涉和周旋的全过程。视频中，随着录音师的一句"action"，一切按部就班地进行。然而，在一句"Learning English prime……as standard"的重音处理和情景假设上，客户与解说员始终无法达成一致，透过屏幕似乎都能嗅到主要由客户方引发的逐渐弥散的火药味。客户方的三位代表在经过了一番意见并不一致的短暂讨论后认为，应该突出强调"as standard"，

① 卡顿，指在播音过程中由于主观或客观原因造成的中断，是一种"失误"。

解说员尽力去做，但始终无法达到客户方的要求。已然十分尴尬的场面，被客户方的一位女士引导解说员时的轻蔑语气和傲慢肢体动作彻底带入谷底。她引导解说员，想象自己在森林里突遇一头狮子向自己扑来，出于本能恐惧的情绪下宣泄出来。这显然是外行一厢情愿的自以为是，而此刻，解说员与录音师已经表现出对不专业要求的尴尬与不悦。但，经验十足、修养颇高的解说员十分巧妙地避免了直接冲突。他的处理方案是：将计就计。又一次试配，平静的叙述中，他突然停住，眼神里充满恐惧，表情扭曲、面部肌肉变形，“Oh my gosh，no.”恐惧之色达到顶点，他双臂抱头，作抵挡状，同时歇斯底里地吼出：“Lion，as standard.”之后，情绪逐渐恢复平静，直至彻底平稳后，自然地清了清嗓子，目光直视客户，等待反馈与评判。

这个视频堪称经典，是“卡顿”的典型体现。实际上，由于“外部环境”的原因引发的解说员录音过程中造成的上述“卡顿”现象时有发生，按照在纪录片解说创作中的表现，主要分为心理性卡顿和生理性卡顿。

（一）心理性卡顿

心理性卡顿[①]，由于纪录片的文稿字数通常较多，尽管在备稿环节已经对阅读难点作了初步标示和注意，但在录制过程中仍然会遇到文字内容因为字音、语法问题等而造成的精神短暂停留情况。比如：

1. 专业术语

中枢神经系统是神经系统的主要部分，包括位于椎管内的脊髓和位于颅腔内的脑；其位置常在动物体的中轴，由明显的脑神经节、神

① 心理性卡顿，指播音过程中由于播音员主观原因造成的失误，表现为精神短暂停留。

经索或脑和脊髓以及它们之间的连接成分组成。在中枢神经系统内大量神经细胞聚集在一起，有机地构成网络或回路；其主要功能是传递、储存和加工信息，产生各种心理活动，支配与控制动物的全部行为。

2. 模糊字音

博闻强识（zhì）、审时度（duó）势、弱不禁（jīn）风、安步当（dàng）车、暴虎冯（píng）河、呼天抢（qiāng）地、官运亨（hēng）通。

3. 外国人名和地名

（1）阿诺·彭齐亚斯和罗伯特·威尔逊在新泽西州荷姆德尔角状天线之前。他们利用此天线在无意中发现了宇宙微波背景。

（2）欧内斯特·米勒·海明威，出生于美国伊利诺伊州芝加哥市郊区奥克帕克，美国作家、记者，被认为是 20 世纪最著名的小说家之一。

上述三种情况，解说员可以运用平日不断地刻意练习获得的精湛业务能力，包括与文字的亲和度、阅读能力、理解能力等，来使语句听起来相对顺滑、流畅，从而化解问题。

（二）生理性卡顿

生理性卡顿[①]，是相对于心理性卡顿而言的，它表现为录音被迫中断，不得不重新开始。主要有两个方面的原因：

1. 主观因素

和上述《THE LION》中的解说员遇到的情况类似，来自客户主观思想支配下的频繁叫停，无论是友好的抑或恶意的，都会影响解说员的录制欲望。此时，最好的解决方式是化解矛盾、尴尬于无形，它

① 生理性卡顿，指播音过程中由于播音员客观原因造成的失误，表现为录音被迫暂停。

建立在专业能力和个人素养基础上。如遇《THE LION》中解说员的极端境况，他的处理方式自然是值得标榜的上佳方案。

2. 客观因素

客观因素，同样能造成生理性卡顿。比如：（1）解说员身体不适，尤其是嗓音状态不佳，比如声音暗哑、不松弛等；（2）解说员基本功不扎实，阅稿能力不强；（3）专业能力较弱，无法达到专业标准要求；（4）录音棚硬件设施。由于个体性格、录音习惯、身体状态、高矮胖瘦等不尽相同，录音棚内的话筒音质、耳机返听、座椅质料、Pad 与案桌的距离设置等，都可能迫使解说员暂停录音，重新调整后方能继续；（5）情绪低迷。解说员进棚前，可能由于种种原因导致心绪凝重，比如在行车过程中与他人发生剐蹭，走路时不小心摔跤等。短时间内这种情绪是无法被彻底清除的，势必会影响解说质量；（6）心理健康状况。与第一点类似，只不过它表现为精神不畅。长期高负荷工作的压力没有缓冲释放的空间，积郁成疾。

在实践案例中，上述造成纪录片解说员生理性卡顿的原因都有体现。这里以其中的“专业能力较弱，无法达到专业标准要求”为例加以说明。

笔者在录制纪录片《大金源起》时，第一句“请您用思绪编织一个梦”，试录多次，仍无法进入状态。于是找到了李易先生的纪录片《圆明园》，反复听了多遍。在表达欲望被成功激发后，随之进棚录制，一气呵成。

另外，笔者在录制纪录片《海洋生命之源》时，由于文字量少，文稿风格简洁又意蕴深厚，所以要求语速较慢，赋予每个字应有的内涵，同时又不能破坏句子的完整性。在只有文稿的情况下，尝试多次后，依然无法进行录制，于是尝试向制作方索要音、视频等参考素材，令人欣慰的是，索要来的参考资料中画面与音乐、音效的匹配恰到好处。在震撼的音乐、优质的画面以及海浪、蓝鲸、海鸥音效等的综合作用下，成功地刺激了笔者的录制欲望，最终顺利完工。

上述两例都体现了“专业能力较弱”这一客观因素对纪录片解说员的影响。

无论是主观因素还是客观因素，一旦卡顿次数过多，都会影响解说员的创作热情。在实际工作中，确实存在解说员拍案而起、扬长而去的情况。在一次纪录片解说过程中，某著名解说员在多次被客户打断并提出非专业要求后，大发雷霆，怒斥客户：“你懂什么叫配音吗？还录不录？”结局自然是，一拍两散。实际上，无论是出于主观抑或客观造成的卡顿，都需要解说员强大的自我与各方博弈，平衡满足各方诉求，给出理智的解决方案。

四、承前启后 情景“再现”

纪录片在解说创作结束，再经过合成、润色、渲染，就进入成品播出阶段。与其他观众不同，解说员在收看自己解说的纪录片时，前期创作的一幕幕场景，一帧帧画面仿佛电影一般“昨日重现”。和奏鸣曲式的“再现部”一样，收看的过程正是对与导演沟通、备稿、录制、校对等整个有声语言创作过程的回忆。此时，解说员会根据审美取向、文化素养、价值追求、艺术主张等，结合纪录片整体播出效果对解说创作进行综合判断、分析。视听感知，理性思索，扬长补短，以期在下一次创作中有更出色的发挥。对纪录片解说员而言，这一过程是承接前一次创作经验，启迪下一次创作灵感的关键创作环节。

多年前，解说员周扬在与笔者的一次业务交谈中曾坦言，在回看他解说的纪录片时，发觉声音虚飘、沉不下来，音色缺乏质感。后来，他改变了对纪录片解说声音特点的认识，认为纪录片解说不必是压低的“小实声”（纪录片解说员的声音审美共识），并在此后的纪录片解说中树立了自己独特的风格。这在他解说的纪录片《鲁菜》《互联网时代》等作品中有所体现。

以上我们了解了纪录片解说的创作模式、创作流程，通过具体案例的引入论证，我们能初步得出这样的结论：纪录片解说创作过程中遇到的各种“问题”[①]，比如，缺失型模式中，在缺少参考信息的情况下，解说创作如何进行？前期沟通环节，与创作团队交流中遇到阻碍时，解说创作如何开始？录制过程中“卡顿”问题如何捋顺等，都在创作模式和创作流程中出现。对纪录片解说员来说，这些“问题”的解决是政治素养、文化素养、心理素养、专业素养等综合作用的结果。下面我们谨对专业素养作以简要分析。

① “问题”，指的是解说创作时影响创作的进度、质量等的一切困难和挑战。

第二章　纪录片解说员的专业素养

第一节　专业素养之“四力”

一、专业素养的界定

素养，在《当代汉语词典》《新华汉语词典》《现代汉语同义词典》中的解释基本一致：平日的修养或平素的修养。《中国播音学》中谈到播音员的素质和修养时这样说：“根据播音创作活动的特点，播音员素质的提高和修养的加强可以从以下几个方面进行：政治素养、文化素养、业务素养、生活实践。”① 书中对播音员业务素养的解释是：“从事播音创作所必需的关于创作规律性的知识、本领的培养、锻炼、积累和掌握。”因此，纪录片解说员的专业素养应该是基于纪录片解说创作规律的思考和总结，表现为解说员平日的或平素的修养。

纪录片解说员是播音员的一种，它应该具备播音员所具有的共性特征，二者是个性与共性的关系。因此，本文所说的“专业素养”

① 张颂：《中国播音学》，中国传媒大学出版社，2003，第 39—45 页。

指的就是《中国播音学》中提出的业务素养。

二、“四力”的提出

笔者结合十余年解说经验，在既有播音员业务素养基础上，认为纪录片解说员的专业素养还应该体现在这四个方面：对专业实践的感受力、对行业前沿的把握力、对“声音创作”的专注力、与团队互动的融通力。

对专业实践的感受力，是基于专业学习提出来的，是纪录片解说员解说创作的基础。对行业前沿的把握力，是对纪录片发展动态的跟踪与分析。对“声音创作”的专注力，是纪录片解说员“衣带渐宽终不悔”的执着精神。与团队互动的融通力，是解说员与创作团队其他工种协同合作的能力。专业实践的感受力，是基础；行业前沿的把握力，是眼界；对“声音创作”的专注力，是坚守；与团队互动的融通力，是胸怀。四者相辅相成，共同助力纪录片解说员的有声语言创作。

（一）对专业实践的感受力

对有声语言创作主体而言，播音主持专业的学习实际上就是“自我”与来自外部环境的各种理念、理论的沟通、对话、融合的过程。这里所说的对专业实践的感受力指的是，基于系统专业理论知识基础上的实践能力，突出加强基于五官感应的“感”以及非逻辑性想象、直觉、灵感的训练，适当减少基于知识和经验的“知”的学习。这是一个长期积累的过程，也是一个习惯改变的过程，更是一个需要通过“刻意练习”才能感知其精髓的过程。在专业学习和职业实践过程中，尽量延长感性认识，即对表象、感觉、感知层面的意识停留，尽量晚地上升到理性认识，尤其是逻辑思维层面。也就是多感受“是什么”，再理解“为什么”。著名纪录片解说员苏扬在与笔者的一次交谈中提到，“对文字背后蕴含的深层意味，以及创作的历史背景、传播意图等的精准把握，比语言能力本身更重要。”对专业实践的感受力，更应聚焦声音背后的本质力量。对专业学习而言，很多时候“是什么”比“为什么”灵动、妙趣得多。

（二）对行业前沿的把握力

中国传媒大学和北京师范大学一年一度的中国纪录片年度发展报告，对过去一年行业的发展动态给予全方位、多角度地分析、研判，是对中国纪录片行业的一次全面的年度梳理。“年度总结纪录片的政策影响、业态版图、跨界合作等趋势，被业界称为‘中国纪录片谷歌地图’。”[①] 对纪录片解说员来说，是了解行业全要素信息的便捷渠道。紧跟行业动态，有利于纪录片解说员了解时代背景，做出符合纪录片整体定位的有声语言风格的准确判断。同时，这有助于纪录片解说员大视野、宽视角、多维度地判断和把握纪录片的属性、背景、诉求、历史地位、社会意义、政策导向、经济价值等，是纪录片解说员与制片人、导演进行有效沟通的必备前提条件。

（三）对“声音创作”的专注力

2011 年，中央电视台纪录片频道开播。这为广大纪录片爱好者，尤其是专业从业者提供了一个专业学习与精神休憩之地。它的全天候放送，使得观众随时打开电视机或央视影音客户端，都能第一时间感受纪录片的视听震撼魅力。几乎中国最具实力和影响力的纪录片解说员都会在此发声，这为纪录片解说员提供了难得的学习、思考机会。

① 何苏六:《中国纪录片发展报告（2018）》，社会科学文献出版社，2018。

对有声语言表达的审美情趣和艺术鉴赏力的提高大有裨益。已故著名纪录片解说员李易认为，播音业务的精进，必须具备“执着”的职业精神，“得使琢磨劲儿”。无时无刻不在钻研语言技巧、语言功力，每时每刻脑海里都是优秀业者的声音在萦绕。唯此，纪录片解说才能佳作不断，人才辈出。

（四）与团队互动的融通力

中国播音学是一门交叉性学科，研习过程中势必要借鉴、参考、融合其他学科的前沿成果和理论学说。优秀的有声语言从业者，专业素养以外的另一项重要任务就是，与同行以及导演、录音师、撰稿人等常沟通、勤交流。导演的宽视野、多维度，录音师的技术视角，同行的钻研探索、执着坚守和经验分享，撰稿人文字语言的源思维等，都会让解说员受益匪浅。面对文字稿件或音、视频文件时，这些都能成为重要的灵感来源和创作依据，融通各方智慧，为有声语言服务。这种互动交流，是日常的、随意的，拒绝严肃、拘谨的，目的是碰撞智慧的火花、激发创作的灵感、共勉艺术的曼妙、守护珍贵的表达欲望。这实际上也是一种合作精神与群团创作的变相表现，大多数的艺术灵感，都是在这样宽松的氛围中无预期地瞬时出现的。很多惊为天人的艺术灵感、奇妙之思都源于一次无目的交谈中的一个眼神、一个奇想或一个动作。

传播学“社会信息加工”理论，说的是“根据脑海中大概的印象，互动双方如果都喜欢对方，他们就会逐渐亲密起来”①，会不自觉地朝着对方要求或希望的样子努力。尽管“社会信息加工理论”建立之初，

① ［美］埃姆·格里芬，展江译：《初识传播学》，北京联合出版社，2016，第150页。

指的是非面对面交流而产生的“加工”过程。实际上，面对面交流也同样存在该理论所说的“信息加工”。在与创作者们互动融通中，各方不仅能业务日渐精进，触类旁通，还可能收获友谊。因此，与创者互动的融通力，是解说员必备素质之一。

第二节　影响解说员专业素养的两个因素

中国传媒大学校长廖祥忠在《未来传媒：我的思考与教育的责任》一文中，将传媒发展形态分为四个阶段：传统媒体（报刊、广播、电视）时代、融媒体时代、智能融媒体时代和智能媒体时代。在此背景下，有两个因素直接影响纪录片解说员专业素养的变化。一是“AI”解说员对“真人”解说员提出的挑战（比如，《创新中国》的“AI”解说员李易）；二是在自媒体时代下，受众的喜好。

一、“AI”解说员的出现强调了“真人”解说员的专业素养

在人工智能技术快速发展的今天，AI 解说员的出现掀起了一波又一波的浪潮，引发了播音主持业界、学界的一轮又一轮的讨论。那么，这是否意味着“真人”解说员就失去竞争优势了呢？恰恰相反！正是因为有了“AI”解说员，“真人”解说员不可替代的诸多特质才在对比中再一次彰显，并得到突出和加强。“真人”解说员的既有专业素养被以更加珍惜的态度再次审视。我们不妨从“真人”解说员相较于“AI”解说员具有的优势入手进行分析，“AI”解说员出现后，“真人”解说员的优势，就是应该被强调的专业素养。归纳起来，至少有三点。

（一）“真人”解说员能与创作者情感互通

解说员与其他纪录片创作者的沟通，是双方的互相沟通，有别于“真人”与“AI”的单向沟通。这种情感互通，一方面体现在业务上。“真人”解说员能在开始创作前和创作过程中，与制片人、编导、撰稿人等进行有情感地沟通、交流，可能涉及拍摄时的艰辛、写稿时的酸涩、突破瓶颈后的欢欣等，这些都能在解说员录制过程中潜移默化地融入有声语言表达中，而AI解说员是无论如何也无法做到的。另一方面，人是有情感的动物，相处久了，感情也会拉近，彼此之间的信任感、默契就会升华，这些都会在解说员的创作中得到体现。在笔者为纪录片《大金源起》担任解说时，编导讲述了他们拍摄过程中的点点滴滴，行车路上的艰难、与拍摄对象沟通的不畅、整理有关金朝文献资料的困苦等，都深深地打动了我。随着业务交流次数的增多，整个创作团队成员之间感情与日递增，闲暇之时也互相探班。

（二）“真人”解说员有真情实感

张颂先生主编的《中国播音学》谈到播音员正确的创作道路时有这样的阐述，“坚持正确的播音创作道路，还要很好地把握创作环节的有序性和创作要素的协同性。就是指‘理解稿件—具体感受—行之于声—及于受众’，这个过程不能颠倒，不能割断。”[①] 在这个过程中，理解稿件、具体感受是“真人”解说与AI解说的重要区别。“真人”解说能把生活中的所思、所想作为理解稿件的依据，生成具体感受后，会有一种“不得不说”的欲望。在此基础上的“行之于声”，是带有的温度、情感、人文关怀的，是带有解说员对生活的领悟、对

---

① 张颂:《中国播音学》，中国传媒大学出版社，2003，第38页。

人生的理解、对世界的关怀的。而后的“及于受众”也是建立在“情景再现”和“对象感”的前提下的，解说员时刻以心中的观众作为倾诉对象，有热情、有期待、有迟疑。相比之下，AI 解说不能理解稿件，形成具体感受，行之于声、及于受众都只能冷冰冰地按“程序”办事。即便能传达温暖，也只是模仿者，不是情感生成者。因此，只有“真人”解说才能为纪录片添彩、为解说创作加分。在 AI 主播已经面世且掀起一波波风浪的今天，有真情实感的“真人”主播显得愈加珍贵。正如中国传媒大学曾志华教授在 2019 年第十四期“播博汇”学术沙龙上所说的，“如果以时空为轴建立坐标系，有声语言创作在面对话筒面对镜头、一张嘴一出声的瞬间，就有了它在这个坐标系中独一无二的位置、独一无二的属性”。这也就是“即时即地性”，这一次的创作只为这篇稿件、这个场景、这个时间、这个事件、这个人。即便有一天，技术获得空前的腾越，“真人”的真听、真看、真感受也是永远无法替代的。也是在这次学术沙龙上，科大讯飞副总裁章继东也说“涉及人的情感的东西，AI 永远也无法取代”。

（三）“真人”解说员的播读规律是非机械性的

中国传媒大学副教授王明军曾说，研究赵忠祥的解说后发现，根本没有规律可循，他的这种个性就是 AI 无法替代的。任志宏解说的《国宝档案》，节奏或重或轻或明或暗，也无规律可捕捉，所以 AI 也不能替代。情感把握中的随机性、自由性也都是 AI 所不能及的。事实上，即便是以“教科书式”的标准著称的李易，他的播读规律或者特点也绝不是机械化的。他的处理中有很多“痕迹”，比如节奏的痕迹、轻重的痕迹、缓急的痕迹，这些痕迹或失误是 AI 主播无法模仿的。

由此可见，“AI”解说员的出现对“真人”解说员的专业素养有积极影响，也对既有专业素养提出了更高的要求。

二、自媒体时代受众喜好对解说员专业素养有了新要求

在人人都可以当主播，人人都是内容生产者的自媒体时代，观众已不再是单纯的接受方，同样也是生产方。正是由于传、受双方位置的自由转换，观众对纪录片（解说）的喜好随之发生了变化。

纪录片《风味人间》导演陈晓卿在介绍创作经验时说，他们利用高科技手段将摄像机放入正在腌制过程中的松花蛋中，捕捉到了蛋黄与蛋白从开始变化到混溶在一起的难得过程，混溶的瞬间图景，美得超乎想象。这打破了观众对松花蛋的既有印象，解说创作时，解说员要根据这样的前期策划制作基础，调整自己的表达方式，体现一种惊艳、欣喜，配合画面、音乐，达到和主创团队的创作理念高度一致，最终达到吸引观众的目的。

陈晓卿坦言，这种创作理念的创新，都是他与百姓拉家常，与他们同吃同劳的过程中，真切地感受到的百姓对美食接受方式和喜好的最真切、质朴的表达。他明白什么样的方式能打动观众，刺激他们对美食的欲望。基于此，解说创作的风格就一定不会是有板有眼、庄严正规的，而必然是娓娓道来、亲切自然、生动恰切的。要做到这一点，解说员首先要有能被松花蛋内部瞬间的绽放吸引、打动的感受力。有了真切的具体感受后，才能将主创团队创作初衷淋漓尽致地表达出来。

在笔者录制纪录片《闽南望族》的过程中，也体现了受众喜好的变化导致纪录片创作理念和解说创作风格的变化。根据该片题材和文字内容，以笔者的经验，“传统”应该是其创作的基调。然而，在与

主创团队沟通时，他们根据有关纪录片解说受众喜好的市场调查结果等因素综合考量，摒弃传统思维。总体要求是：朴素自然，尽量避免过浓的情感表达、过度的共鸣使用、过大的吐字动程。总之，尽量靠近生活中的语言状态。这对解说员既有的专业素养提出了新要求，甚至是挑战。传统意义上，解说员的专业素养正是通过与非专业人士的差别体现出来的。由此，上述的解说要求相当于让“专业”的人做“非专业”的事，然而这恰恰是对纪录片解说员专业素养提出的新要求。

结 语

爱迪生有句名言：“天才是 1% 的灵感加上 99% 的汗水。当然，没有那 1% 的灵感，世界上所有的汗水加在一起也只不过是汗水而已！”99% 的汗水正是纪录片解说员对播音事业的孜孜追求与“衣带渐宽终不悔，为伊消得人憔悴”的坚守，1% 的灵感来自于理论指引和方向引导，二者并流才能达到 100% 的“蓦然回首，那人却在灯火阑珊处”的获得感。

通过本文的阐述，期望为拥有空前广泛用户基础与审美期待的中国纪录片解说领域提供能够勾连实践的另一个视角的理论探试，为纪录片解说的学术建设贡献微薄之力，为相关学术探讨提供话题参考；期待纪录片解说员能够在相对通俗易懂的理论参照下，在内心深处了解纪录片解说创作模式与创作流程以及解说员的专业素养，知其所以然，为业务日益精进提供理论解释与参照；希望计划入行的年轻朋友能根据此文认识、评估自身条件，理清这一行业是否是抛洒热情与生命投注的理想之地。

本文在有关纪录片解说的众多研究指向中，选择了创作模式、创作流程、解说员的专业素养三个方面的问题加以进一步论述，认为，纪录片解说创作过程中所遇到的各种“问题”都在创作模式与创作流程中产生、出现，创作流程又寓于创作模式中。而各种“问题”的解决需要依靠解说员的专业素养，“四力”的提出是笔者的谨慎尝试之举。关于纪录片解说的探讨和研究仍在继续，关于本文论述的三个方面也会继续，除了笔者提出的三者间的关联方式外，还会有其他的观察视角。比如，“创作模式与创作流程是解说创作的外部环境，解说员的专业素养是内隐驱动力”等。本文谨从笔者个人经历出发结合大量文献参考提出自己的看法，期待更多有关三者研究的理论文字出现，期盼更多有关纪录片解说的著作、文章能够“接天莲叶无穷碧”，从而，播音艺术园地能够“映日荷花别样红”。

后　记

李有兵老师在百忙之中，为本书提出了宝贵的意见和建议。其中之一，他认为第三篇第一章论述 A 系统，即播音主持艺术与“知识体系”和“审美生活”大关系的章节，应该扩大篇幅，做更深入地论述。对此，我完全接受，并深表感谢。然而，主观上，我的能力有限，确实无法在短期内对众多学科做更深入的理解和把握；客观上，专业和行业面临的“处境”，促使我不得不快马加鞭，督促文字早日成形，以示我的态度和主张。

关于李有兵老师的看法，我想可以在后续版本中做修订，随着时间的推移，我对各学科的理解和感悟也会更深刻、更具体。或者，期待其他仁人志士做修补、拓展、扩延，共同完善和丰富 A 系统这一宏大的“系统性工程”。这需要我们一起奉献心血和提供智慧！

需要说明的是，本书的谋篇布局没有按照各篇幅、大小整齐划一的原则，而是顺其自然，甚至篇幅悬殊。一为清晰逻辑；二为形成整体形式美感。如果把每一章节比作一颗珍珠的话，全书的这一条“项链”就是由自然而然的、“天然去雕饰”的珠粒组成的，“大珠小珠落玉盘”，而后串联成了大小不一、错落有致的珍珠项链。

又需要说明的是，本书提出的 M 系统，是在新媒体传播生态中，对有声语言艺术种种表现而做的理论化表达。它追求经典，拒绝通俗；推崇至善，鞭笞丑恶；避免随意，苛求精准。它是基于新媒体传导出的社会文化结构下的种种声音艺术表相，并在这之上的对本质的探求。它期望成为新时代播音主持艺术的创作、教学“遵循”，和 C 系统、A 系统一起，打造新时期播音主持艺术人才，为国家和社会以及中华文化的传承作贡献。

还需要说明的是，考虑到播音主持艺术归属于人文学科，又考虑到它的强实践性，本书在撰写过程中融入了不少人文想象和经验性表述。

寥寥数言，是为后记。也期盼“后”来者之累累硕果，铭“记”张颂先生之嘱托！

致 谢

本书撰写过程中，得到了很多帮助，这些帮助有直接的、间接的，有形的、无形的，也有有意的、无意的。在此，都一一谢过！

中华文明源远流长，儒释道为核心的文化传统如涓涓细流，潜移默化地滋养着笔者的心流，推动着文字随“心”流淌。同时，“两希文明”的火种也显明着笔者的心性，润物无声地输送着“哲科思维”的养料，抚慰着语词随“意”而安。

特别感谢中国传媒大学通识教育中心主任李有兵博士对书稿提出的宝贵意见与建议，他的博学强识、温文尔雅、谦逊和蔼，让我敬佩不已；感谢我的导师中国传媒大学播音主持艺术学院曾志华教授对部分书稿提出的异议和点拨，她的严谨认真、知性大方、循循善诱，让我心生暖意；感谢中国传媒大学播音主持艺术学院卢静教授在本书撰写过程中给予的鼓励和支持，她爱人如己、率性洒脱、高超技艺，让我望尘莫及；感谢中国广播影视出版社王佳编辑的辛勤劳动，她的热情周到，让我如沐春风、心情愉悦。